영재교육을 위한
엔트리 교과서 코딩
Vol. 3 수학·통합교과

2018년 11월 22일 1판 1쇄 발행

저 자	박재일, 이광재
발 행 자	김남일
기 획	김종훈
마 케 팅	정지숙
디 자 인	디자인클립

발 행 처	TOMATO
주 소	서울 동대문구 왕산로 225
전 화	0502.600.4925
팩 스	0502.600.4924
Homepage	www.tomatobooks.co.kr
e-mail	tomatobooks@naver.com

ⓒ 박재일·이광재 2018   Printed in Korea

이 책에 실린 모든 내용, 디자인 이미지, 편집 구성의 저작권은 박재일, 도서출판 TOMATO에 있습니다.

저작권법에 의해 저작물의 무단 전재 및 무단 복제를 금합니다.
파본은 구입하신 서점에서 교환해 드립니다.

ISBN 978-89-91068-92-6   53500

수학·통합교과

머리말

2007년 1월 9일, 한 남자의 발표로 세상이 바뀌었습니다. 세상을 바꾼 사람은 애플의 CEO였던 스티브 잡스. 이날 스티브 잡스는 세상에 아이폰을 소개했습니다.

"오늘 애플은 전화를 다시 발명합니다."

주머니에 들어가는 무게 142그램짜리 슈퍼컴퓨터 아이폰은 그렇게 세상을 바꾸었습니다.

아이폰으로 인해 많은 사람이 주머니에 슈퍼컴퓨터를 넣고 다니게 되었습니다. 이 아이폰으로 우리가 앱이라고 부르는 수많은 혁신적인 어플리케이션이 만들어졌습니다.

우리는 이제 스마트폰과 인터넷만 있다면, 언제 어디에서나 일을 할 수 있고, 게임과 인터넷 쇼핑도 할 수 있습니다. 원하는 옷을 살 수 있고, 사진을 찍고 인터넷 올려서 전 세계 사람들이 그 사진을 보게 할 수 있습니다.

이것이 바로 소프트웨어의 힘입니다. 마이크로소프트사를 만든 빌 게이츠, 페이스북을 만든 마크 저커버그, 이들은 모두 소프트웨어로 세상을 바꾼 사람들입니다.

지금 우리는 모든 것이 컴퓨터로 연결될 수 있는 사물인터넷 시대에 살고 있습니다. 이제 컴퓨터는 어디에나 있으며, 모든 것이 컴퓨터와 연결될 수 있습니다. 이 사물인터넷 시대 뒤에는 보이지 않는 소프트웨어가 있습니다.

이제는 3차 산업혁명을 넘어서는 4차 산업혁명 시대라고 합니다. 4차 산업혁명으로 대부분의 산업은 지식과 기술 중심의 산업으로 획기적으로 변화할 것입니다. 4차 산업혁명 시대에서는 창의적인 아이디어를 기술, 지식, 제품과 융합하는 능력이 매우 중요합니다.

　영국에서는 이미 소프트웨어 과목을 필수과목으로 지정하여 초등학교부터 소프트웨어를 교육합니다. 우리나라도 초등학교부터 소프트웨어를 배워야 합니다.

　하지만 단순히 코딩만 잘하는 것이 아니라, 여러 가지 다양한 지식과 함께 소프트웨어를 이용해서 문제를 해결하는 능력을 키워야 합니다. 스티브 잡스는 이렇게 말했습니다.

　"기술만으로는 충분하지 않다. 기술(Technology), 인문학(Liberal Arts), 인본주의(Humanity)가 합쳐져야 멋진 것이 된다."

　다양한 과목과 소프트웨어를 융합하는 것이 매우 중요합니다. 교과서에서 배우는 내용으로 코딩을 한다면 깊고 넓게 생각할 수 있는 힘이 커질 것입니다.
　이제 우리는 코딩을 모르면 안 되는 시대를 살아가야 합니다. 교과서에 있는 내용을 열심히 공부하고 넓고 깊게 생각하는 능력을 키운다면 우리는 스티브 잡스, 빌 게이츠, 마크 저커버그, 엘론 머스크가 될 수 있습니다.

　열심히 공부하여 세상을 바꿔서, 역사를 새로 쓰는 멋진 사람이 되길 바랍니다.

책에 대하여

코딩을 공부하고 싶은데 좋은 책을 찾지 못했나요? 코딩뿐만 아니라 다른 과목도 잘하고 싶나요? 그렇다면 이 책을 여러분에게 강력히 추천합니다.

아이폰을 만든 스티브 잡스는 '모든 국민이 코딩을 배워야 한다.'고 말했습니다. 그런데 많은 학부모께서 코딩만 공부하면 다른 과목은 잘하지 못할 수 있다고 생각합니다. 그렇다면 교과서에서 배우는 내용과 코딩을 같이 공부해보는 것은 어떨까요?

이 책은 엔트리로 학교 교과서와 코딩을 한 번에 배우기 위해서 만들었습니다. 엔트리는 많은 학생이 코딩을 쉽고 재미있게 배울 수 있도록 만든 프로그램입니다. 엔트리는 MIT에서 만든 스크래치처럼 레고 블록을 쌓듯이 코딩을 합니다. 엔트리는 우리나라 학생이 더 쉽게 코딩을 할 수 있도록 만들어졌습니다. 스크래치에 없는 기능도 있고, 무엇보다 사용하기 매우 쉽습니다.

이 책은 단계별로 되어 있으며 이번 책은 Vol. 3으로써 교과서에서 배우는 내용으로 코딩하면서 다양한 작품을 만들면 교과서에 있는 내용도 이해가 더 잘 되고, 코딩이 더욱 재미있게 느껴질 것입니다. 그리고 어려운 전문용어를 사용한 것이 아니라, 초등학교 1학년 학생도 이해할 수 있도록 쉽고 자세하게 설명했습니다. 그리고 그림을 보고 따라 하다 보면 누구나 쉽게 코딩을 배울 수 있습니다. 마치 흥미진진한 소설을 읽는 것처럼 재미있게 코딩을 공부할 수 있습니다. 또한, 중요한 내용은 여러 번 반복해서 설명하므로 이 책을 읽다 보면 많은 내용이 머릿속에 남게 될 것입니다.

이렇게 교과서와 코딩을 같이 공부하면 넓고 깊게 생각하는 힘이 커지게 됩니다. 그리고 소프트웨어와 다른 과목을 융합할 수 있는 힘도 생기게 됩니다. 생각하는 능력은

　매우 중요합니다. 문제를 발견하고 그 문제를 작게 나눠서 순서대로 해결하는 것, 이렇게 생각하는 능력을 컴퓨팅 사고력이라고 합니다. 그리고 넓고 깊게 생각하는 융합형 사고력도 중요합니다. 앞으로는 한 가지 과목만 잘하는 것이 아니라, 다른 과목도 골고루 잘하는 융합형 인재가 필요합니다. 이 책은 융합형 인재를 위한 최고의 교과서가 될 것입니다. 우리는 이 책을 통해서 생각하는 힘을 기르고 어려운 문제를 멋지게 해결하는 방법을 배울 것입니다.

　소설책을 읽는 것처럼 즐거운 마음으로 공부하면서 교과서 내용도 잘 알고, 코딩 실력도 쑥쑥 키우길 바랍니다. 그리고 각 장마다 배운 내용을 정리할 수 있는 문제를 냈고 스스로 배운 내용을 확인할 수 있도록 체크리스트도 넣었습니다.

　책에 있는 내용을 따라 하다 보면 멋진 작품을 만들고 있는 자신을 발견하게 될 것입니다. 그리고 코딩공부를 더욱 쉽게 할 수 있도록 이 책에 나오는 모든 작품의 코드를 정리해 두었습니다.

　공부하다가 이해가 잘 안 되는 부분이 있으면 토마토북 엔트리 홈페이지(https://playentry.org/tomatobook)에 들어가서 코드를 확인해 보세요.

　또한 코딩을 더 쉽고 재미있게 공부할 수 있도록 카페에 많은 코딩 교육 자료도 준비했습니다. 토마토출판사 카페(http://cafe.naver.com/arduinofun)에 와서 많은 내용을 배워서 더 멋진 작품을 만들어 보세요.

차 례

Chapter 1 처음 만나는 엔트리

1. 안녕? 엔트리! 12
2. 작품 공유하기 14

Chapter 2 수학

1. 좌표를 알아봐요 18
2. 수를 맞혀요 56
3. 세 자리 수를 만들어요 87
4. 수의 크기를 비교해요 121
5. 도형을 분류해요 156
6. 길이를 재봐요 1 193
7. 길이를 재봐요 2 226

Chapter 3 통합교과

1 표정을 바꿔요 1 246
2 표정을 바꿔요 2 267

Chapter 1

처음 만나는 엔트리

1. 안녕? 엔트리!
2. 작품 공유하기

소프트웨어로 배우는

1 안녕? 엔트리!

학교에 갈 때 여러분이 어떤 일을 했는지 생각해볼까요?

스마트폰 알람소리를 듣고 잠에서 깹니다. 전기밥솥으로 만든 맛있는 아침밥을 먹습니다. 부모님은 TV를 켭니다. TV를 보니 오늘은 미세먼지가 심하지 않다고 합니다. 학교에 갈 준비를 하고나서 엄마와 엘리베이터를 타고 주차장에 내려갑니다. 오늘은 엄마가 학교로 태워다준다고 하십니다. 엄마는 내비게이션을 보면서 운전을 합니다. 내비게이션이 막히지 않는 길을 알려줘서 더 빨리 학교에 갑니다.

컴퓨터가 없어진다면 어떻게 될까요?

우선 스마트폰을 쓸 수 없습니다. 스마트폰 같은 기계는 컴퓨터로 만들어지기 때문이죠. 여러분이 좋아하는 유튜브도 볼 수 없고 재미있는 게임도 할 수 없습니다.

그뿐만 아니라 엘리베이터나 자동문, 전기밥솥, 세탁기도 사용할 수 없습니다. 은행, 지하철, 공항도 마비될 것입니다. 컴퓨터는 우리 세상에 없어서는 안 될 소중한 발명품입니다.

우리는 매일매일 컴퓨터를 사용합니다. 집에서 사용하는 PC부터 스마트폰, 노트북까지 다양한 컴퓨터를 쓰며 살아갑니다. 컴퓨터는 어떻게 이런 여러 가지 일을 할 수 있을까요? 컴퓨터 속을 보면 많은 부품이 있는데 이것들이 스스로 작동하여 여러 가지 일을 하는 걸까요?

그렇지 않습니다. 이런 부품들은 스스로 아무 일도 하지 못합니다. 오직 사람이 시킨 명령대로만 일을 합니다.

컴퓨터를 다양하게 사용할 수 있는 것은 컴퓨터를 움직이게 하는 소프트웨어가 있기 때문입니다. 세상은 이제 소프트웨어가 없으면 돌아가지 않습니다. 소프트웨어를 만드는 것을 코딩이라고 합니다. 코딩은 컴퓨터에게 어떤 일을 시키는 거죠.

코딩을 배우면 생각하는 능력을 키울 수 있습니다. 그리고 컴퓨터의 힘을 이용해서 멋지게 문제를 해결할 수 있습니다. 코딩하는 법을 배우면 우리를 불편하게 하는 많은 문제를 해결하고 세상을 더 멋지게 만들 수 있습니다.

단순히 코딩만 배우는 것이 아니라, 다른 과목과 함께 코딩을 공부하는 것이 중요합니다. 요즘은 융합 시대라고 합니다. 한 가지 과목만 잘한다고 복잡한 문제를 해결할 수 없습니다. 국어, 수학, 사회, 과학 등 여러 과목에 나오는 다양한 내용을 알고 있어야 합니다.

이 책을 보면서 다양한 과목과 함께 코딩을 공부하다 보면 생각하는 힘이 키워질 것입니다.

우리는 앞서 발행된 책에서 엔트리 코딩에 관한 기초적인 내용은 이미 공부했습니다

이 책에서는 만든 작품을 다른 사람이 볼 수 있도록 공유하는 방법을 배우고 자릿수, 좌표, 길이 등 수학과 관련된 내용으로 코딩을 해보겠습니다. 그리고 얼굴모양을 바꾸는 프로그램을 만드는 방법도 배워 보겠습니다.

2 작품 공유하기

검색 주소창에 '엔트리'라고 검색하면 나오는 창에서 빨간색으로 표시한 곳을 클릭합니다.

엔트리 메인 창에서 로그인을 클릭하고 아이디와 비밀번호를 입력합니다.

공유하기를 선택한 후 〈마이 페이지〉에서 자신이 저장한 작품을 찾아 빨간색으로 표시한 곳을 클릭합니다.

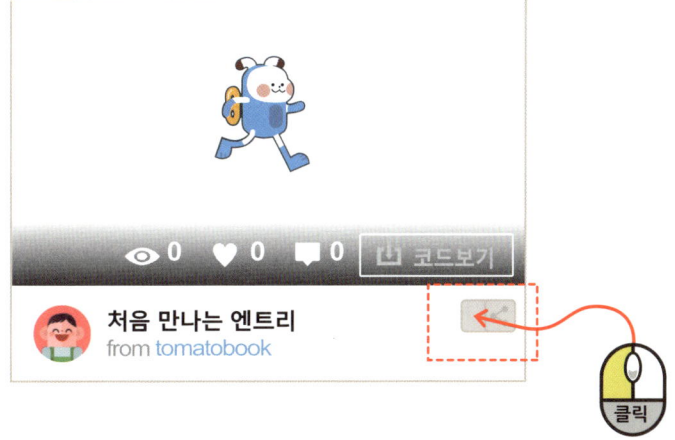

그러면 오른쪽과 같은 창이 나옵니다.

〈작품 공유하기〉를 선택합니다. 〈전체 동의〉 앞에 있는 네모 상자를 클릭하면 공유가 됩니다.

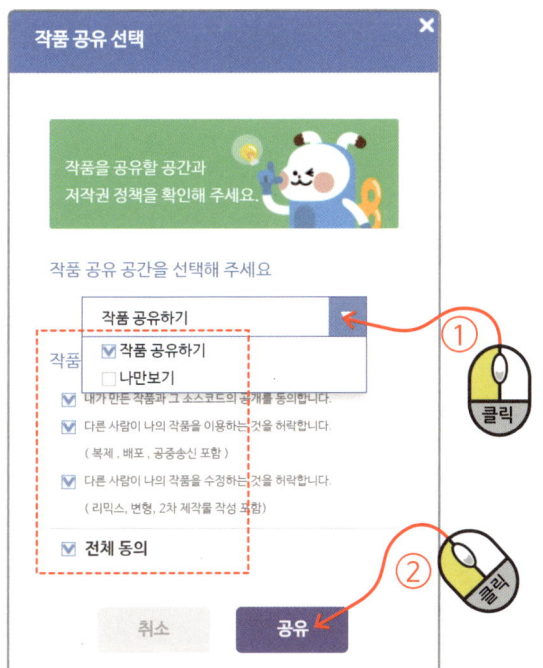

2. 작품 공유하기

그리고 작품을 클릭하면 아래 그림과 같은 창이 열리고 인터넷 주소가 생깁니다.

이것을 URL(유알엘)이라고 합니다. 다른 사람이 이 인터넷 주소를 인터넷 주소창에 쓰면 여러분이 만든 작품을 볼 수 있습니다.

다른 사람들이 만든 작품을 찾아보는 방법도 배워볼까요?
〈공유하기〉-〈작품 공유하기〉를 순서대로 클릭합니다.

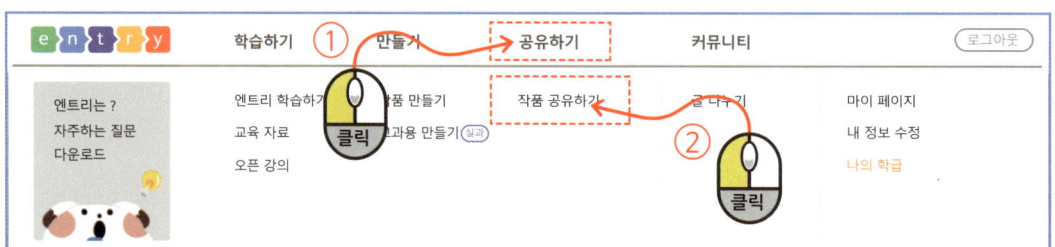

그러면 엔트리로 만든 다양한 작품을 볼 수 있습니다. 그리고 작품 제목이나 아이디를 쓰고 돋보기 모양을 클릭해서 원하는 작품을 찾을 수도 있습니다.

Chapter 2

수학

1. 좌표를 알아봐요
2. 수를 맞혀요
3. 세 자리 수를 만들어요
4. 수의 크기를 비교해요
5. 도형을 분류해요
6. 길이를 재봐요 1
7. 길이를 재봐요 2

소프트웨어로 배우는

1 좌표를 알아봐요

좌표라는 말을 들어본 적이 있나요?

좌표는 어떤 곳에서 얼마나 떨어졌는지를 나타내 줍니다. 좌표를 잘 알면 더 쉽게 작품을 만들 수 있습니다.

아래 그림을 볼까요? 말모양이 있는 곳이 보이죠?

이곳을 기준으로 오른쪽으로 세 칸, 앞으로 두 칸을 움직이면 왕관입니다.

이것을 '왕관의 좌표는 3, 2이다.'라로 표현할 수 있습니다. 즉, 말모양이 있는 곳에서 오른쪽으로 세 칸, 위로 두 칸 떨어진 곳에 왕관이 있는 것이죠.

좌표를 사용하면 보다 쉽게 코딩할 수 있습니다.

이번 시간에는 좌표를 사용해서 코딩하는 방법을 배우고 간단한 게임을 만들어 보겠습니다.

〈우리가 만들 게임〉

　게임을 시작하면 곰인형이 무대 여기저기 움직입니다. 엔트리봇이 어디로 움직일지 물어봅니다. 대답을 하고 빨간색 버튼을 누르면 엔트리봇이 대답한 곳으로 움직입니다.

　엔트리봇이 곰인형에 닿으면 점수가 올라가고, 곰인형은 다른 곳으로 움직입니다. 엔트리봇이 곰인형에 닿지 않으면 곰인형은 움직이지 않습니다.

　게임을 할 수 있는 시간을 정하고 그 시간이 다 지나면 게임이 끝납니다.

　표로 정리해 볼까요?

1	게임을 시작하면 곰인형이 움직인다.
2	엔트리봇을 클릭하면 어디로 움직일지 물어본다.
3	대답을 하고 빨간색 버튼을 누르면 엔트리봇이 대답한 곳으로 움직인다.
4	곰인형이 엔트리봇에 닿으면 다른 곳으로 움직인다.
5	곰인형이 엔트리봇에 닿으면 점수가 올라간다.
6	게임을 할 수 있는 시간이 다 되면 게임이 끝난다.

엔트리봇을 클릭하면 아래 그림처럼 코딩된 블록이 있습니다. 이것을 지웁니다. 블록을 〈블록 꾸러미〉로 드래그하면 지워집니다.

〈블록 조립소〉 오른쪽 아래에 있는 휴지통으로 옮겨도 지울 수 있고, 〈Delete〉 키를 눌러서 지울 수도 있습니다.

어떻게 하면 엔트리봇이 마우스를 따라서 움직이게 할 수 있을까요?

〈~위치로 이동하기〉 블록을 사용하면 됩니다. 이 블록은 어디에 있을까요?

블록 색깔을 보니 보라색이네요? 움직임 블록 꾸러미에 있다는 것을 알 수 있겠죠?

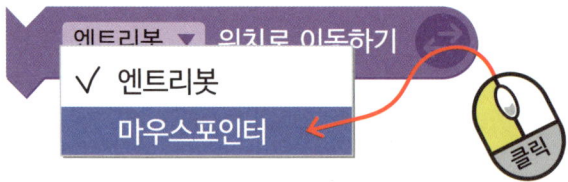

코딩 규칙

명령어 블록은 외우지 말고 색깔로 찾는다.

아래 그림의 세모 표시(▼)를 보니 고를 수 있는 것이 여러 개 있겠죠?

세모 표시(▼)를 누르고 '마우스포인터'를 골라 코딩을 합니다.

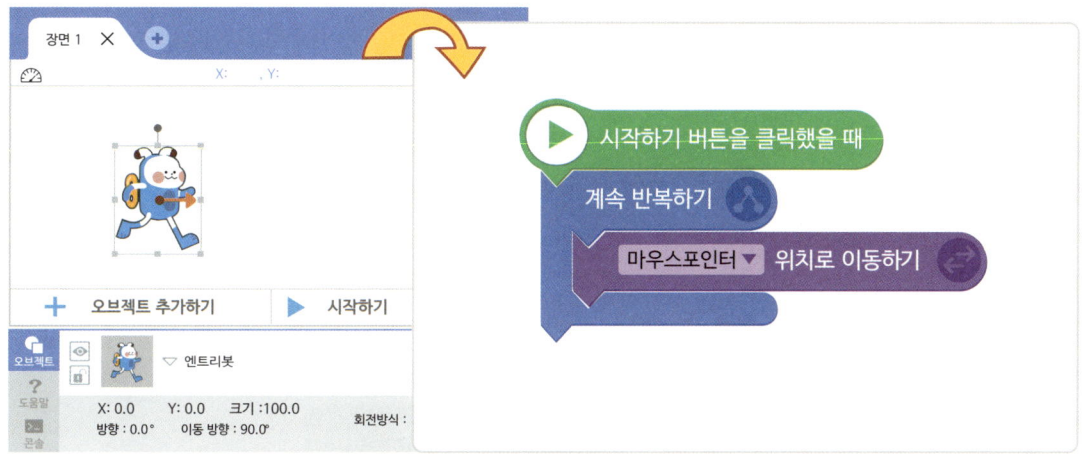

엔트리봇이 마우스를 따라서 잘 움직이는지 확인해 볼까요?

〈시작하기〉를 클릭합니다. 엔트리봇이 마우스를 따라서 잘 움직이죠?

아래 그림에서 빨간색으로 표시한 숫자가 좌표입니다.

엔트리봇이 움직이면서 좌푯값을 말하도록 코딩을 해보겠습니다.

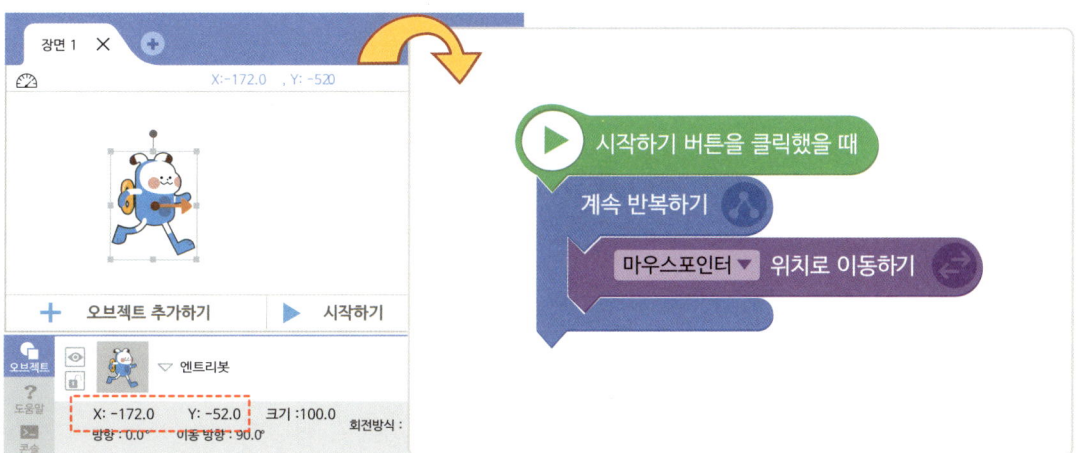

1. 좌표를 알아봐요

계산 블록 꾸러미를 보면 옆의 그림과 같은 `엔트리봇▼ 의 x좌푯값` 블록이 있습니다.

이 블록을 사용하면 엔트리봇의 좌푯값을 말하는 프로그램을 쉽게 만들 수 있습니다.

엔트리봇에 코딩을 해볼까요?

아래와 같이 코딩을 하면 엔트리봇이 움직이면서 자신의 x좌푯값을 말하게 됩니다.

〈시작하기〉를 클릭해서 잘 되는지 확인해 볼까요?

마우스를 장면 창에서 왼쪽과 오른쪽으로 움직여보면 엔트리봇이 말하는 숫자가 달라집니다. 마우스를 왼쪽으로 움직이면 숫자가 점점 작아지다가 숫자 앞에 빼기(-) 기호가 생깁니다.

143.3처럼 점(.)을 사용한 수를 소수라고 합니다. 143.3은 143보다는 크고 144보다는 작은 수입니다.

코딩할 때는 점(.) 뒤에 있는 숫자는 크게 신경 쓰지 않아도 됩니다.

이제 마우스를 오른쪽으로 움직여 볼까요?

숫자가 점점 커집니다.

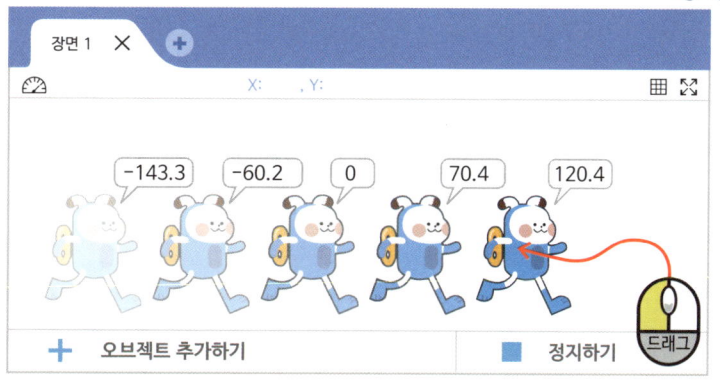

x좌표에서 빼기(-)는 기준에서 왼쪽으로 얼마나 떨어졌는지를 나타냅니다.

-100이면 0을 기준으로 했을 때, 왼쪽으로 100만큼 떨어졌다는 뜻입니다.

엔트리는 장면 창 한가운데를 기준으로 정했습니다.

x좌푯값은 장면 창 가운데에서 왼쪽 또는 오른쪽으로 얼마나 이동했는지를 나타냅니다. 한가운데의 x좌푯값은 0입니다. 엔트리봇의 x좌푯값이 100이라면, 한가운데를 기준으로 오른쪽으로 100만큼 떨어진 곳에 엔트리봇이 있다는 뜻입니다.

엔트리봇의 x좌푯값이 -100이라면 한가운데를 기준으로 왼쪽으로 100만큼 떨어진 곳에 엔트리봇이 있다는 뜻이겠죠?

어때요? 잘 이해가 되나요? 처음 좌표를 배울 때 어려울 수 있습니다. 여러분이 처음 배우기 때문이죠. 하지만 여러 번 반복해서 읽고 작품을 만든다면 언젠가 이해가 잘 될 것입니다.

이제 엔트리봇의 y좌푯값을 알아볼까요?

다음과 같이 코딩하면 엔트리봇이 자신의 y좌푯값을 말합니다.

마우스를 위, 아래로 움직여 볼까요?

마우스를 위로 움직이면 숫자가 점점 커집니다.

마우스를 아래로 움직이면 숫자가 작아지다가 숫자 앞에 빼기(-) 기호가 생깁니다.

y좌표에서 빼기(-)는 기준에서 아래쪽으로 얼마나 떨어졌는지를 나타냅니다.

-100이면 0을 기준으로 했을 때, 아래쪽으로 100만큼 떨어졌다는 뜻입니다.

장면 창 한가운데가 기준이라고 했죠?

y좌푯값은 장면 창 가운데에서 위쪽 또는 아래쪽으로 얼마나 이동했는지를 나타냅니다. 한가운데의 y좌푯값은 0입니다.

엔트리봇의 y좌푯값이 100이라면, 한가운데를 기준으로 위쪽으로 100만큼 떨어진 곳에 엔트리봇이 있다는 뜻입니다.

엔트리봇의 y좌푯값이 -100이라면 한가운데를 기준으로 아래쪽으로 100만큼 떨어진 곳에 엔트리봇이 있다는 뜻입니다.

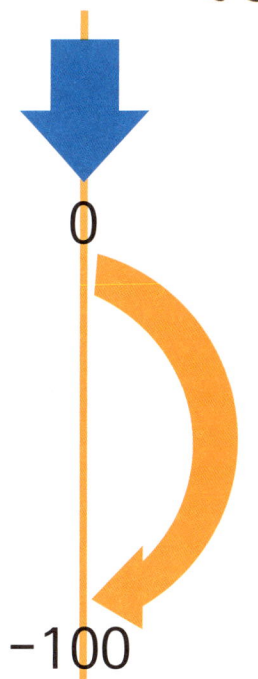

이 좌표를 사용해서 코딩을 해봅시다.

아래 그림처럼 먼저 만들었던 것을 드래그해서 떼어 놓습니다.

나중에 떼어 놓은 블록들을 다시 사용할 수도 있습니다.

이 블록들을 삭제하면 나중에 다시 코딩을 해야 하니 귀찮겠죠? 옆으로 떼어 놓고 코딩하면 편할 때가 많습니다.

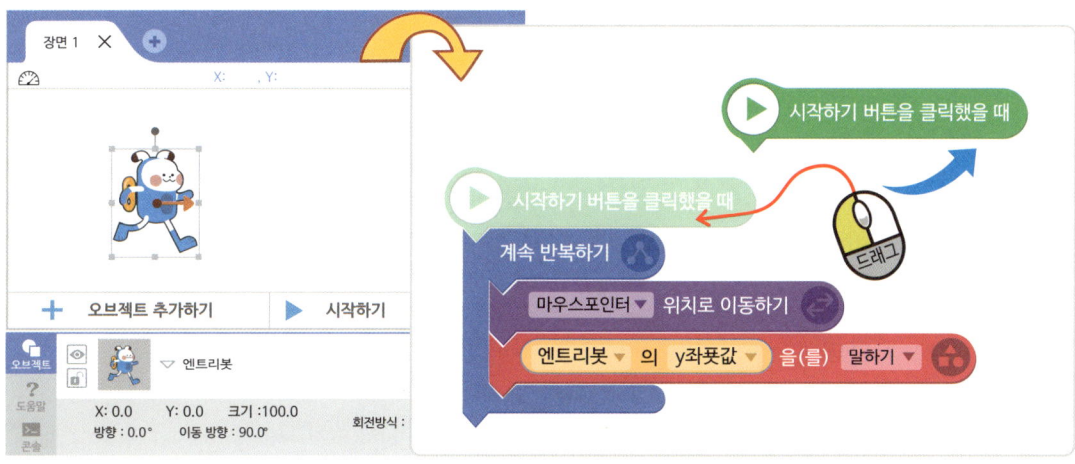

1. 좌표를 알아봐요

이제 버튼을 넣어서 코딩을 해보겠습니다.

〈오브젝트 추가하기〉→〈오브젝트 선택〉에서 '결과 확인 버튼' 오브젝트를 찾아서 넣습니다. 〈물건〉에서 찾거나 직접 검색해서 찾아도 됩니다.

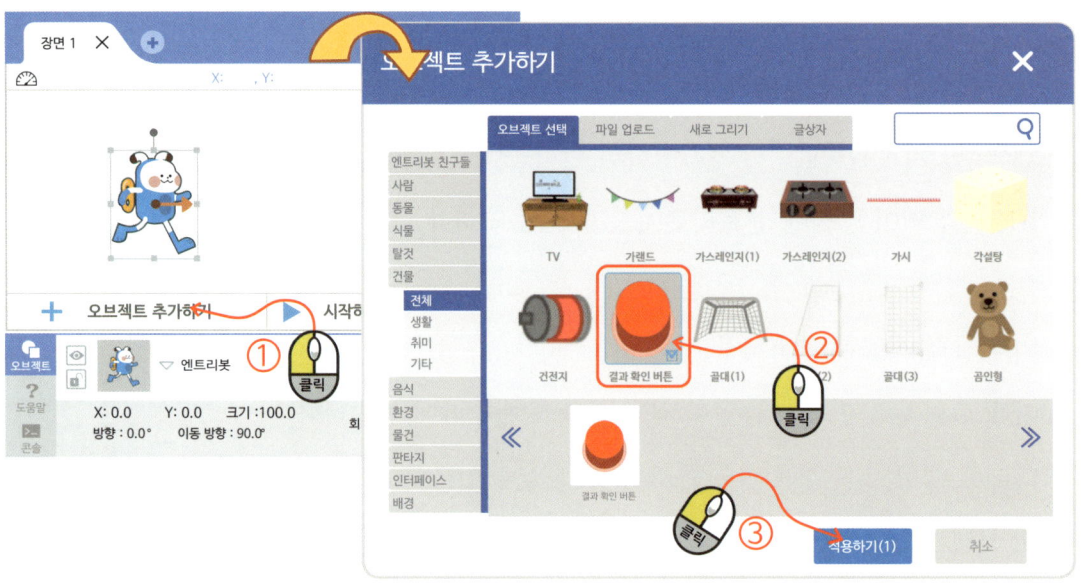

엔트리봇이 어디로 이동할지 물어보도록 코딩을 해볼까요?

엔트리로 작품을 만들 때 무엇인가 물어볼 때가 있습니다.

이때 옆에 보이는 〈묻고 대답 기다리기〉 블록을 사용하면 됩니다.

〈묻고 대답 기다리기〉 블록은 자료 블록 꾸러미에 있습니다.

이 블록은 어떤 것을 묻고 대답한 것을 대답 변수에 저장합니다.

엔트리봇을 클릭했을 때 이름을 묻는 프로그램을 만들어 보겠습니다. 어떻게 하면 될까요?

〈오브젝트를 클릭했을 때〉 블록을 사용하면 됩니다.

엔트리봇을 선택하고 아래와 같이 코딩을 합니다.

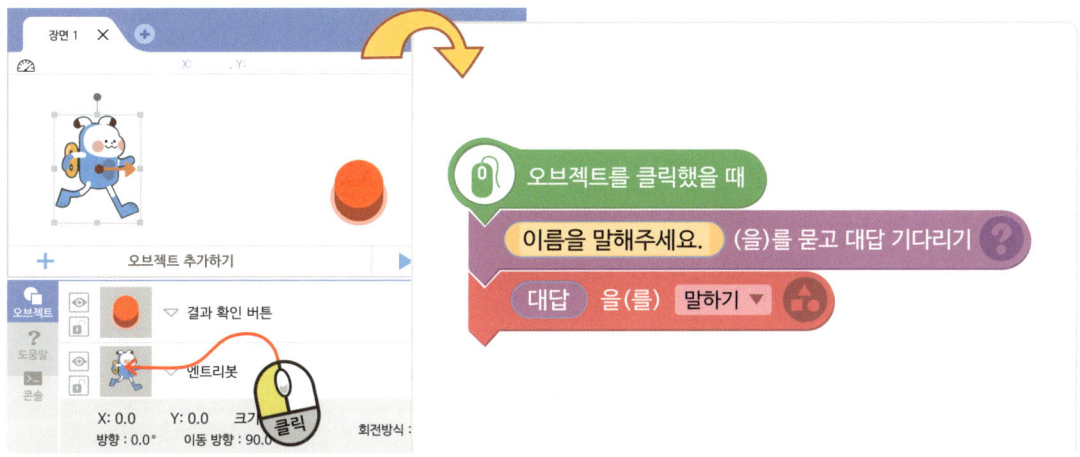

〈시작하기〉 버튼을 클릭하면 오른쪽 그림처럼 됩니다.

이름을 쓰고 엔터 키를 누르거나, ∨표시를 클릭합니다.

그러면 [대답] 변수에 여러분이 쓴 이름이 저장됩니다.

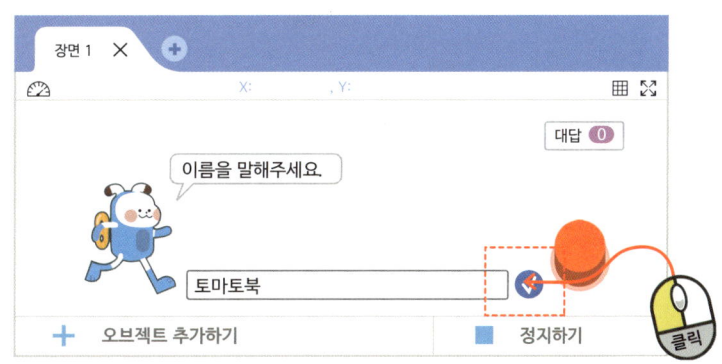

이 책에서는 '토마토북'이라고 이름을 썼습니다. ∨표시를 클릭해 볼까요?

1. 좌표를 알아봐요

그러면 [대답] 변수에 '토마토북'이라는 글자가 저장되고, 엔트리봇은 '토마토북'이라고 말을 합니다.

엔트리봇에 코딩했던 블록을 드래그해서 떼어 놓습니다.

떼어 놓은 블록은 나중에 다시 사용할 수도 있습니다. 블록을 삭제해버리면 나중에 다시 코딩을 해야 하니 귀찮겠죠?

[x좌푯값] 변수를 만들고, 엔트리봇에 코딩을 합니다.

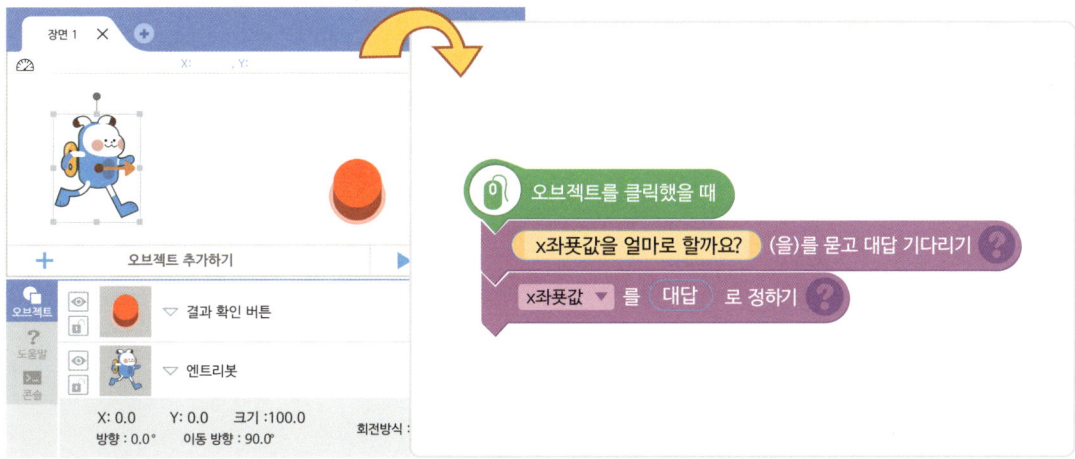

1. 좌표를 알아봐요

그러면 엔트리봇이 'x좌푯값을 얼마로 할까요?'라고 묻고, 답한 값을 [대답] 변수에 저장합니다. 그리고 이것을 다시 [x좌푯값] 변숫값으로 정하는 것이죠.

잘 되는지 확인해 볼까요?

엔트리봇을 클릭하면 아래 그림처럼 엔트리봇이 x좌푯값을 물어봅니다.

대답을 해볼까요?

30이라고 쓰고 엔터키를 누르거나 ∨표시를 클릭을 하면 [대답] 변숫값은 30이 되고, [x좌푯값] 변숫값도 30이 됩니다. 어때요? 참 쉽죠?

한 번에 작품을 다 만들려고 하면 안 됩니다. 코딩을 하다 보면 반드시 실수를 합니다. 그래서 한 번에 한 가지 문제를 해결하고 중간 중간에 잘 되는지 확인을 해야 합니다.

코딩 규칙

문제는 나눠서 생각한다.

y좌푯값도 물어봐야겠죠? [y좌푯값] 변수를 만들고, 코딩을 합니다.

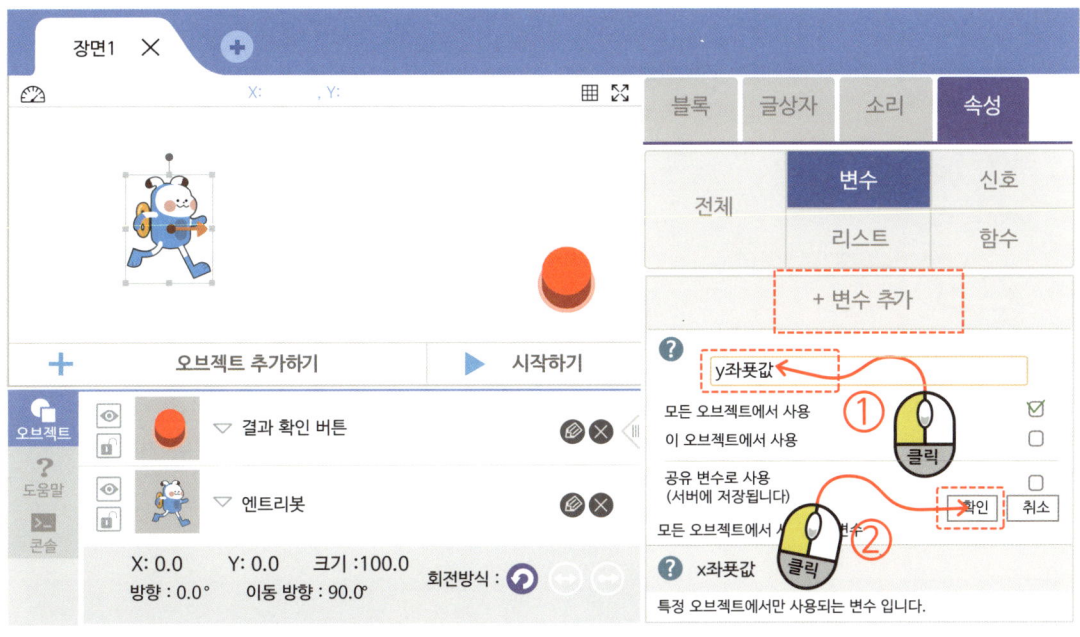

먼저 x좌푯값을 묻고 대답한 것을 [x좌푯값] 변수에 저장합니다.

그리고 다시 y좌푯값을 묻고 대답한 것을 [y좌푯값] 변수에 저장합니다.

1. 좌표를 알아봐요

잘 되는지 확인해 볼까요?

먼저 x좌푯값을 묻습니다. 이 책에서는 100이라고 답했습니다.

그 다음 y좌푯값을 묻습니다. 마찬가지로 100이라고 답했습니다.

그러면 위 그림처럼 두 변수에 각각 100이 저장됩니다.

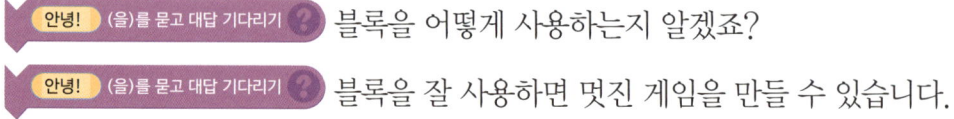 블록을 어떻게 사용하는지 알겠죠?

 블록을 잘 사용하면 멋진 게임을 만들 수 있습니다.

버튼을 누르면 엔트리봇이 움직이도록 코딩을 해보겠습니다.

어떻게 하면 될까요? 신호를 사용하면 됩니다.

'결과 확인 버튼' 오브젝트를 선택하고 〈움직여라〉 신호를 만듭니다.

아래와 같이 코딩을 하고 '결과 확인 버튼' 오브젝트를 클릭하면 〈움직여라〉 신호를 보냅니다. 이 신호를 받으면 여러분이 정한 좌표로 엔트리봇이 움직이면 되겠죠?

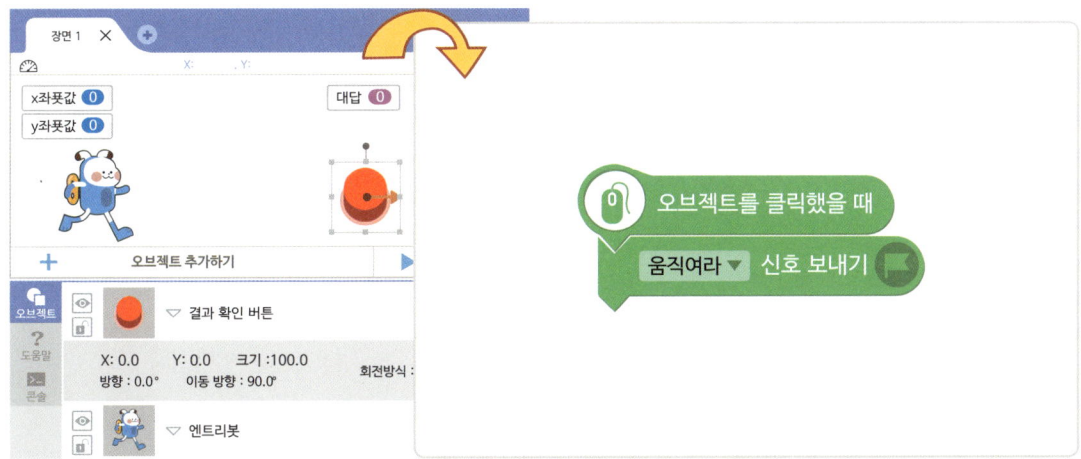

1. 좌표를 알아봐요

엔트리봇이 여러분이 정한 좌표로 움직이려면 어떻게 해야 할까요?

〈~위치로 이동하기〉 블록을 사용하면 됩니다. 색깔을 보니 움직임 블록 꾸러미에서 찾을 수 있겠죠?

아래의 블록은 x좌푯값이 100이고, y좌푯값이 100인 곳으로 움직이라는 뜻입니다.

엔트리봇이 〈움직여라〉 신호를 받았을 때 여러분이 정한 곳으로 움직이려면 어떻게 코딩을 해야 할까요?

엔트리봇을 선택하고 아래 그림처럼 [x좌푯값] 변수와 [y좌푯값] 변수를 사용해서 코딩을 하면 됩니다. 이 변수에는 여러분이 대답한 값이 저장되어 있습니다.

변수와 관련된 블록은 자료 블록 꾸러미에서 찾을 수 있겠죠? 그러면 여러분이 정한 x좌푯값과 y좌푯값으로 이동합니다.

x좌푯값을 0, y좌푯값을 0으로 대답하고 버튼을 누르면 장면 창 한가운데로 움직입니다.

곰인형을 넣어서 코딩을 해볼까요?

〈오브젝트 추가하기〉→〈오브젝트 선택〉에서 '곰인형' 오브젝트를 찾아서 넣습니다.

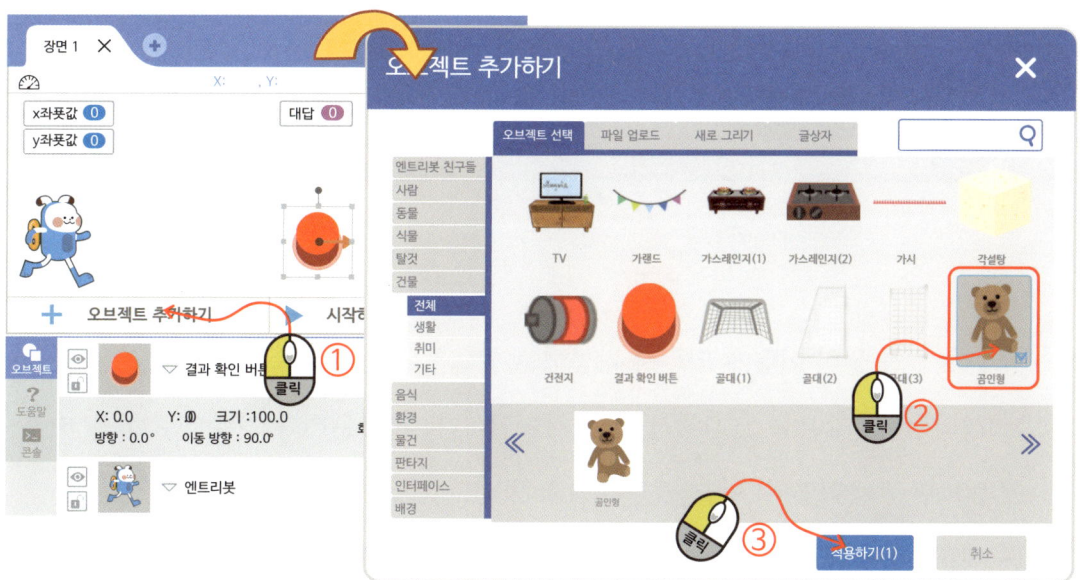

그러면 오른쪽 그림처럼 되겠죠? 그런데 곰인형이 계속 같은 자리에 있습니다.

게임이 시작했을 때 곰인형이 이곳저곳으로 움직이려면 어떻게 해야 할까요?

1. 좌표를 알아봐요

느낌이 오지 않나요? 바로 무작위 수입니다.

계산 블록 꾸러미에서 〈무작위 수〉 블록을 찾을 수 있습니다.

곰인형에 코딩을 합니다.

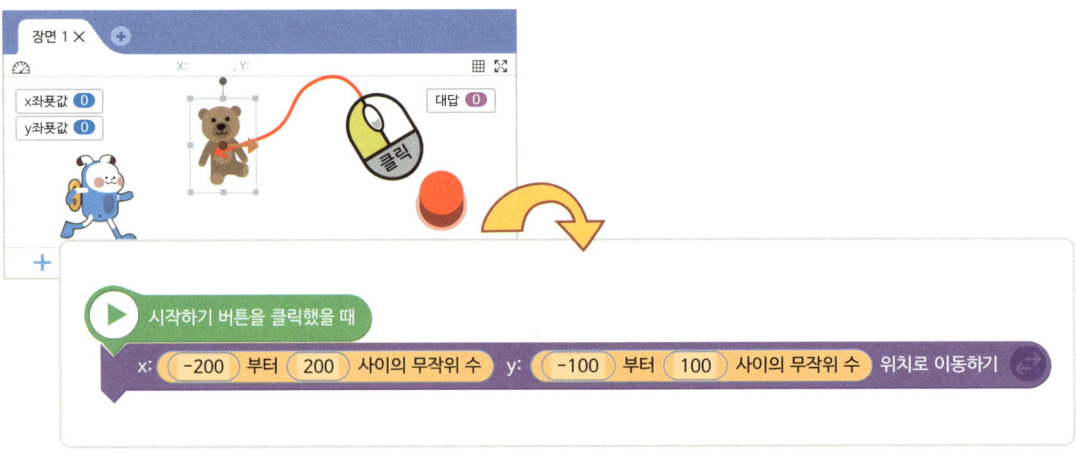

〈시작하기〉를 눌러 어떻게 되는지 확인해 볼까요?

곰인형의 x좌푯값은 -200에서 200 사이입니다. 한가운데를 기준으로 했을 때 왼쪽으로 200만큼 움직일 수 있고, 오른쪽으로 200만큼 움직일 수 있습니다.

곰인형의 y좌푯값은 -100에서 100 사이입니다. 한가운데를 기준으로 했을 때 위쪽으로 100만큼, 아래쪽으로 100만큼 움직일 수 있는 겁니다.

곰인형이 엔트리봇에 닿으면 점수가 1씩 커지도록 코딩을 해봅시다.

[점수] 변수를 만들고 연필 모양을 클릭하면 아래 그림처럼 됩니다.

기본값이 보이나요? 기본값은 〈시작하기〉 버튼을 눌렀을 때, 변수가 어떤 값을 갖는지 정할 때 사용합니다.

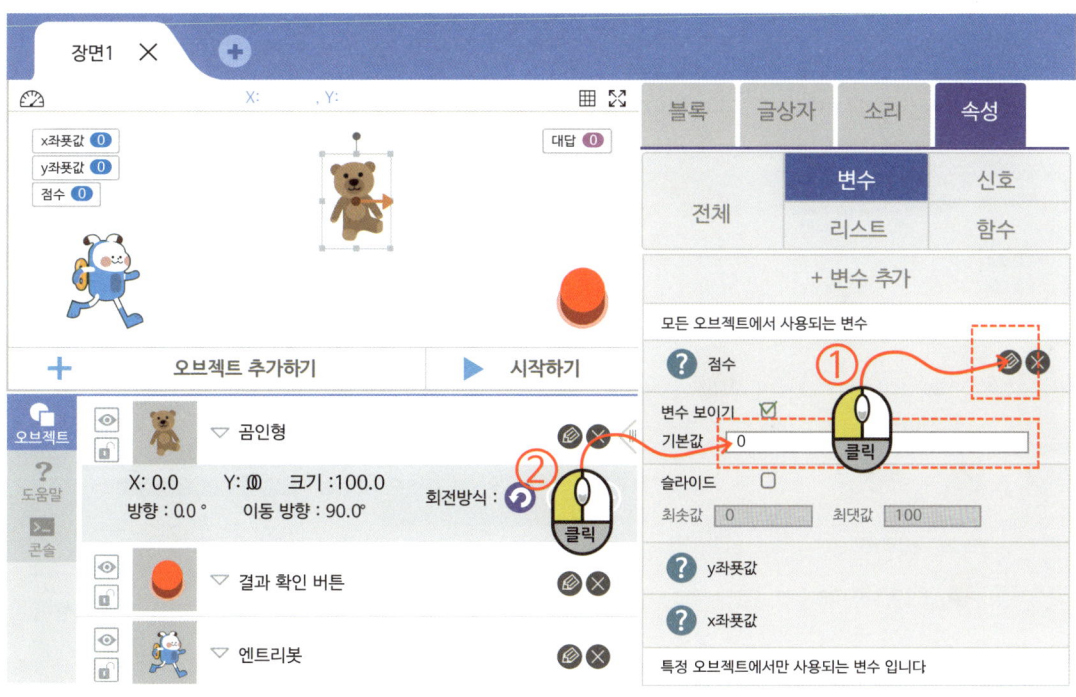

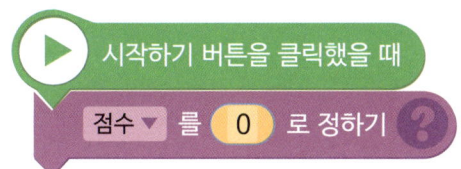

왼쪽 코드와 같은 뜻입니다.

코딩으로 변수의 처음 값을 정해도 되고, 위 그림처럼 기본값을 사용해서 정해도 됩니다.

1. 좌표를 알아봐요

곰인형이 엔트리봇에 닿았을 때 점수를 올리려면 어떻게 해야 할까요?

`마우스포인터▼ 에 닿았는가?` 블록을 사용하면 됩니다. 이 블록은 판단 블록 꾸러미에 있습니다.

어떤 오브젝트가 마우스포인터에 닿으면 참이 되고, 그렇지 않으면 거짓이 됩니다.

세모 표시(▼)를 보니 고를 수 있는 오브젝트가 여러 개 있다는 것을 알 수 있겠죠?

곰인형에 코딩을 합니다. 곰인형이 엔트리봇에 닿으면 [점수] 변수가 1씩 커집니다.

게임이 잘 되는지 확인해 볼까요? 엔트리봇이 한 번에 곰인형에 닿는 것은 쉽지 않습니다.

마우스를 움직이면 그림처럼 마우스의 좌푯값이 장면 창 위에 나옵니다. 곰인형에 마우스를 갖다 대면 곰인형이 어디쯤 있는지 알 수 있겠죠?

좌푯값은 소수로 표현됩니다. 점(.)이 있는 수가 소수인 것을 앞에서 배웠죠?

점(.) 뒤에 있는 수는 없다고 생각해도 큰 문제가 없습니다. 1보다 작은 수라서 없어도 큰 문제가 안 됩니다.

x좌푯값은 60이고, y좌푯값은 68이라고 생각해도 됩니다.

x좌푯값은 60, y좌푯값은 68로 대답하고, 버튼을 눌러 봅시다.

엔트리봇이 곰인형 쪽으로 움직였습니다.

그런데 문제가 생겼습니다. 오른쪽 그림처럼 곰인형이 엔트리에 닿자마자 점수가 빠르게 커집니다.

컴퓨터는 일을 엄청 빨리한다는 것을 알죠? 엄청나게 빠르게 [점수] 변수에 1씩 더하니, 점수가 빨리 커지겠죠?

어떻게 하면 될까요? 점수를 올리고 조금 있다가 곰인형이 다른 곳으로 움직이면 되겠죠?

곰인형에 아래와 같이 코딩하면 곰인형이 엔트리봇에 닿았을 때 1초 있다가 다른 곳으로 움직입니다.

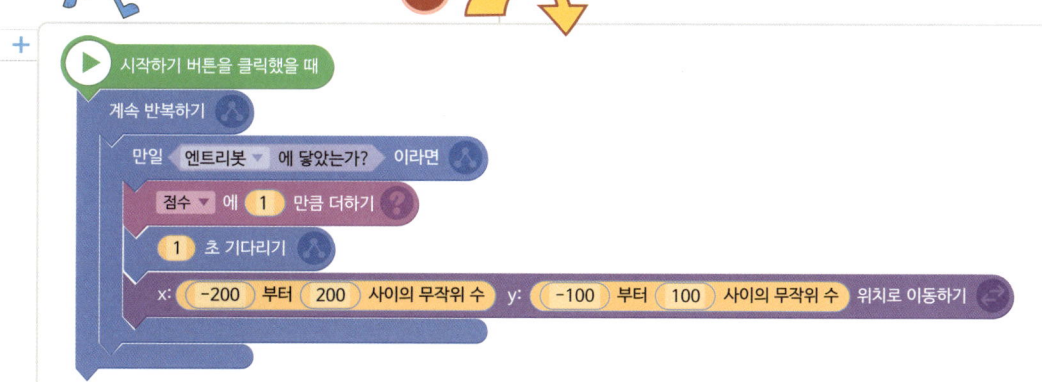

1. 좌표를 알아봐요

소리도 나면 좋겠죠? '박수갈채' 소리를 넣고 코딩을 합니다.

잘 되는지 확인해 볼까요?

점수도 1씩 커지고, '박수갈채' 소리도 잘 나네요.

배경과 배경음악을 넣어볼까요?

아래 그림처럼 '잔디밭' 배경을 넣고, 잔디밭 배경에 코딩을 하면 [대답] 변수가 장면 창에서 안 보입니다.

1. 좌표를 알아봐요

변숫값도 보이지 않게 합니다.

x좌푯값과 y좌푯값 변수의 연필 모양을 클릭하고 〈변수 보이기〉의 네모 상자에 ∨표시를 클릭합니다. 그러면 ∨표시가 사라지고 화면에서 변수가 보이지 않습니다.

그러면 〈시작하기〉를 클릭했을 때 [점수] 변수만 보입니다.

배경음악도 넣습니다. 유튜브 등에서 어울리는 음악을 찾아 저장하고 이름을 '좌표찾기게임'으로 바꿉니다.

〈소리 추가〉→〈파일 업로드〉→〈파일 추가〉를 클릭하고 저장했던 파일을 가져옵니다.

'잔디밭' 배경에 코딩을 합니다.

1. 좌표를 알아봐요

게임을 할 수 있는 시간을 정합시다. 이것을 '제한시간'이라고 합니다.

예를 들어, 제한시간이 30초면 30초 동안만 게임을 할 수 있습니다.

[시간] 변수를 만들고 기본값을 30으로 합니다. 그러면 〈시작하기〉 버튼을 눌렀을 때, [시간] 변숫값이 30이 됩니다.

[점수] 변수는 왼쪽에, [시간] 변수는 오른쪽 위로 옮깁니다.

이제 [시간] 변숫값이 1초마다 1씩 줄어들도록 코딩을 해봅시다.

어떻게 하면 될까요?

 블록을 사용하면 됩니다.

'제한시간'은 배경에 코딩을 하는 것이 좋습니다.

'잔디밭' 배경에 코딩을 하고 잘 되는지 확인해 봅니다.

오른쪽 그림처럼 [시간] 변숫값이 1씩 줄어듭니다.

[시간] 변숫값이 25가 되면 더 이상 1씩 줄어들지 않습니다.

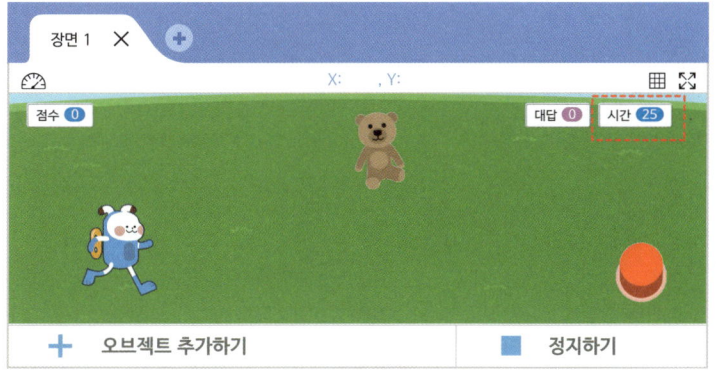

〈~이 될 때까지 반복하기〉 블록 안에 있는 조건이 참이 되면 더 이상 반복하지 않습니다. 어떻게 사용하는지 잘 알겠죠?

아래와 같이 코드를 바꿔주면 [시간] 변숫값이 0이 될 때까지 [시간] 변숫값이 1씩 줄어듭니다.

게임하는 방법도 설명해줘야 합니다.

글상자를 만들고 '엔트리봇을 클릭하면 엔트리봇의 x좌푯값과 y좌푯값을 정할 수 있습니다. 버튼을 클릭하면 엔트리봇이 정한 좌표로 움직입니다.'라고 씁니다.

빨간색으로 표시한 곳(②)을 클릭하면 글상자에 여러 줄로 글을 쓸 수 있습니다.

글상자 이름을 '게임 설명'으로 바꿉니다.

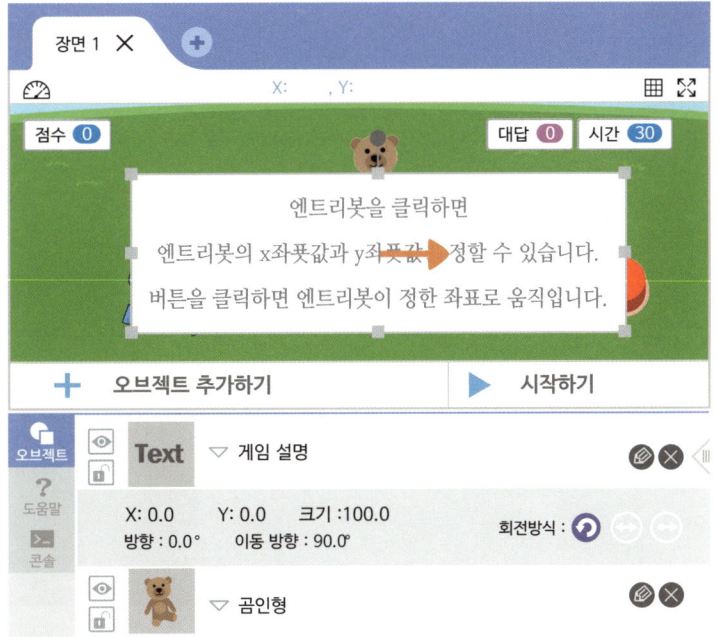

장면 창에서 '게임 설명' 글상자가 보이지 않도록 눈 모양을 클릭합니다.

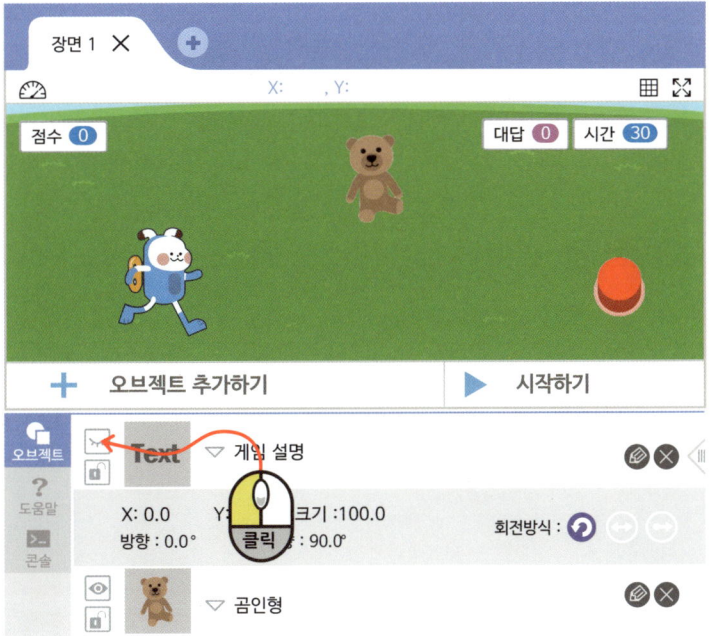

1. 좌표를 알아봐요

〈게임 시작〉 신호를 만듭니다.

〈시작하기 버튼을 클릭했을 때〉 블록을 사용하면 〈시작하기〉를 클릭하자마자 게임이 시작됩니다. 그러기보다는 게임하는 방법을 설명해주고 신호를 보내서 게임이 시작되도록 하는 것이 더 좋겠죠?

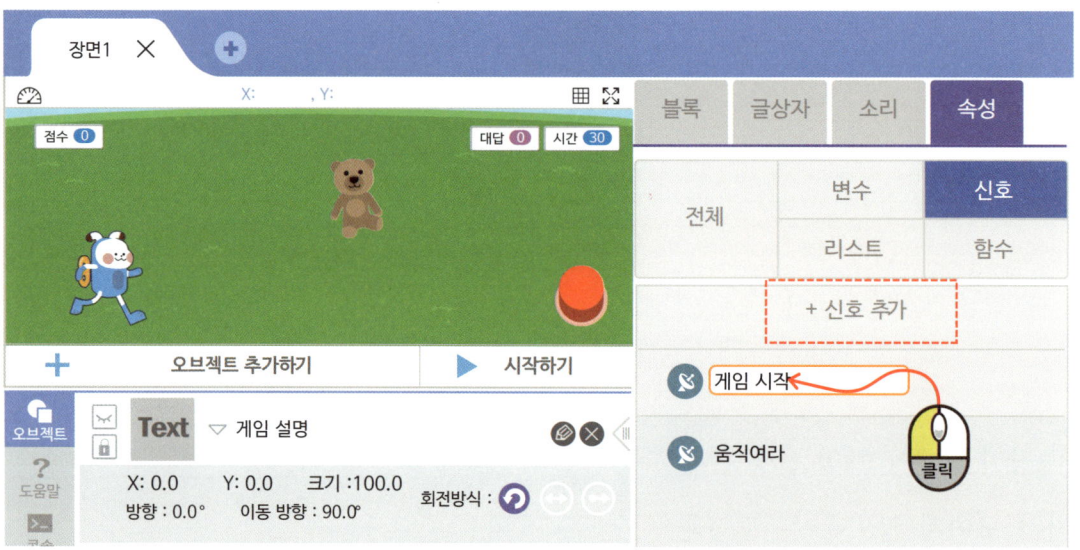

'게임 설명' 글상자에 코딩을 합니다.

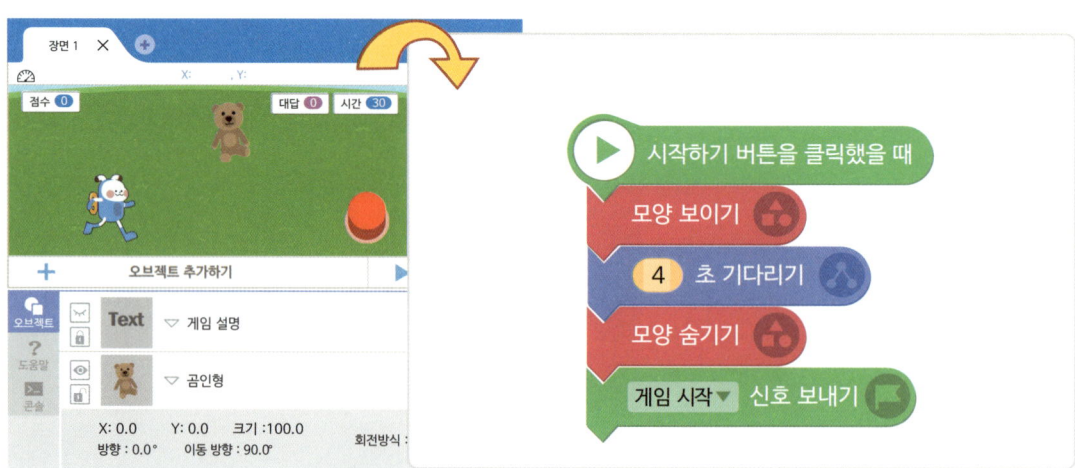

글상자가 보였다가 4초 뒤에 다시 사라지고 〈게임 시작〉 신호를 보내는 겁니다.

다른 오브젝트를 클릭해 볼까요?

〈시작하기 버튼을 클릭했을 때〉 블록을 사용해서 코딩한 것이 있습니다.

〈시작하기 버튼을 클릭했을 때〉 블록을 〈게임 시작 신호를 받았을 때〉 블록으로 바꿔줘야 합니다.

'곰인형'을 선택하고 코드를 바꿔줍니다.

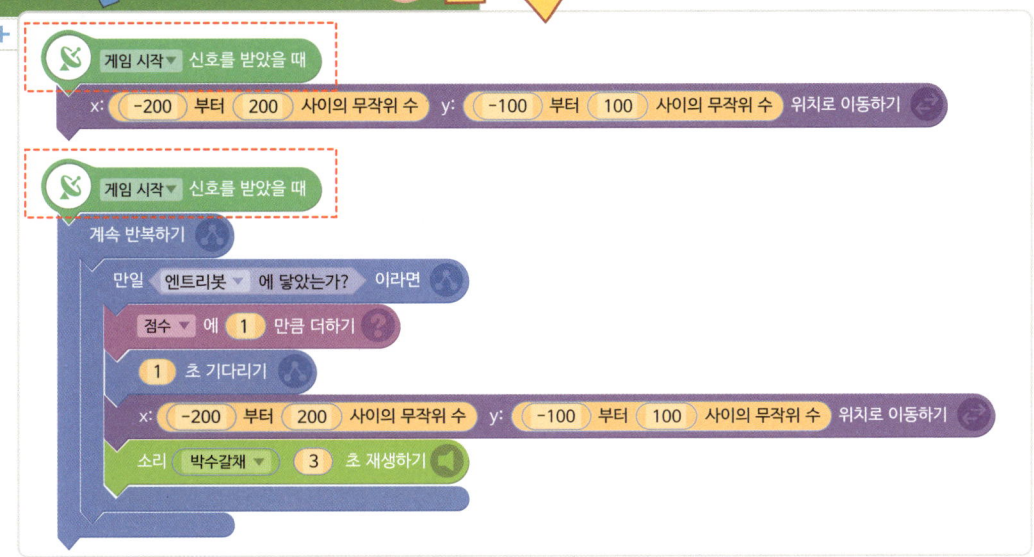

'잔디밭' 배경에 코딩한 것도 바꿔야겠죠?

1. 좌표를 알아봐요

시간이 얼마 남지 않았을 때, 시간을 더 잘 보이게 해주면 긴장감을 느낄 수 있습니다. 이것을 '카운트 다운'이라고 합니다.

5, 4, 3, 2, 1, 땡! 이렇게 해주면 게임이 더 재미있겠죠?

글상자를 만들고 10이라고 씁니다. 배경색은 노란색으로 정했습니다.

글상자 이름을 '카운트 다운'으로 바꿉니다.

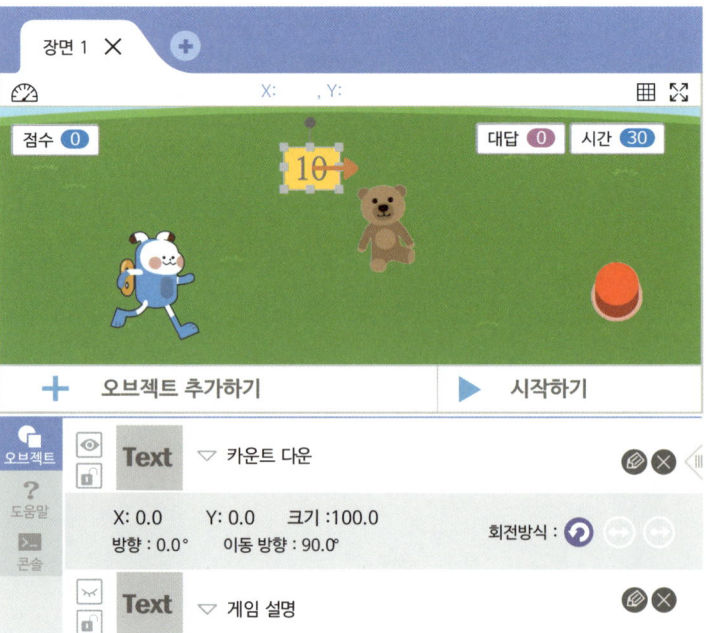

눈 모양을 클릭해서 장면 창에서 보이지 않게 하고 게임할 수 있는 시간이 10초보다 작으면 보이도록 합니다.

'카운트 다운' 글상자에 아래와 같이 코딩을 하면 되겠죠?

그러면 [시간] 변숫값이 10보다 작으면 '카운트 다운' 글상자가 보이고 남은 시간을 보여줍니다.

게임이 끝났을 때, 게임 결과를 보여주면 더 좋겠죠?

〈장면 1〉 이름을 '게임 장면'으로 바꾸고 〈게임 끝〉 장면을 만듭니다.

게임이 끝나면 〈게임 장면〉에서 〈게임 끝〉 장면으로 바뀌고 결과를 알려주는 것이죠.

1. 좌표를 알아봐요

'잔디밭' 오브젝트에 코딩을 합니다.

게임이 끝나면 〈게임 끝〉 장면으로 바뀝니다.

〈게임 끝〉 장면을 클릭합니다. 글상자를 만들고 '여러분의 점수는'이라고 씁니다.

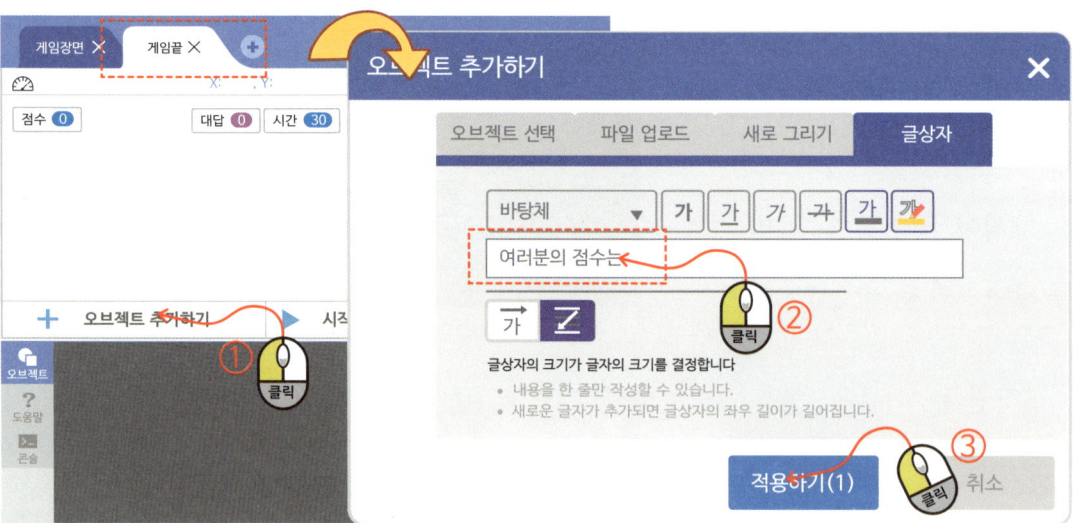

글상자 이름을 '게임 결과'로 바꾸고 '게임 결과' 글상자에 코딩을 합니다.

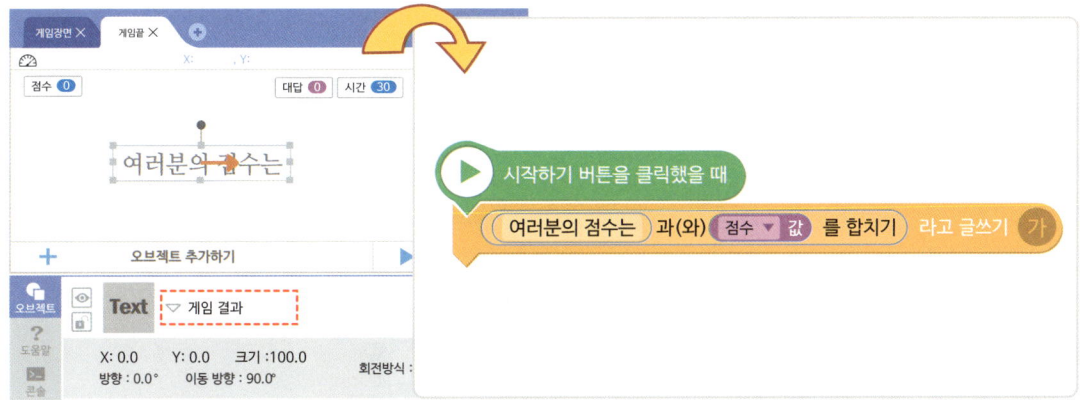

잘 되는지 확인해 볼까요?
〈시작하기〉를 클릭하면 오른쪽 그림처럼 됩니다.

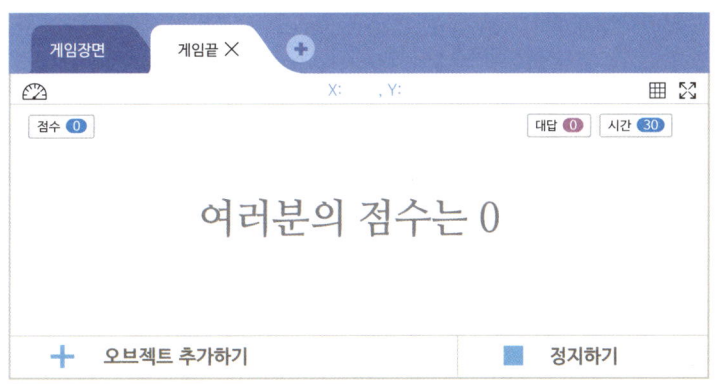

장면이 바뀌었을 때 명령어가 제대로 실행되려면 〈장면이 시작되었을 때〉 블록을 사용해서 코딩을 해야 합니다.

〈시작하기 버튼을 클릭했을 때〉 블록을 〈장면이 시작되었을 때〉 블록으로 바꿉니다.

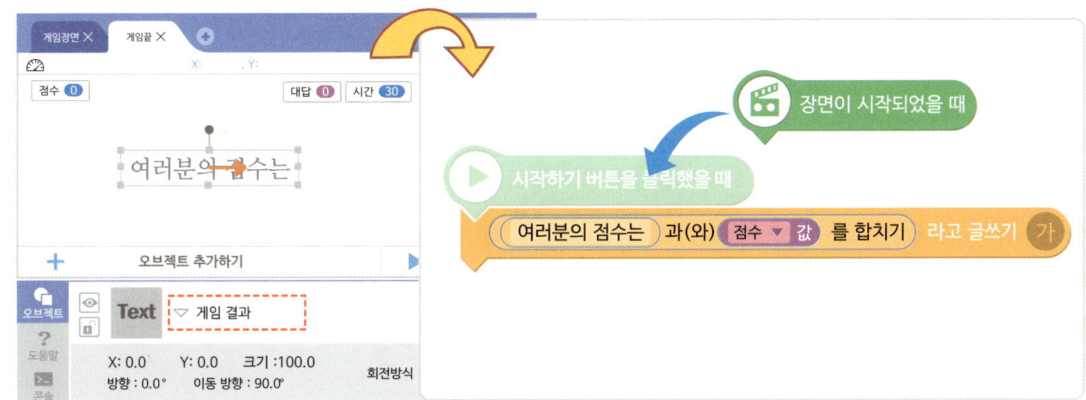

1. 좌표를 알아봐요

게임을 다시 할 수 있도록 버튼을 만듭니다. 글상자를 버튼처럼 사용하겠습니다.

글상자를 만들고 배경색을 녹색으로 하고 '다시'라고 씁니다.

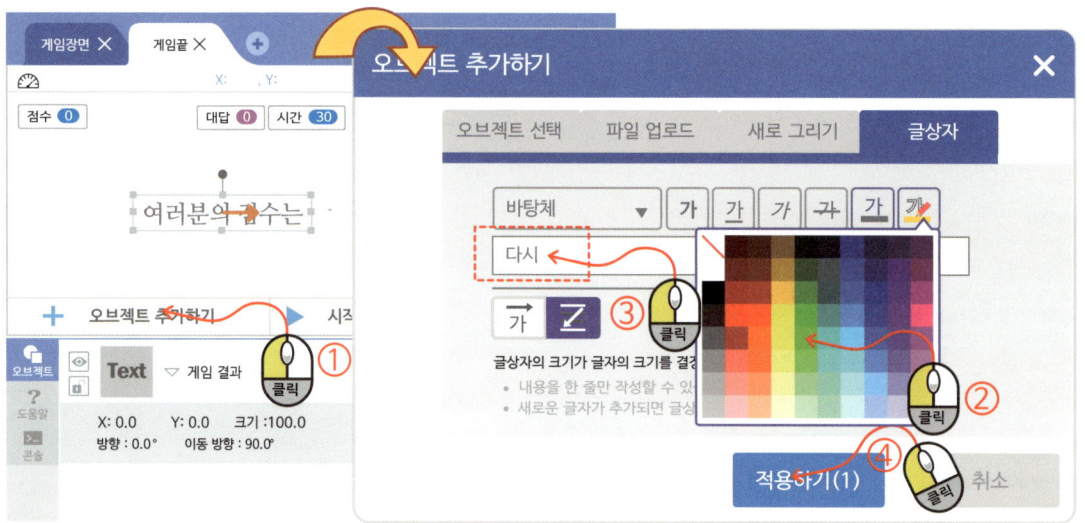

글상자 이름을 '다시'로 바꾸고, '다시' 글상자에 코딩을 합니다.

그러면 '다시' 글상자를 클릭하면 게임을 다시 할 수 있습니다.

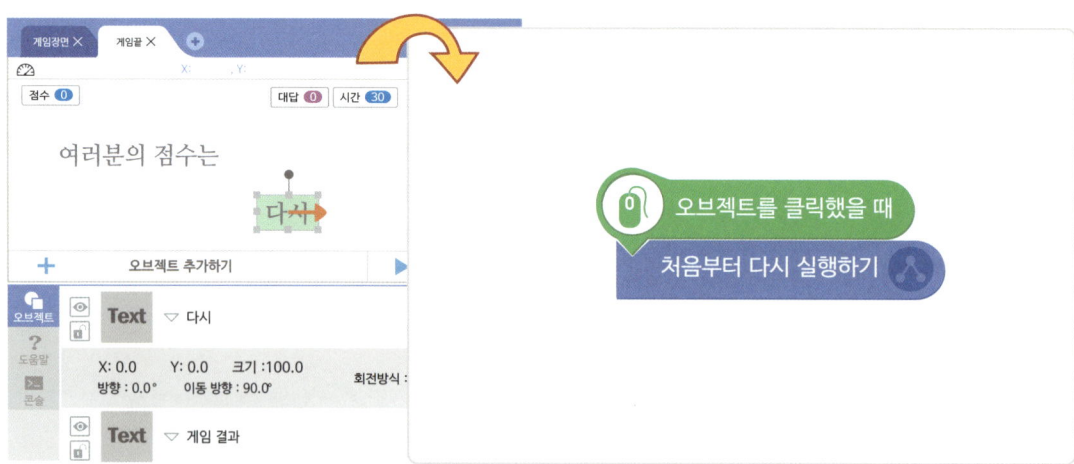

좌표를 사용해서 게임을 만들어 봤는데 잘 이해했나요?

좌표를 사용하면 더 쉽게 멋진 작품을 만들 수 있습니다. 열심히 반복해서 읽어서 머릿속에 보물처럼 간직하세요.

 ## 배운 내용을 정리해요.

엔트리에서 좌표를 사용해서 작품을 만들려고 합니다.
좌표에 대한 설명으로 바르지 <u>않은</u> 것을 고르세요.

① 오브젝트가 왼쪽-오른쪽으로 움직이면 x좌푯값이 변한다.

② 오브젝트가 위쪽-아래쪽으로 움직이면 y좌푯값이 변한다.

③ 장면 창 한가운데의 x좌푯값과 y좌푯값은 모두 0이다.

④ 오브젝트가 오른쪽으로 움직일수록 x좌푯값이 커진다.

⑤ 오브젝트가 아래쪽으로 움직일수록 y좌푯값이 커진다.

스스로 평가해요.	확인
1 좌표를 사용해서 게임을 만들 수 있어요.	
2 오브젝트가 마우스를 따라서 움직이도록 코딩을 할 수 있어요.	
3 〈묻고 대답 기다리기〉 블록을 사용해서 코딩을 할 수 있어요.	
4 [시간] 변수를 사용해서 게임을 할 수 있는 시간을 만들 수 있어요.	

답은 토마토출판사 카페(http://cafe.naver.com/arduinofun)에서 확인할 수 있습니다.

1. 좌표를 알아봐요

2 수를 맞혀요

이번 시간에는 엔트리로 수를 맞추는 게임을 만들어 보겠습니다.

1에서 100 사이의 수를 하나 고릅니다. 이 수를 맞춰야 합니다.

대답한 값이 답보다 작거나 크면 거미가 점점 엔트리봇 쪽으로 움직입니다.

답을 맞히면 장면이 바뀌고 축하해줍니다.

거미가 엔트리봇에 닿으면 게임이 끝나고 장면이 바뀌면서 게임에서 졌다는 것을 알려줍니다.

〈우리가 만들 게임〉

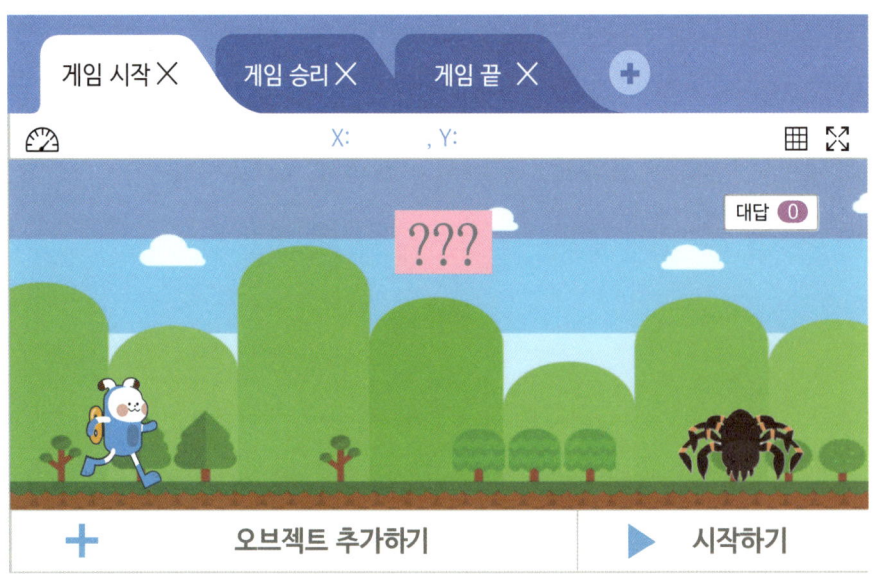

엔트리봇을 클릭하면 코딩된 블록이 있는데 이것을 지웁니다.

지우지 않으면 게임을 시작할 때 엔트리봇이 오른쪽으로 움직입니다.

〈오브젝트 추가하기〉→〈오브젝트 선택〉에서 '거미' 오브젝트를 클릭합니다.

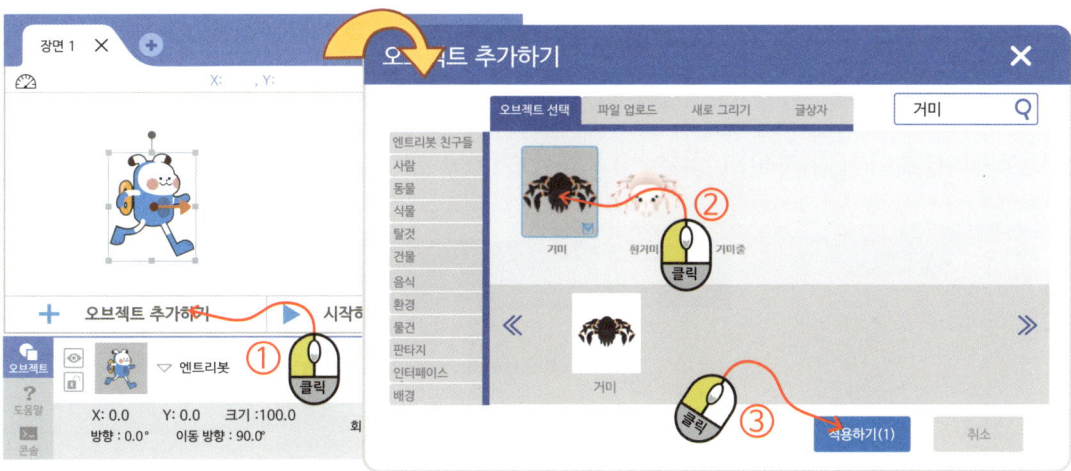

2. 수를 맞춰요

아래 그림처럼 장면을 만들고 〈오브젝트 추가하기〉→〈글상자〉를 선택하여 배경색을 분홍색으로 하고 '???'라고 씁니다.

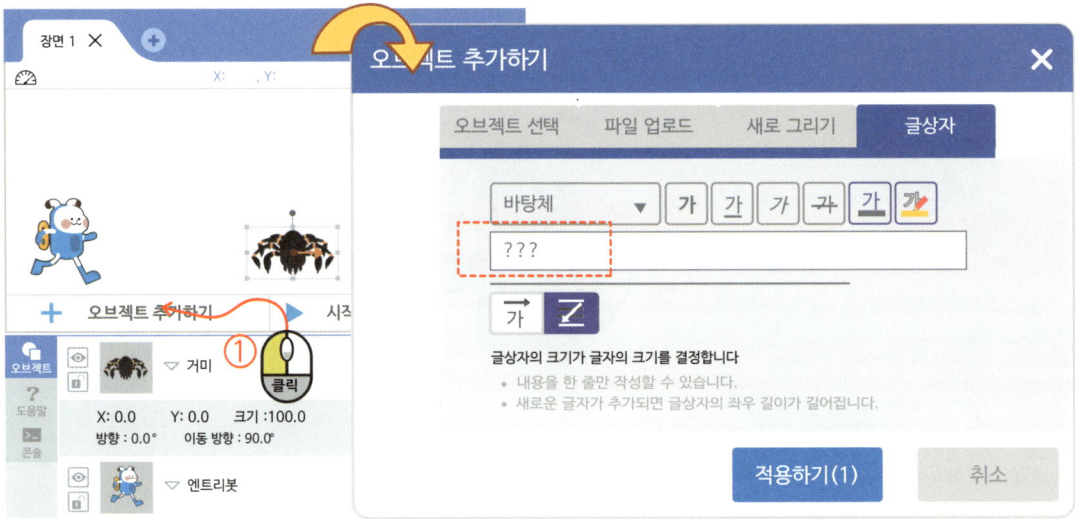

글상자 이름을 '정답'으로 바꿉니다.

다시 〈오브젝트 추가하기〉→〈글상자〉를 선택하고 글이 잘 보이도록 배경색을 노란색으로 하고 '1부터 100 사이의 수를 하나 골랐습니다. 그 수를 맞혀보세요.'라고 씁니다.

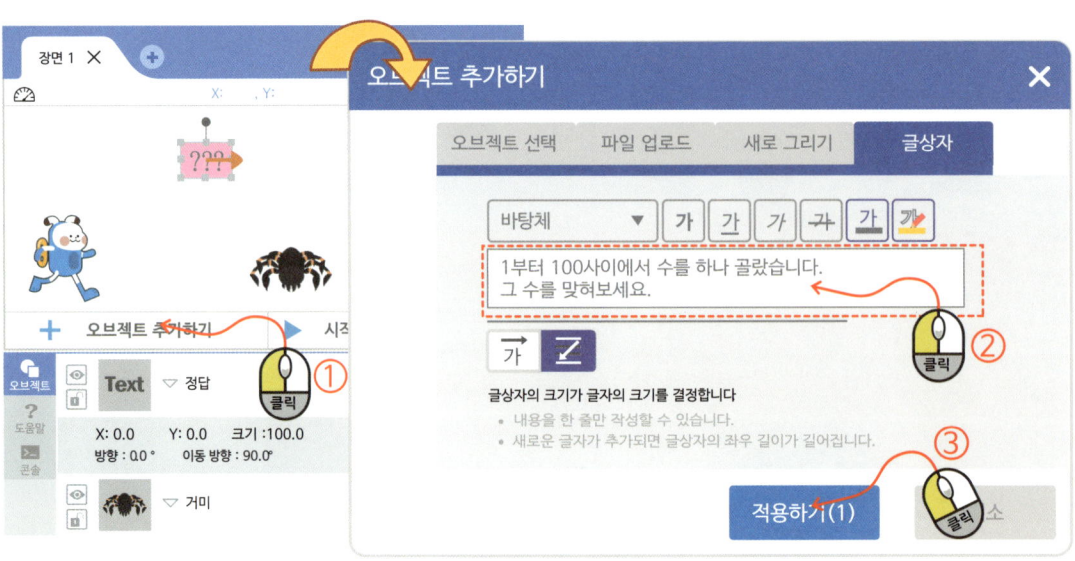

58 Chapter **2** 수학

글상자 이름을 '게임 설명'으로 바꿉니다.

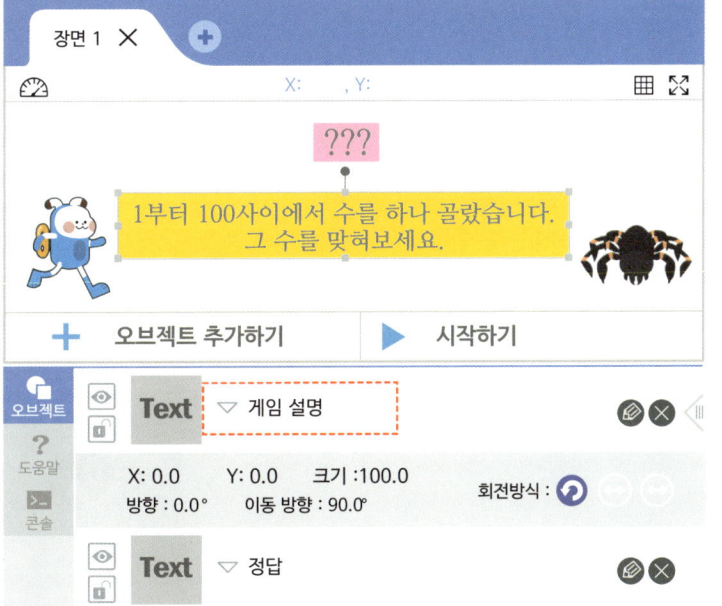

눈 모양을 클릭해서 '게임 설명' 글상자가 보이지 않게 합니다. 그러지 않으면 장면 창에서 다른 오브젝트를 클릭하기 어렵습니다.

'게임 설명' 글상자를 선택하고 〈게임 시작〉 신호를 만듭니다.

신호를 받았을 때 게임이 시작되도록 코딩을 하는 것이 좋습니다. 그래야 게임이 시작되기 전에 여러 가지 일을 할 수 있습니다.

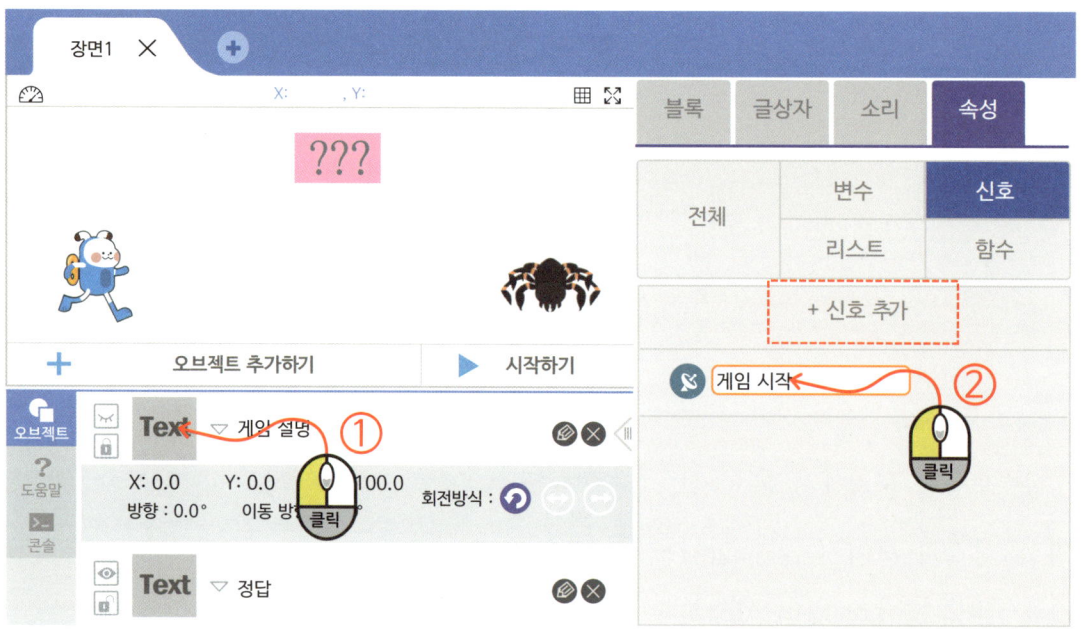

아래와 같이 코딩을 합니다.

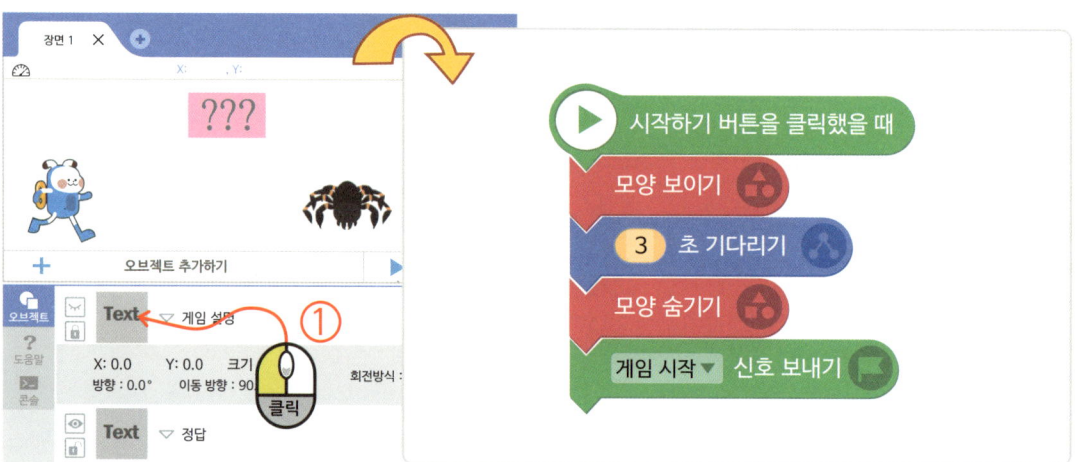

이제 우리가 맞혀야 할 수를 만듭시다.

'정답' 글상자를 선택하고 [정답] 변수를 만듭니다.

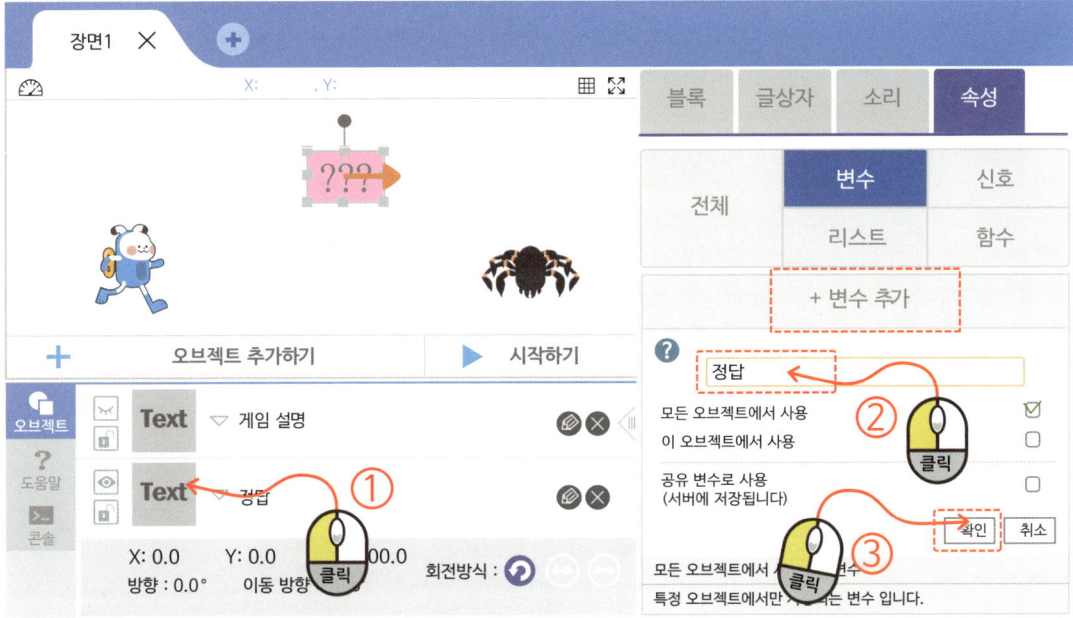

게임을 시작할 때마다 정답이 바뀌어야 하므로 무작위 수를 사용해서 코딩을 해야 합니다. 그러면 [정답] 변숫값은 1에서 100 사이가 됩니다.

2. 수를 맞혀요

수를 맞히라고 물어봐야 하겠죠?

엔트리봇이 '수를 맞혀보세요.'라고 묻습니다.

대답을 하면 세 가지 경우가 생깁니다. 조건도 세 가지를 만들면 되겠죠?

순서	경우
1	[대답] 변수가 [정답] 변수와 같은 경우
2	[대답] 변수가 [정답] 변수보다 큰 경우
3	[대답] 변수가 [정답] 변수보다 작은 경우

우선 다음과 같이 코딩을 합니다.

'='를 클릭하면 부등호와 등호를 선택할 수 있습니다. 이 블록을 복제해서 〈만일 ~이라면〉 블록 안에 넣으면 되겠죠?

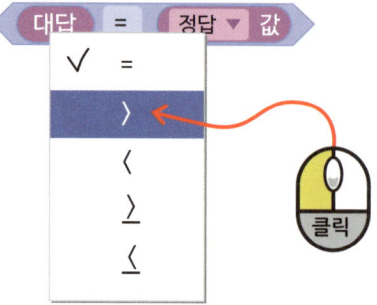

다음과 같이 코드를 완성합니다.

그러면 게임을 시작했을 때 오른쪽 그림처럼 되겠죠?

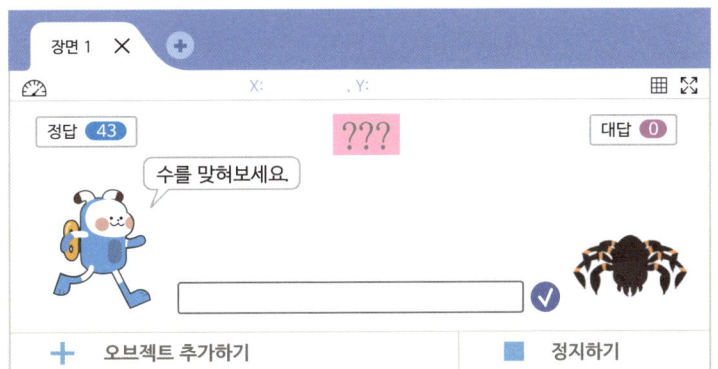

2. 수를 맞혀요

우리가 대답하면 정답을 맞힐 수도 있고 틀릴 수도 있습니다. 이 두 가지 경우에 따라서 각각 다른 일을 해야 하겠죠?

이럴 때 신호를 만들어서 코딩을 하면 좋습니다.

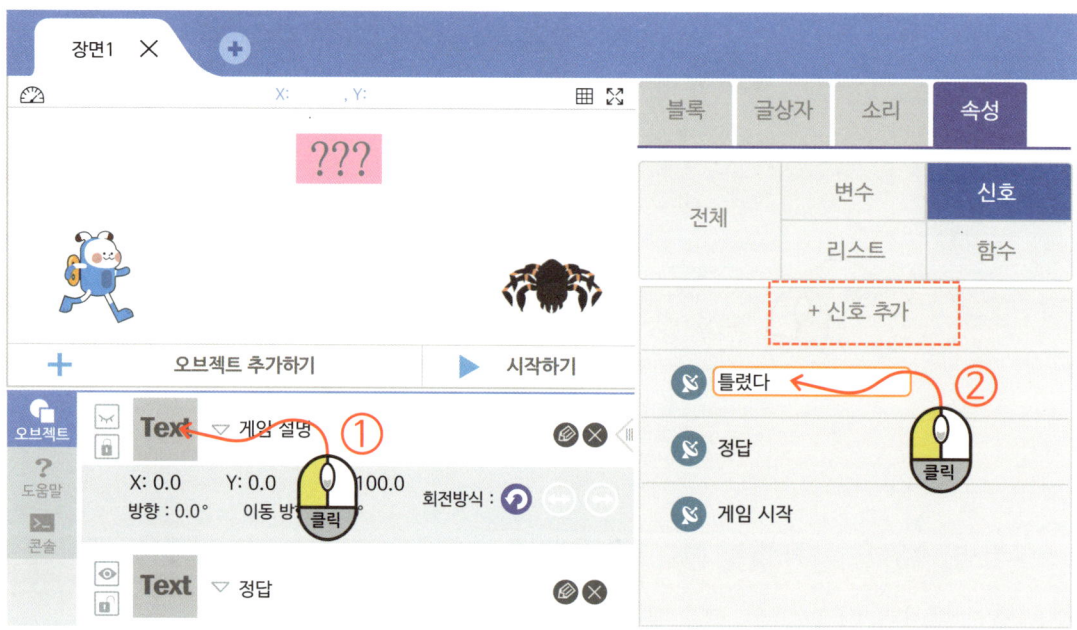

위 그림처럼 신호를 만들고, 다음과 같이 코딩을 합니다.

[대답] 변수가 [정답] 변수와 같을 때만 정답이고 나머지 경우는 틀린 것입니다.

순서	경우	보내는 신호
1	[대답] 변수가 [정답] 변수와 같은 경우	정답
2	[대답] 변수가 [정답] 변수보다 큰 경우	틀렸다
3	[대답] 변수가 [정답] 변수보다 작은 경우	틀렸다

틀렸을 때는 '거미' 오브젝트가 조금씩 엔트리봇 쪽으로 움직입니다.

'거미' 오브젝트의 이동방향을 아래 그림처럼 바꾸고 코딩을 하면 〈틀렸다〉 신호를 받았을 때 엔트리봇 쪽으로 30만큼 움직입니다.

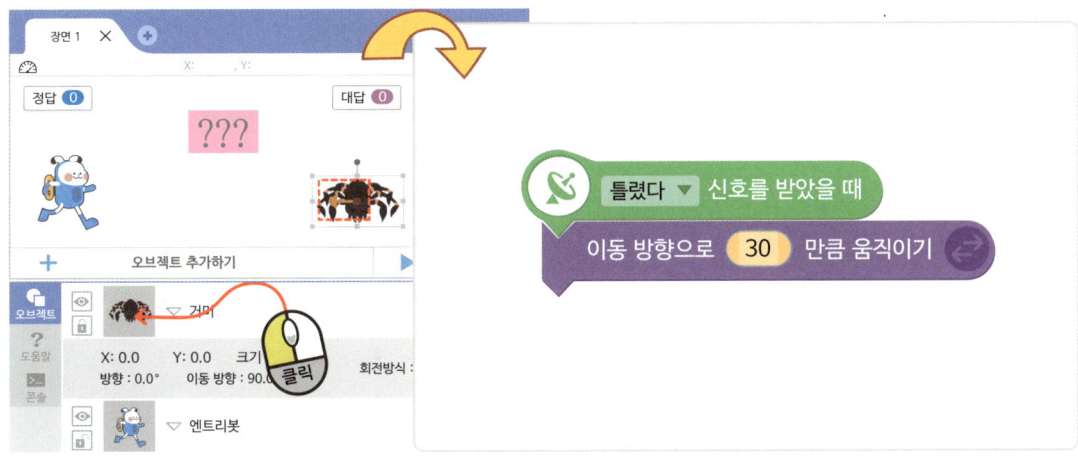

2. 수를 맞혀요

오른쪽 그림처럼 되겠죠.

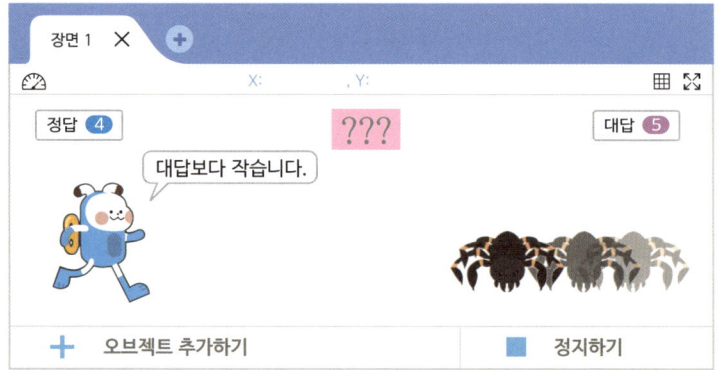

답을 맞힐 때까지 계속 물어봐야 합니다. 〈계속 반복하기〉 블록을 사용해야 하겠죠? 엔트리봇에 코딩을 합니다.

그러면 계속 답을 물어보고 틀렸을 때 '거미' 오브젝트도 움직여서 점점 엔트리봇과 가까워집니다.

〈장면 1〉을 '게임 시작'으로 바꾸고 장면을 두 개 더 만들어 '게임 승리'와 '게임 끝'으로 이름을 바꿉니다.

답을 맞혔을 땐 〈게임 승리〉 장면으로 바꿉니다.

'거미' 오브젝트가 엔트리봇에 닿으면 〈게임 끝〉 장면으로 바뀝니다.

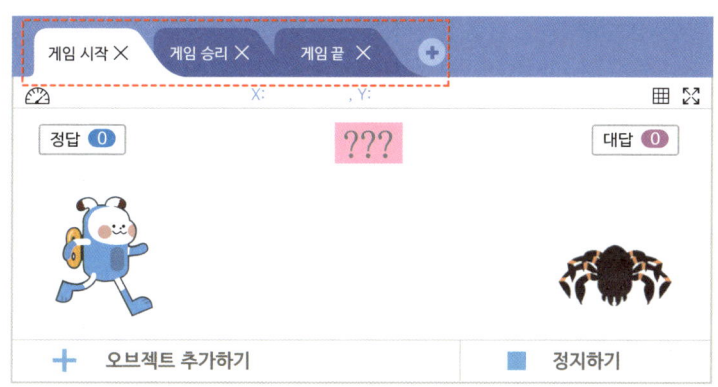

장면을 만들고 나면 〈~ 시작하기〉 블록에 세모 표시(▼)가 나옵니다. 세모 표시(▼)를 눌러보면 고를 수 있는 장면이 여러 개 나옵니다.

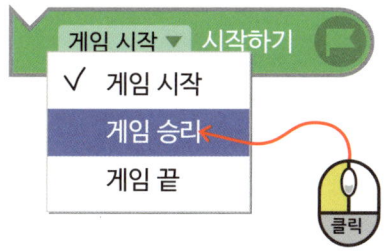

엔트리봇에 다음과 같이 코딩하면 정답을 맞혔을 때 〈게임 승리〉 장면으로 바뀌게 됩니다.

틀렸을 때 비명소리를 넣으면 더 재미있겠죠?

'거미' 오브젝트를 선택하고 '남자 비명'을 넣습니다.

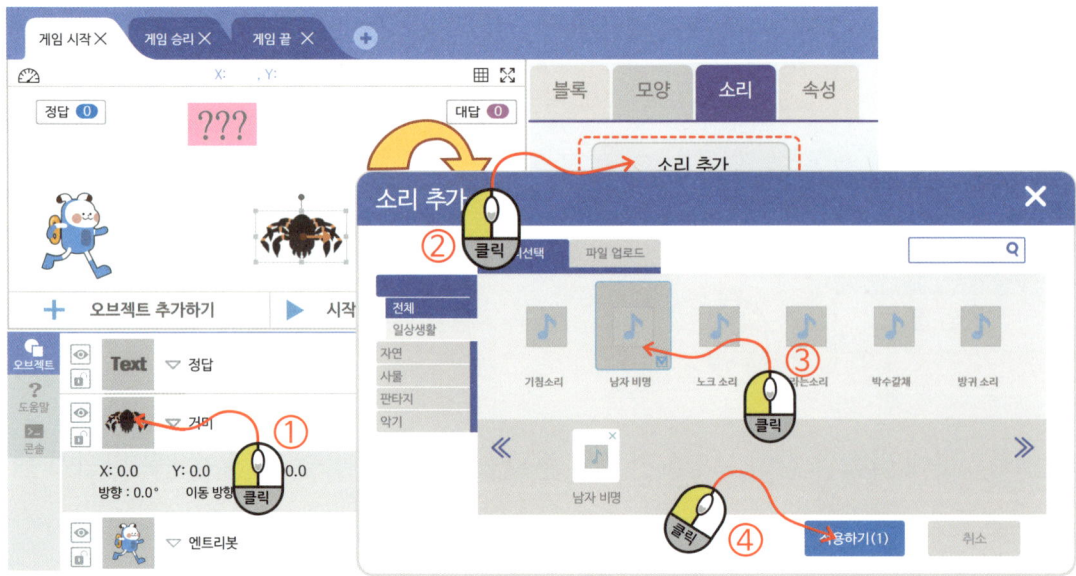

Chapter 2 수학

다음과 같이 코딩하면 〈틀렸다〉 신호를 받았을 때 '남자 비명' 소리를 내고 이동 방향으로 45만큼 움직이게 됩니다.

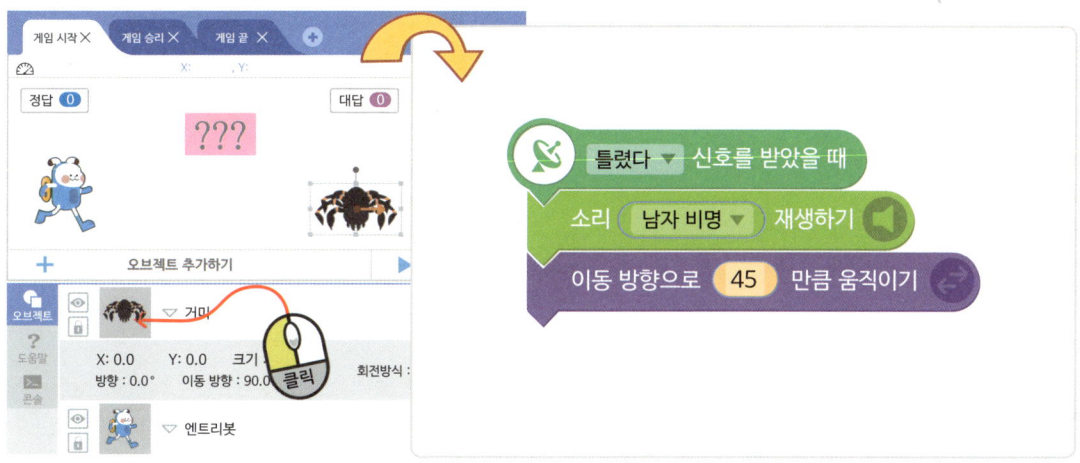

'거미' 오브젝트가 엔트리봇에 닿으면 게임이 끝나는 거죠? 한 오브젝트가 다른 오브젝트에 닿았을 때 어떤 일을 하려면 마우스포인터 에 닿았는가? 블록을 사용하면 됩니다.

세모 표시(▼)를 보니 고를 수 있는 오브젝트를 찾을 수 있겠죠? '거미' 오브젝트에 다음과 같이 코딩을 하면 '거미' 오브젝트가 엔트리봇에 닿았을 때 '내가 이겼군'이라고 2초 동안 말합니다.

게임이 끝나면 정답을 알려줘야 하지 않을까요?

〈엔트리에 닿았다〉 신호를 만듭니다.

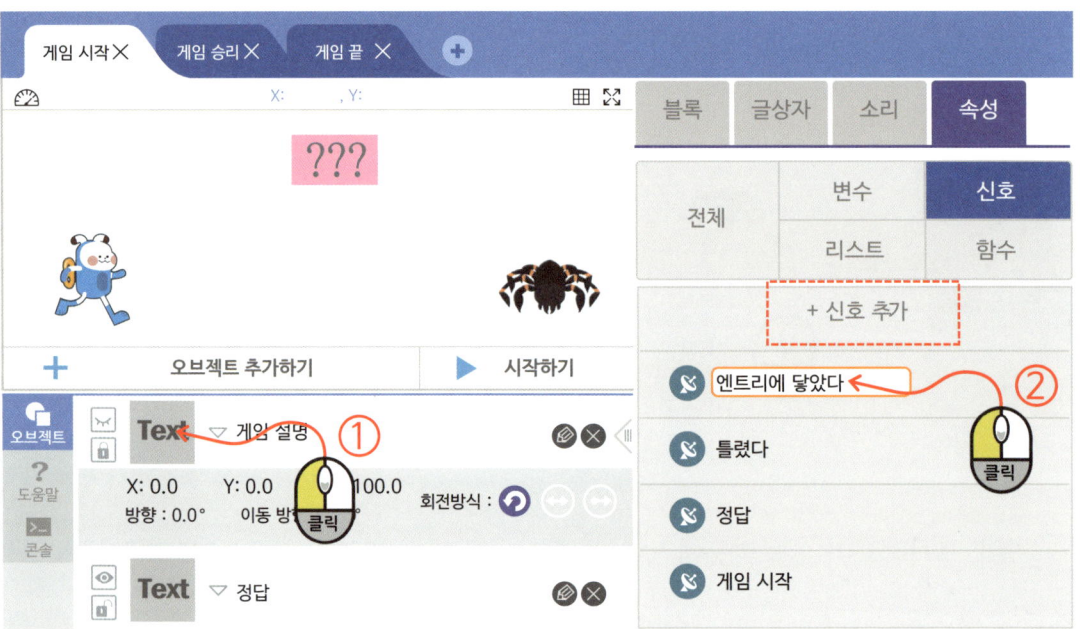

'거미' 오브젝트에 다음과 같이 코딩하면 '거미' 오브젝트가 엔트리봇에 닿았을 때 〈엔트리에 닿았다〉 신호를 보냅니다.

'정답' 글상자가 이 신호를 받으면 정답을 보여줘야 하겠죠?

'정답' 글상자에 다음처럼 코딩하면 〈엔트리에 닿았다〉 신호를 받았을 때 정답을 보여줍니다. 그리고 2초 있다가 〈게임 끝〉 장면으로 바뀌게 됩니다.

잘 되는지 확인해 볼까요?

'거미' 오브젝트가 엔트리봇에 닿으면 옆의 그림처럼 됩니다.

글자가 너무 크네요. 글상자 크기를 작게 만듭니다.

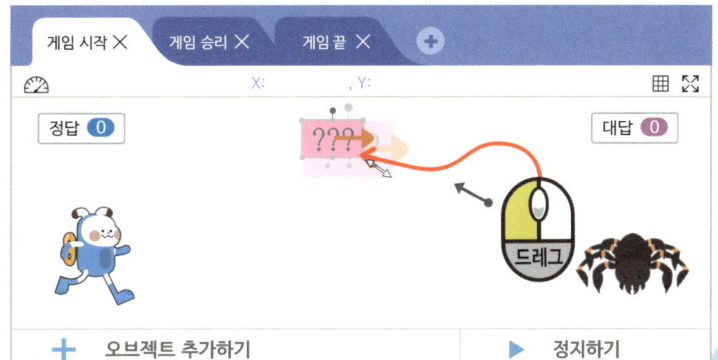

옆의 그림처럼 글상자 크기가 작아졌습니다.

'거미' 오브젝트가 엔트리봇에 닿으면 엔트리봇은 더 이상 답을 묻지 않아야 합니다.

엔트리봇에 아래 그림처럼 코딩을 합니다. 자신의 다른 코드는 빨간색으로 표시한 부분입니다.

이 코드를 다 멈추는 것이죠. 그러면 엔트리봇이 더 이상 답을 묻지 않습니다.

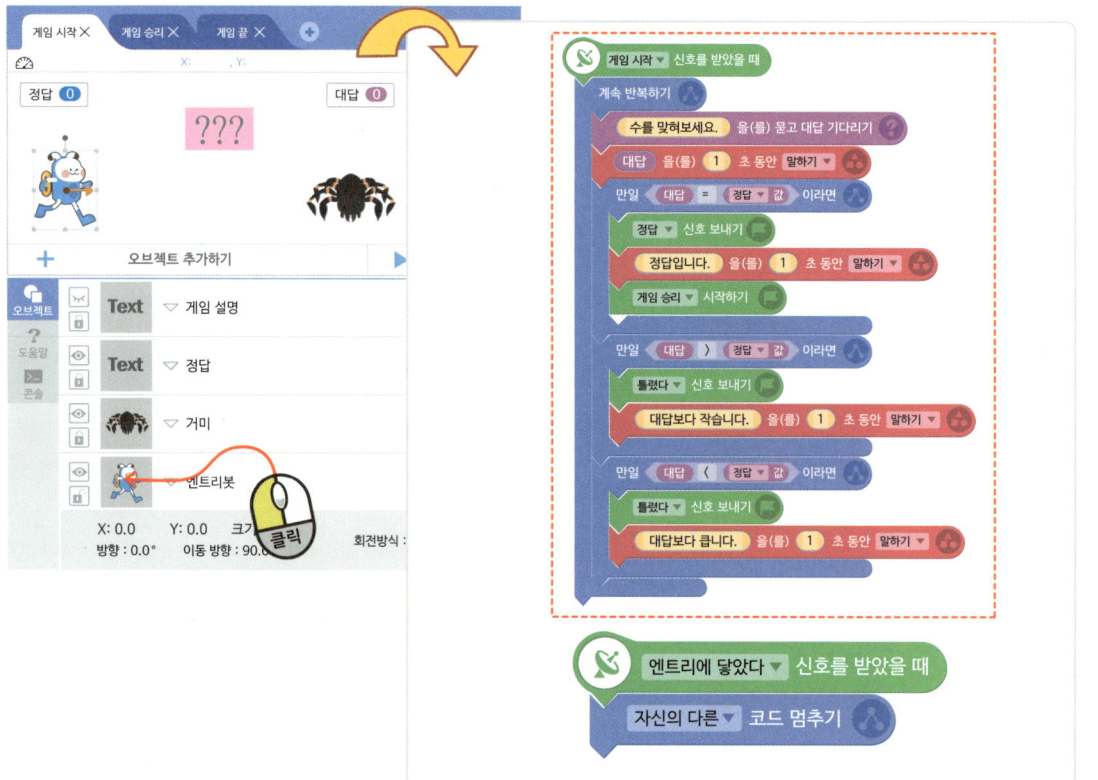

〈오브젝트 추가하기〉→〈오브젝트 선택〉를 클릭하고 '숲속(2)' 배경을 넣습니다.

음악도 넣습니다. 유튜브 등에서 어울리는 음악을 찾아 저장하고 이름을 '숫자 맞추기 배경음악'으로 바꿉니다.

〈소리 추가〉→〈파일 업로드〉→〈파일 추가〉를 클릭하고 저장했던 파일을 가져옵니다. '숲속(2)' 오브젝트를 선택하고 음악을 넣습니다.

다음과 같이 코딩을 합니다.

[정답] 변수는 숨겨야겠죠?

정답을 맞혔을 때 '정답' 글상자가 답을 보여주도록 코딩을 할까요?

엔트리봇을 선택하고 게임 승리 시작하기 블록을 지우고 코딩을 합니다.

'정답' 글상자에는 다음과 같이 코딩을 하면 되겠죠?

'정답' 글상자가 〈정답〉 신호를 보내면 정답을 보여주고 〈게임 승리〉 장면으로 바뀌는 것이죠.

2. 수를 맞혀요

정답을 맞히면 엔트리봇이 더 이상 답을 물어보지 말아야 합니다.

엔트리봇에 〈정답〉 신호를 사용해서 아래 그림처럼 코딩을 합니다.

이제 〈게임 승리〉 장면을 만들어 봅시다.

〈게임 승리〉 장면을 클릭하면 아무것도 없습니다. 우선 배경을 넣습니다.

이 책에서는 '시골 풍경' 배경을 사용했습니다.

답을 맞혔으니 박수소리가 나도록 코딩을 합시다.

'시골 풍경' 배경을 선택하고 '박수갈채' 소리를 넣습니다.

우선 모든 소리를 멈추고 '박수갈채' 소리가 나도록 코딩을 합니다.

나중에 〈시작하기 버튼을 클릭했을 때〉 블록은 〈장면이 시작되었을 때〉 블록으로 바꿔주는 것은 알죠?

2. 수를 맞혀요

'엔트리봇 표정' 오브젝트를 넣습니다.

〈모양〉을 클릭해 보면 다양한 모양이 있습니다. 답을 맞혔으니 좋은 표정을 지어야 하겠죠? 빨간색으로 표시한 모양을 사용하겠습니다.

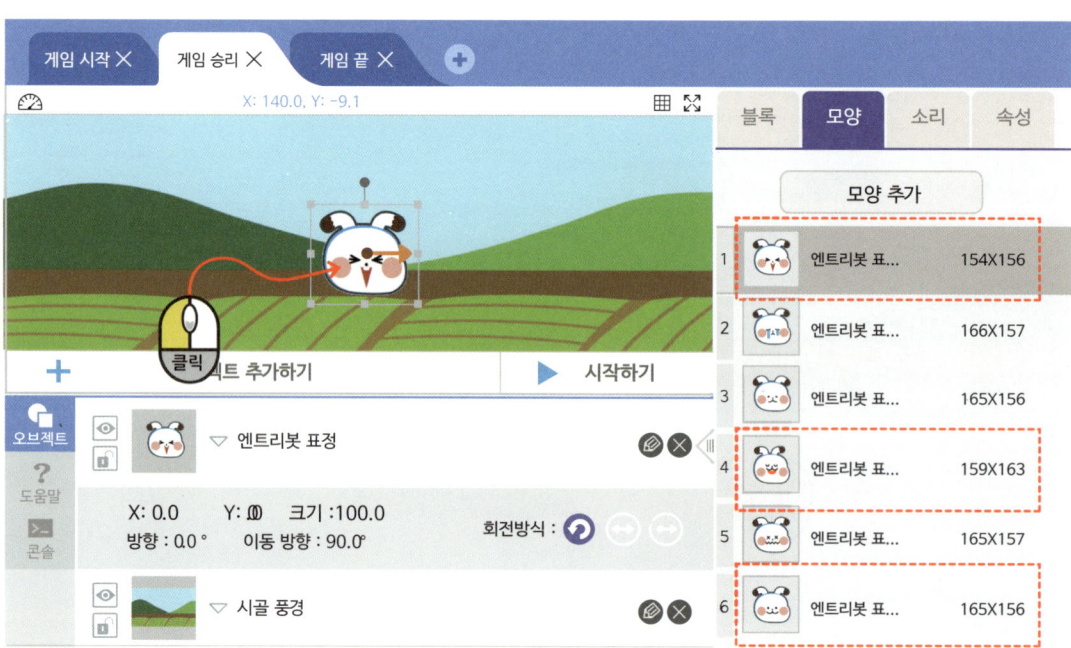

'엔트리봇 표정' 오브젝트에 코딩을 합니다.

그러면 '정말 잘했어요!'라고 말하면서 표정이 바뀝니다.

잘 되는지 확인해 볼까요? 생각한대로 잘 됩니다.

2. 수를 맞혀요

확인을 다 하고 아래 그림처럼 〈시작하기 버튼을 클릭했을 때〉 블록을 〈장면이 시작되었을 때〉 블록으로 바꿉니다.

시골풍경 오브젝트를 선택하고 〈시작하기 버튼을 클릭했을 때〉 블록을 〈장면이 시작되었을 때〉 블록으로 바꿔줍니다.

〈게임 승리〉 장면은 다 만들었습니다. 이제 〈게임 끝〉 장면도 만들어 볼까요?

〈게임 끝〉 장면에서도 '엔트리봇 표정' 오브젝트를 사용할 것입니다.

게임에 졌으니 안 좋은 표정을 지어야겠죠?

마우스 오른쪽 버튼을 누르고 〈복사하기〉를 클릭합니다.

〈게임 끝〉 장면을 클릭하고 〈오브젝트 추가하기〉→〈오브젝트 선택〉에서 '공동묘지'를 선택하여 배경화면을 만듭니다.

2. 수를 맞혀요

〈오브젝트 창〉에서 오른쪽 버튼을 누르고 〈붙여넣기〉를 클릭합니다.

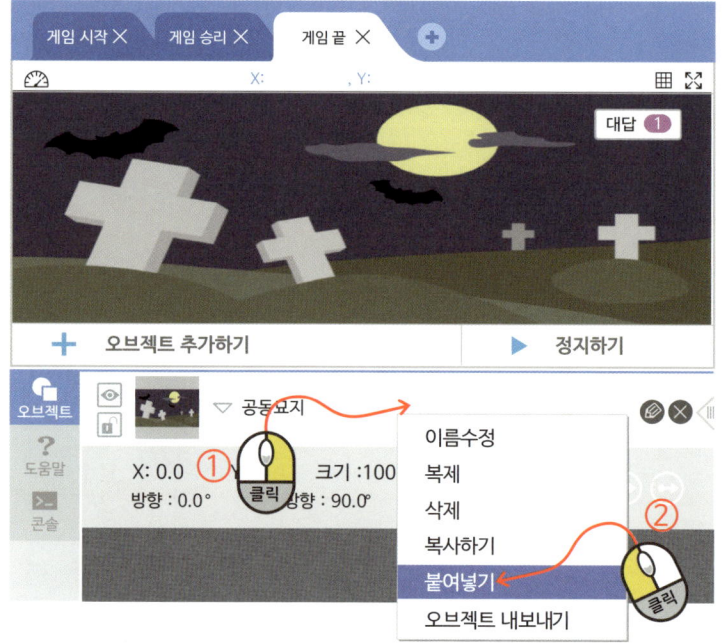

그러면 '엔트리봇 표정 1' 오브젝트가 생깁니다. 이름 뒤에 숫자가 자동으로 붙습니다.

다음과 같이 코딩을 합니다.

그러면 '다시 해보세요.'라고 말하면서 안 좋은 표정을 짓습니다.

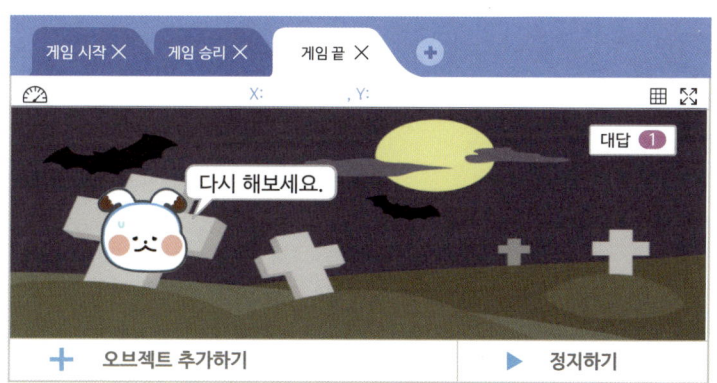

배경음악도 넣어줘야겠죠?

'공동묘지' 배경을 선택하고 '아기 울음소리 1'을 넣습니다. 답을 못 맞혔으니 울음소리가 나오는 것이 어울리겠죠?

다음과 같이 코딩을 합니다.

〈오브젝트 추가하기〉→〈글상자〉를 선택하여 배경색을 파란색으로 '다시'라는 글상자를 만들고 코딩을 합니다.

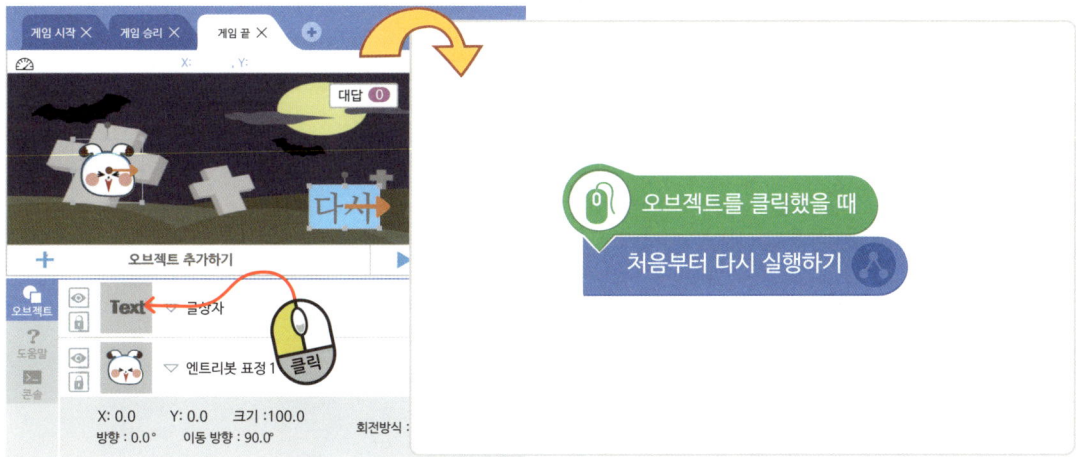

이 글상자를 클릭하면 처음부터 다시 게임을 할 수 있습니다.

수를 맞히는 게임을 만들었는데 잘 이해했나요?
이해가 잘 안되면 다시 읽어보고 직접 코딩을 해보세요.
그리고 여러분만의 아이디어로 더 멋진 게임을 만들어 보세요.

배운 내용을 정리해요.

〈묻고 대답 기다리기〉 블록을 사용해서 문제를 내도록 코딩을 하려고 합니다.
보기의 조건대로 코딩을 했습니다. 잘못 코딩한 곳에 동그라미 하세요.

보기

1. 〈게임 시작〉 신호를 받았을 때 '수를 맞혀보세요.'라고 묻습니다.
2. 대답한 값을 1초 동안 말합니다.
3. 대답한 값이 [정답] 변숫값과 같으면 〈정답〉 신호를 보내고 '정답입니다.'라고 1초 동안 말합니다.
4. 대답한 값이 [정답] 변숫값보다 크면 〈틀렸다〉 신호를 보내고 '대답보다 작습니다.'라고 1초 동안 말합니다.
5. 대답한 값이 [정답] 변숫값보다 작으면 〈틀렸다〉 신호를 보내고 '대답보다 큽니다.'라고 1초 동안 말합니다.

스스로 평가해요.

		확인
1	게임하는 방법을 글상자를 사용해서 설명할 수 있어요.	
2	신호를 사용해서 코딩을 할 수 있어요.	
3	무작위 수를 사용해서 문제를 낼 수 있어요.	
4	문제를 나눠서 해결할 수 있어요.	

답은 토마토출판사 카페(http://cafe.naver.com/arduinofun)에서 확인할 수 있습니다.

3 세 자리 수를 만들어요

이번에는 세 자리 수를 빨리 만드는 게임을 만들어 보겠습니다.

다음은 우리가 만들려고 하는 게임의 모습입니다. 어떤 오브젝트와 블록을 사용해야 할까요?

〈우리가 만들 게임〉

이 게임은 글상자를 클릭해서 주어진 세 자리 수를 만드는 게임입니다.

게임을 시작하면 우리가 만들어야 할 세 자리 수가 나타납니다.

'100'이라고 써진 글상자를 클릭하면 백의 자리가 1씩 커집니다.

'10'이라고 써진 글상자를 클릭하면 십의 자리가 1씩 커집니다.

'1'이라고 써진 글상자를 클릭하면 일의 자리가 1씩 커집니다.

3. 세 자리 수를 만들어요

먼저 ×모양을 클릭해서 엔트리봇을 지워야겠죠?

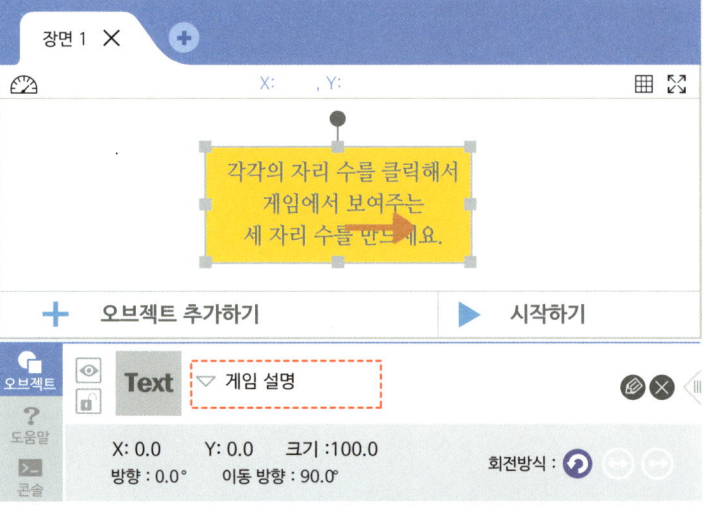

글상자를 만들고 배경색을 노란색으로 하고 오른쪽 그림처럼 글을 씁니다.

글상자 이름을 '게임 설명'으로 바꿉니다.

눈 모양을 클릭해서 글상자가 보이지 않게 합니다.

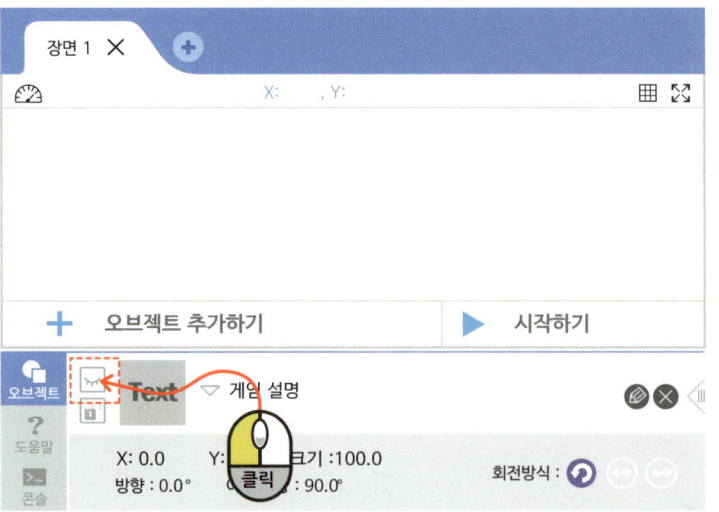

신호를 만들어서 게임을 시작하도록 코딩을 하는 것이 좋습니다.

게임을 설명하는 글상자와 신호를 만들어서 코딩을 해도 되고, 게임을 먼저 만들고 나중에 신호를 만들어서 코딩을 해도 됩니다.

이번에는 게임을 먼저 만들고 나중에 신호를 만들어서 코딩해 보겠습니다.

'엔트리봇 표정' 오브젝트를 넣습니다.

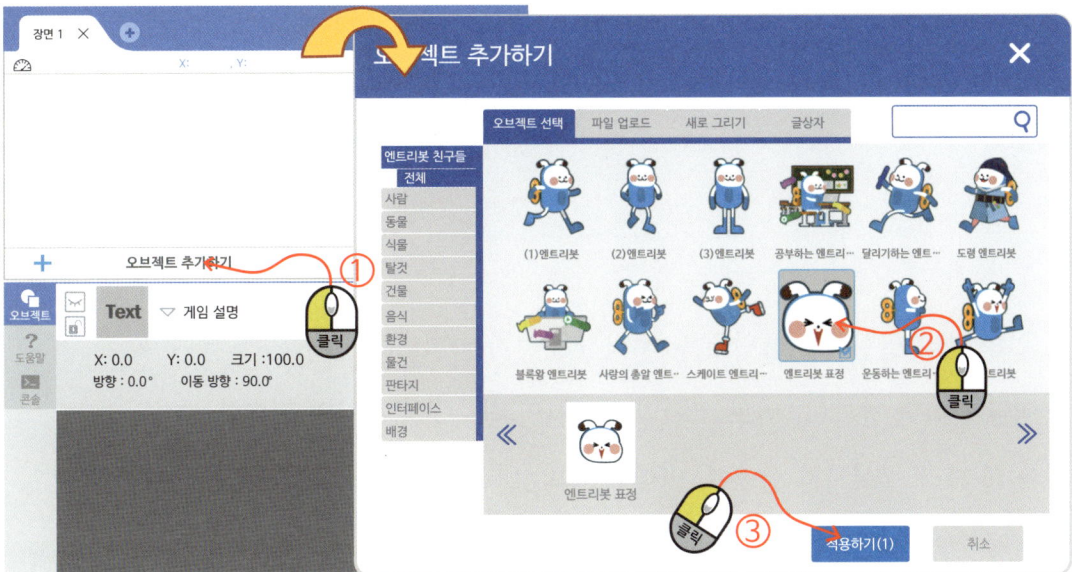

엔트리봇 오브젝트를 장면 창의 오른쪽 아래로 옮기고 배경색을 노란색으로 만들어 '1'이라고 씁니다.

글상자 이름을 '일의 자리'로 바꿉니다.

3. 세 자리 수를 만들어요

'일의 자리' 글상자를 클릭하면 일의 자리 수가 바뀌어야겠죠?

글상자를 만들고 '0'이라고 씁니다.

글상자 이름을 '일의 자리 맞히기'로 바꿉니다.

'일의 자리' 글상자를 클릭했을 때 써진 숫자가 바뀌도록 코딩을 합니다.

어떻게 하면 될까요? 바로 코딩의 마법사인 변수를 사용하면 됩니다.

'일의 자리' 글상자를 선택하고 [일의 자리] 변수를 만들고 기본값을 0으로 정합니다.

아래와 같이 코딩을 하면 '일의 자리' 글상자를 클릭했을 때 [일의 자리] 변숫값이 1씩 커집니다.

'일의 자리 맞히기' 글상자에 [일의 자리] 변숫값을 쓰면 됩니다.

'일의 자리 맞히기' 글상자에 아래 그림과 같이 코딩을 합니다.

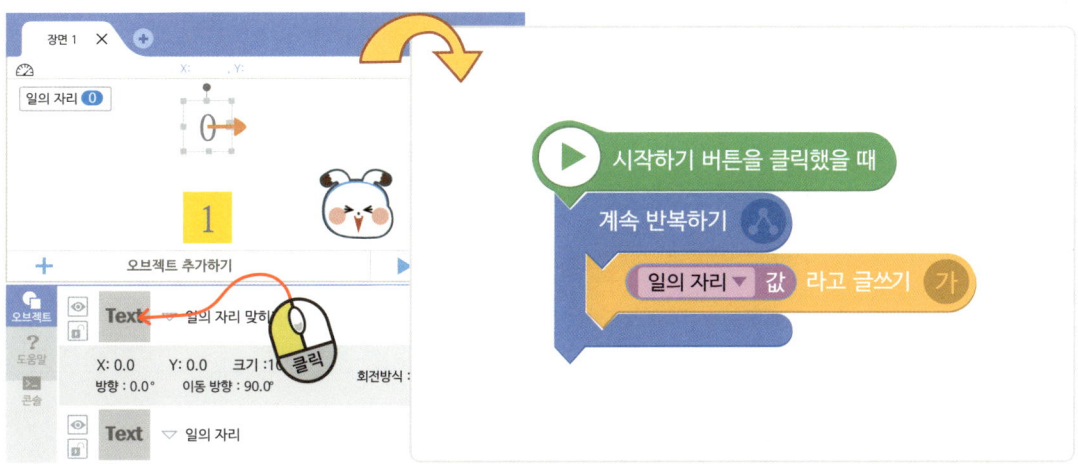

3. 세 자리 수를 만들어요

그러면 '일의 자리' 글상자를 클릭했을 때 숫자가 바뀝니다.

클릭을 많이 하다보면 [일의 자리] 변수가 10보다 크거나 같은 경우가 있습니다.

어떻게 해야 할까요?

'일의 자리' 글상자에 [일의 자리] 변숫값이 10이 되면 변숫값이 0이 되게 코딩하면 됩니다.

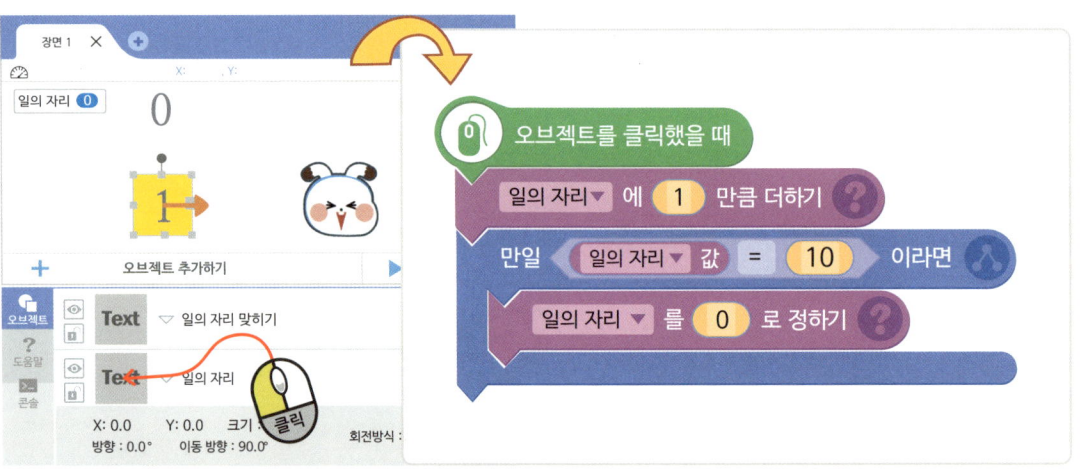

일의 자리를 만들었으니, 십의 자리를 만들어야 하겠죠?

'일의 자리' 글상자를 복제해서 사용하면 쉽게 코딩을 할 수 있습니다.

복제한 글상자의 이름을 '십의 자리'로 바꿉니다.

'십의 자리' 글상자 클릭하고 오른쪽 그림처럼 배경색을 초록색으로 바꿉니다.

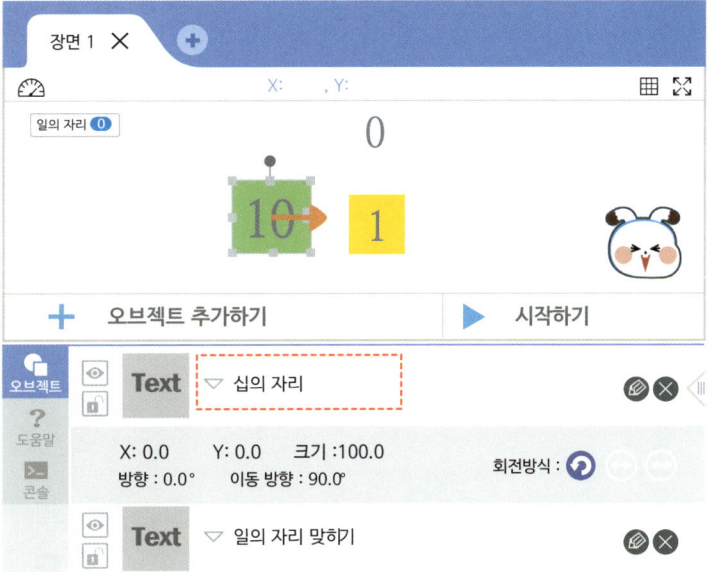

작품을 만들 때 오브젝트 줄을 잘 맞춰야 하는 경우가 있습니다.

그럴 때는 빨간색으로 표시한 곳을 클릭하면 줄이 생깁니다.

이 줄을 잘 보면서 오브젝트를 옮깁니다.

다시 한 번 더 클릭하면 줄이 지워집니다.

3. 세 자리 수를 만들어요

'십의 자리' 글상자를 선택하고 [십의 자리] 변수를 만듭니다.

마찬가지로 기본값은 0으로 정합니다.

아래 그림처럼 [일의 자리] 변수를 [십의 자리] 변수로 바꿔줍니다.

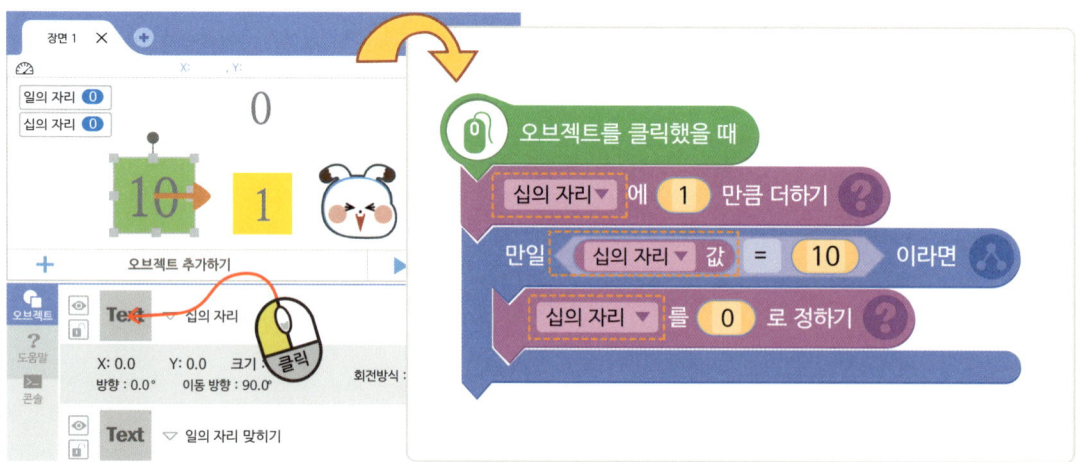

'일의 자리 맞히기' 글상자를 복제해서 '십의 자리 맞히기' 글상자를 만듭니다.

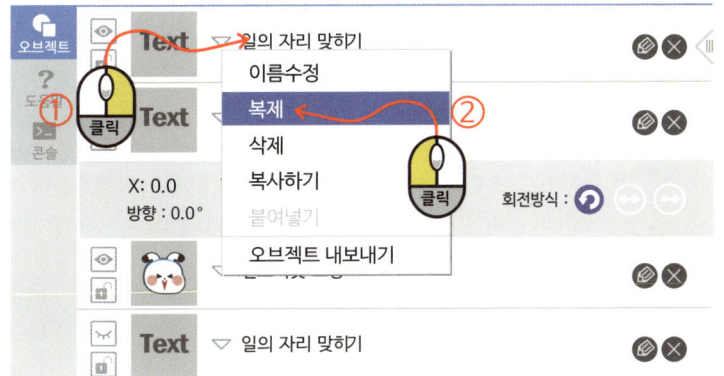

마찬가지로 [일의 자리] 변수를 [십의 자리] 변수로 바꿔줍니다.

3. 세 자리 수를 만들어요

마지막으로 백의 자리도 만들어 봅시다.

'십의 자리' 글상자를 복제하고 이름을 '백의 자리'로 바꿉니다.

아래 그림처럼 '백의 자리' 글상자 클릭하고 파란색을 배경색으로 바꿉니다.

그리고 [백의 자리] 변수를 만듭니다.

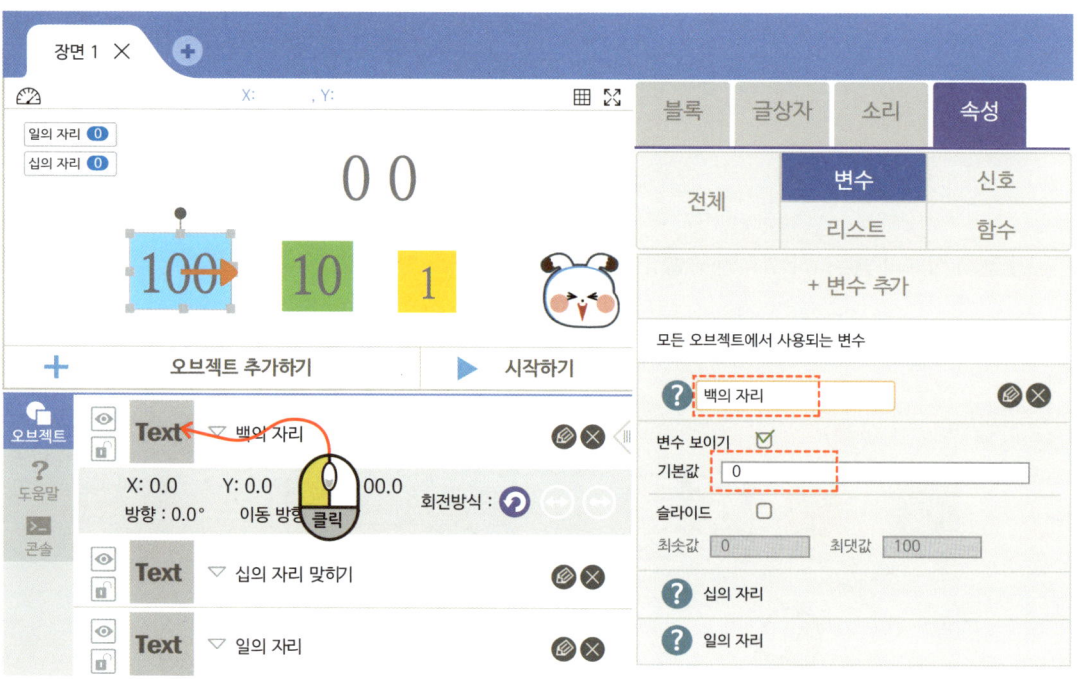

'백의 자리' 글상자에 코딩을 합니다.

'백의 자리 맞히기' 글상자도 만들고 아래 그림과 같이 코딩을 합니다.

상자를 만들고 배경색을 주홍색으로 만들고 '000'라고 씁니다.

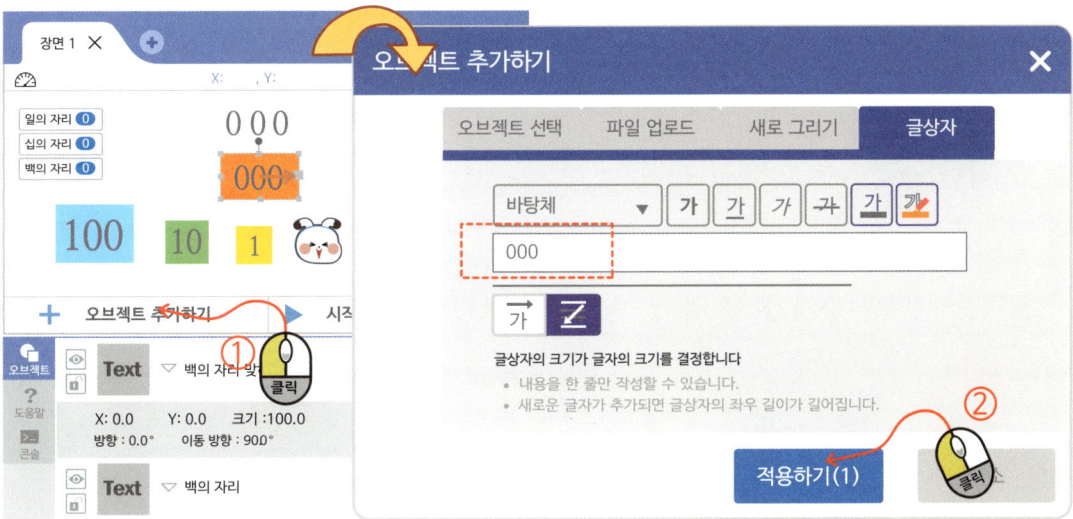

3. 세 자리 수를 만들어요

글상자 이름을 '세 자리 수'로 바꿉니다.

이 글상자에 세 자리 수를 써서 문제를 낼 것입니다.

게임의 기본적인 부분은 다 만들었습니다.

〈시작하기〉를 누르고 글상자를 클릭해 볼까요?

클릭할 때마다 숫자가 잘 바뀝니다.

'게임 설명' 글상자를 클릭하고 〈게임 시작〉이라는 신호를 만듭니다.

'게임 설명' 글상자는 게임을 하는 방법을 설명하고 몇 초 있다가 사라집니다.

이 '게임 설명' 글상자가 게임을 시작하라는 신호를 보내도록 '게임 설명' 글상자에 아래 그림과 같이 코딩을 합니다.

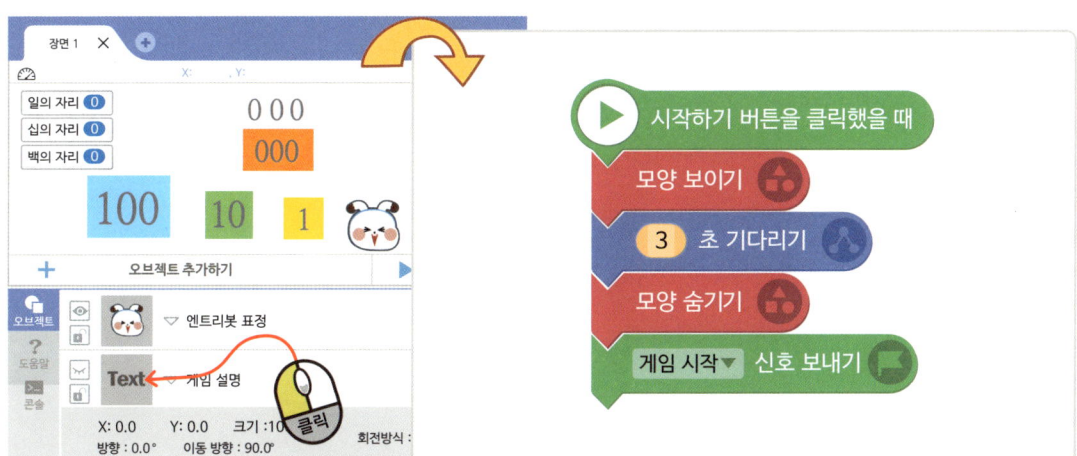

3. 세 자리 수를 만들어요

잘 되는지 볼까요?

〈시작하기〉를 클릭하니 '게임 설명' 글상자가 맨 뒤에 있습니다.

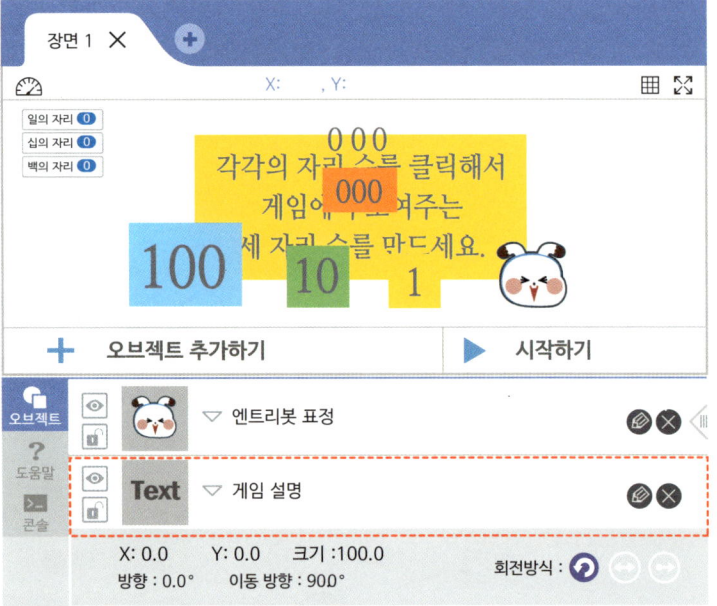

게임을 만들 때, 게임을 설명하는 글상자를 나중에 만들면 〈오브젝트 창〉에서 순서를 바꿔줘야 합니다.

'게임 설명' 글상자가 맨 앞에 보이도록 순서를 바꾸면 됩니다.

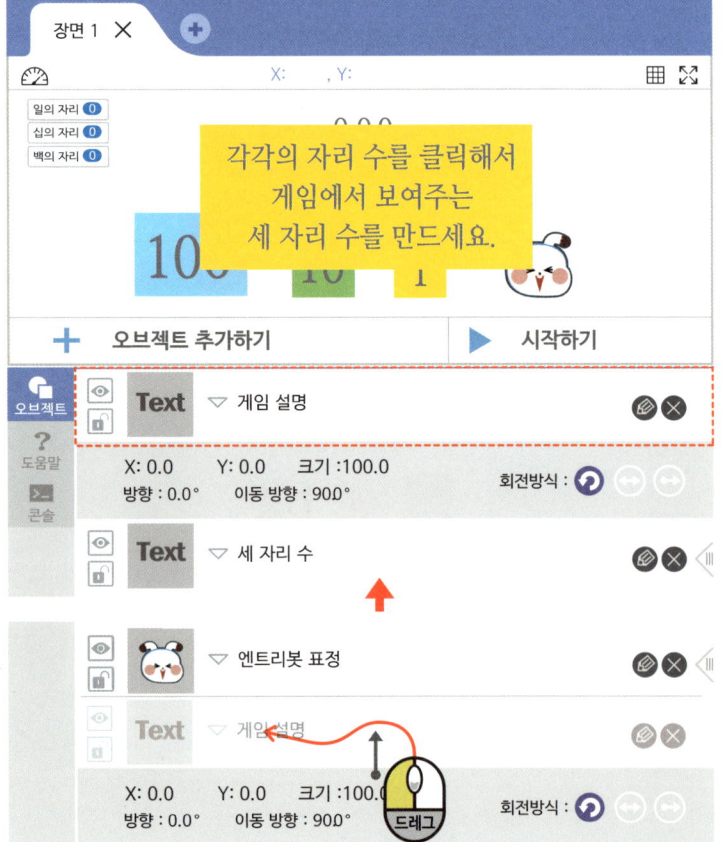

이제는 〈게임 시작〉 신호를 사용해서 코딩을 해야 하겠죠?

'엔트리봇 표정' 오브젝트에 코딩을 합니다.

그러면 세 자리 수를 만들고 자기를 클릭하라고 말을 합니다.

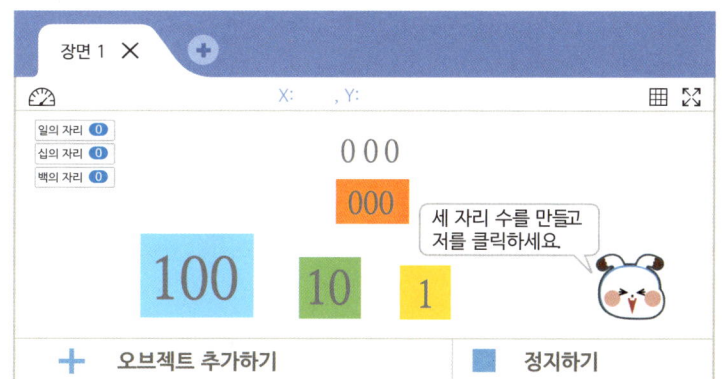

'세 자리 수' 글상자에 문제를 내야 하는데, 문제가 계속 달라야겠죠?

어떻게 하면 될까요? 바로 무작위 수를 사용하면 됩니다.

'세 자리 수' 글상자에 다음과 같이 코딩을 하면 100부터 999까지 문제를 낼 수 있습니다.

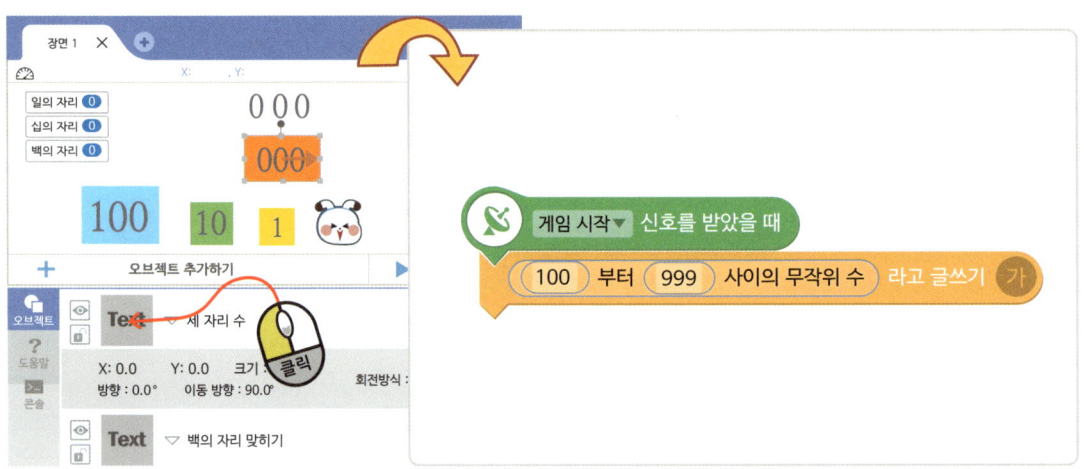

잘 되는지 확인해 볼까요?

우리 생각대로 잘 됩니다.

변수를 사용해서 코딩을 해볼까요?

'세 자리 수' 글상자를 선택하고 [정답] 변수를 만들고, 코딩을 합니다.

3. 세 자리 수를 만들어요

[정답] 변숫값과 우리가 클릭해서 만든 값이 같으면 정답입니다.

어떻게 코딩을 해야 할까요? 변수를 사용하면 쉽게 코딩을 할 수 있습니다.

[내가 만든 세 자리 수] 변수를 만듭니다.

블록을 사용하면 숫자를 합쳐서 세 자리 수를 만들 수 있습니다. 아래 그림처럼 코딩을 하면 됩니다.

예를 들어 글상자를 클릭해서 [백의 자리] 변숫값은 1, [십의 자리] 변숫값은 9, [일의 자리] 변숫값은 2로 정했다고 생각해봅시다.

변수이름	값
[백의 자리]	1
[십의 자리]	9
[일의 자리]	2

세 가지 변수를 순서대로 합치면 192가 됩니다.

이 값을 [내가 만든 세 자리 수] 변수에 저장합니다. 이 값이 [정답] 변숫값과 같으면 정답이고, 그렇지 않으면 틀린 것이죠. 이해가 되나요?

〈정답〉 신호와 〈틀렸다〉 신호를 만들어서 코딩을 하면 됩니다.

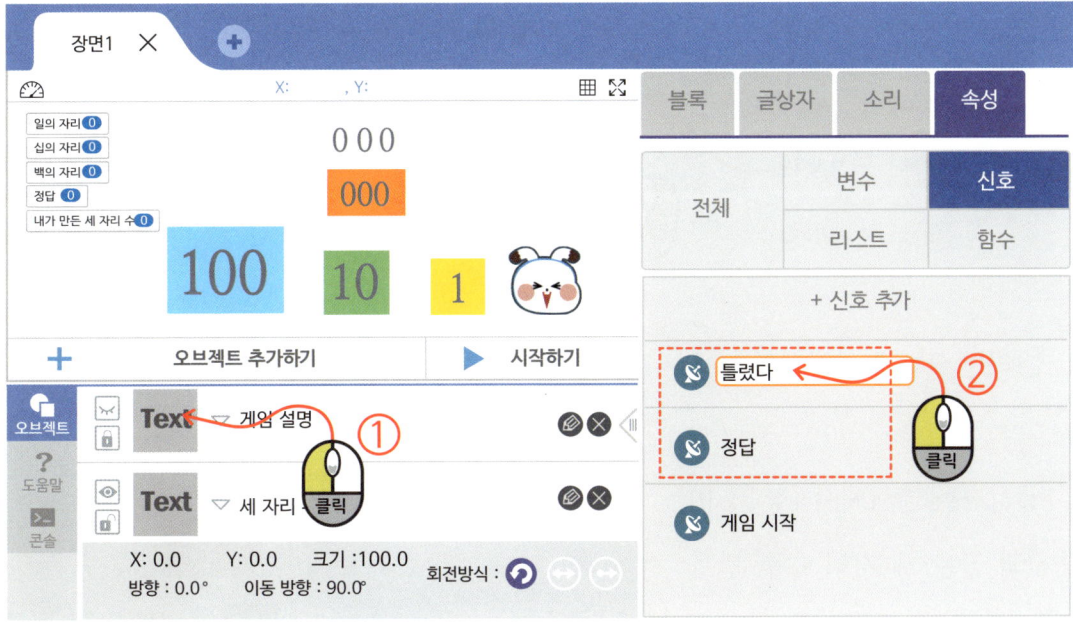

3. 세 자리 수를 만들어요

정답이면 점수를 올려줘야 하겠죠?

점수는 변수를 사용하면 쉽게 코딩을 할 수 있습니다. [점수] 변수를 만듭니다.

그러면 오른쪽 그림처럼 됩니다.

글상자를 클릭해서 [정답] 변숫값과 같은 세 자리 수를 만듭니다.

'엔트리봇 표정' 오브젝트에 아래 그림과 같이 코딩을 합니다.

'정답일 때'와 '틀렸을 때' 해야 할 일을 코딩합니다.

엔트리봇 표정을 클릭하고 〈소리〉→〈소리 추가〉를 선택하여 '호루라기' 소리와 '방귀 소리'를 넣습니다.

정답일 때는 '호루라기' 소리가 나고, 틀렸을 때는 '방귀 소리'가 나도록 코딩을 합니다.

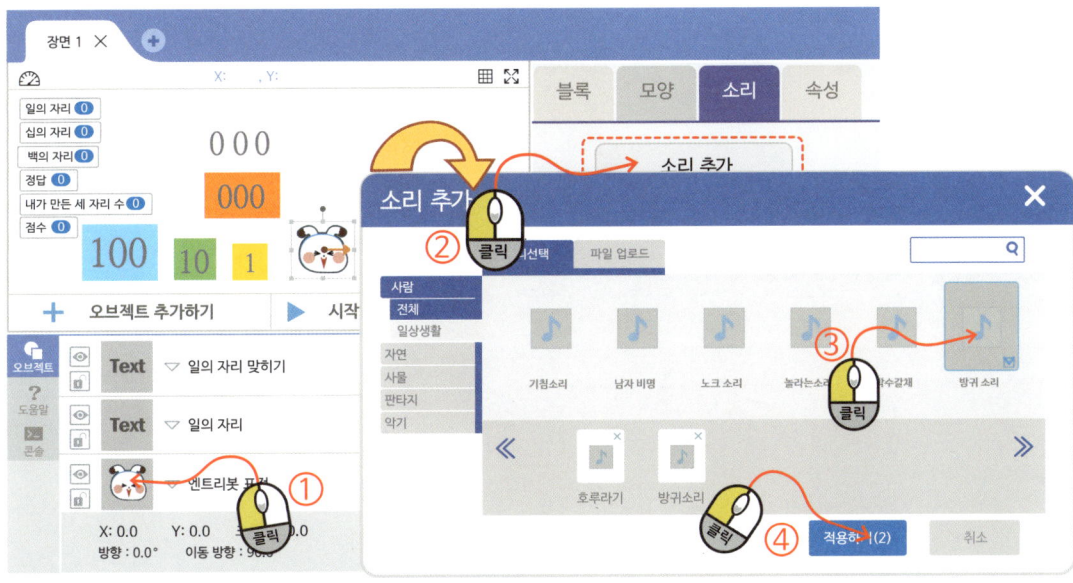

3. 세 자리 수를 만들어요

〈정답〉 신호를 받으면 '호루라기' 소리를 내고 '정답입니다.'라고 말하고 1점을 더합니다.

〈틀렸다〉 신호를 받으면 엔트리봇 표정이 슬픈 표정으로 바뀌고 '방귀 소리'를 냅니다. 그리고 '다시 생각하세요.'라고 말하고 다시 원래 표정으로 돌아옵니다.

정답을 맞히면 새로운 문제를 내야 하겠죠?

어떻게 하면 될까요? 〈정답〉 신호를 사용해서 코딩을 하면 됩니다.

'세 자리 수' 글상자에 다음과 같이 코딩을 합니다.

그러면 〈정답〉 신호를 받았을 때, [정답] 변숫값을 무작위 수로 다시 정합니다. 즉, 새로운 문제를 내는 것이죠.

〈정답일 때〉

〈틀렸을 때〉

3. 세 자리 수를 만들어요

숫자를 맞히려고 글상자를 클릭할 때 소리가 나면 더 재미있겠죠?

글상자마다 다른 소리가 나면 더 좋습니다. '일의 자리' 글상자를 선택하고 '드럼 작은북' 소리를 넣습니다.

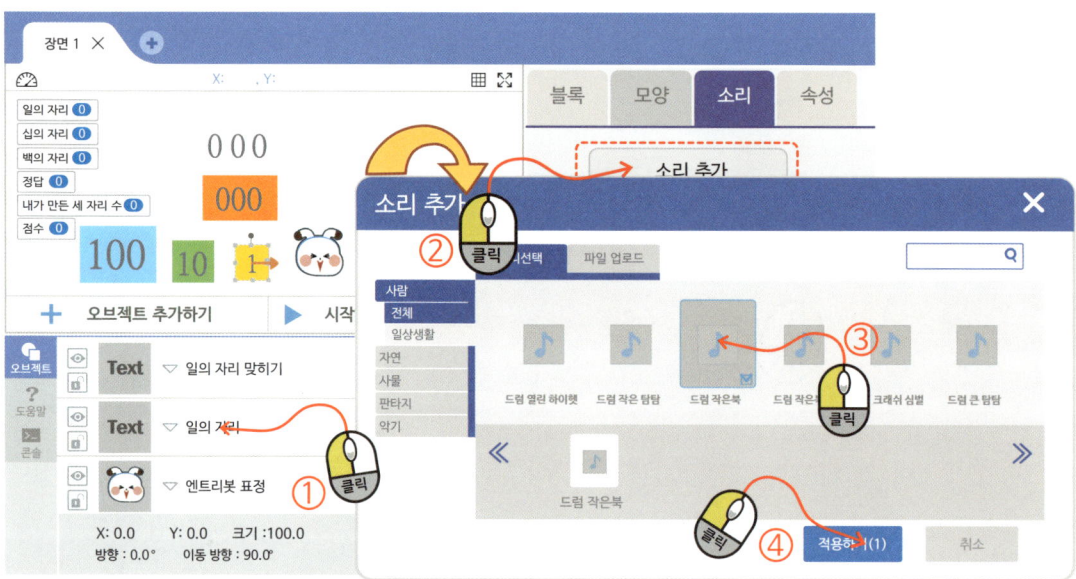

아래와 같이 코딩하면 '일의 자리' 글상자를 클릭했을 때 '드럼 작은북' 소리가 납니다.

'십의 자리' 글상자를 클릭하면 '장구 궁편' 소리가 나도록 '십의 자리' 선택하여 '장구 궁편' 소리를 넣고 코딩을 합니다.

'백의 자리' 글상자를 클릭하면 '호루라기' 소리가 나도록 '백의 자리' 선택하여 '호루라기' 소리를 넣고 코딩을 합니다.

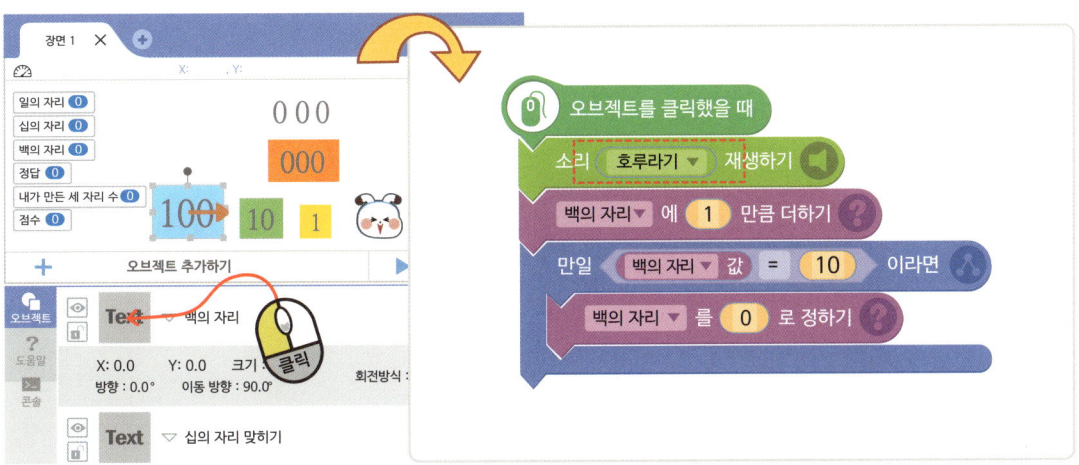

3. 세 자리 수를 만들어요

'세 자리 수' 글상자가 움직이면서 보였다가 안 보였다가 하도록 코딩하면 답을 맞히기가 더 어렵겠죠? 아래와 같이 코딩합니다.

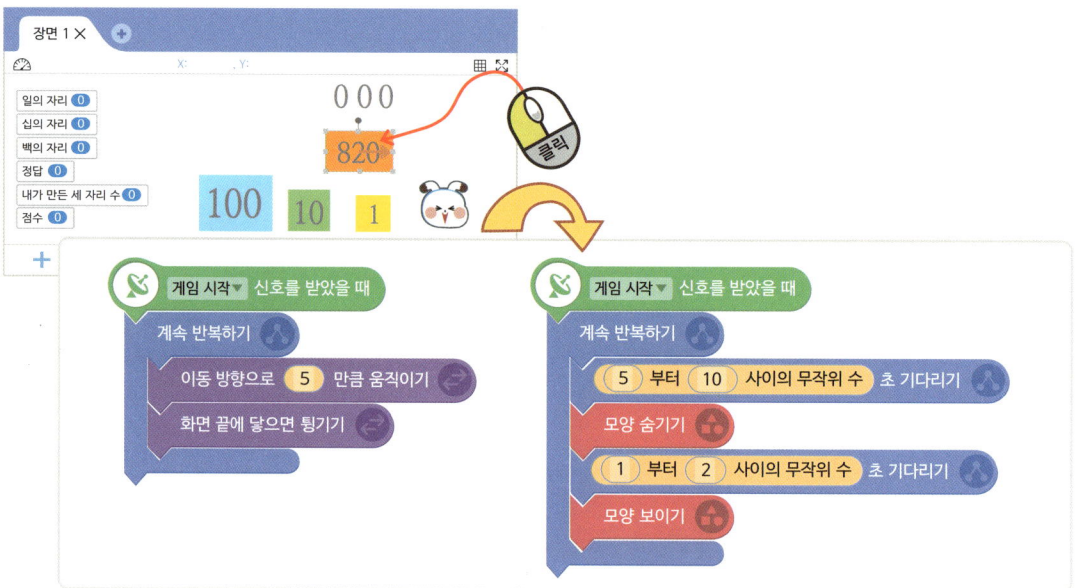

잘 되는지 확인해 볼까요?

'세 자리 수' 글상자가 뒤집어지는 경우가 있습니다.

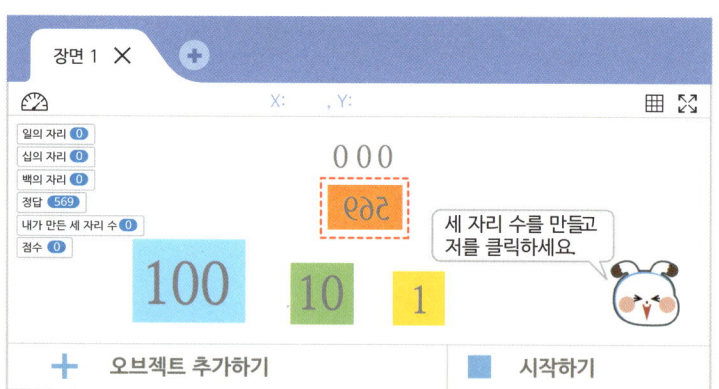

오브젝트가 회전하는 방법은 세 가지가 있습니다.

연필 모양을 선택하고 빨간색으로 표시한 곳을 클릭하면 뒤집어지지 않습니다.

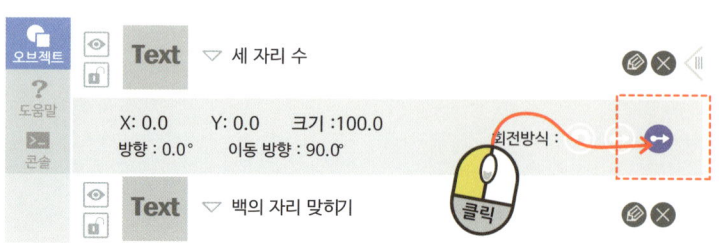

배경음악을 넣고 게임을 할 수 있는 시간을 정합니다.

이제는 쉽게 할 수 있겠죠? 이 책에서는 '이집트 풍경'을 골랐습니다.

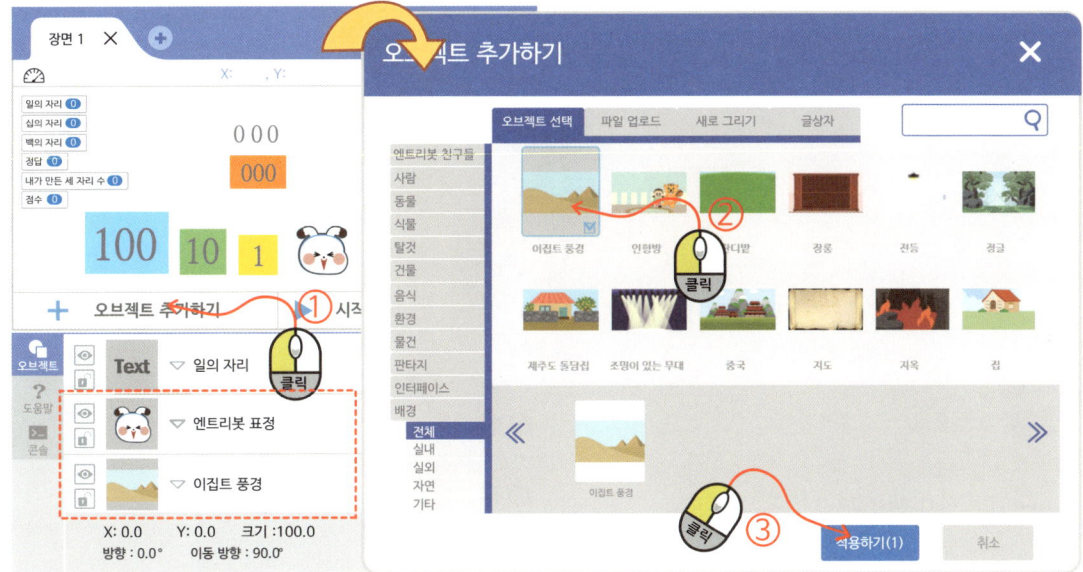

배경을 넣고 원하는 음악을 찾아서 넣고 코딩을 합니다.

3. 세 자리 수를 만들어요

[시간] 변수를 만들고 기본값을 60으로 정합니다. 기본값은 나중에 여러분이 원하는 대로 바꿔도 됩니다.

그리고 코딩을 합니다.

시간이 다 되면 게임이 끝납니다.

게임이 끝났을 때 해야 할 일은 신호를 사용해서 코딩을 하면 됩니다.

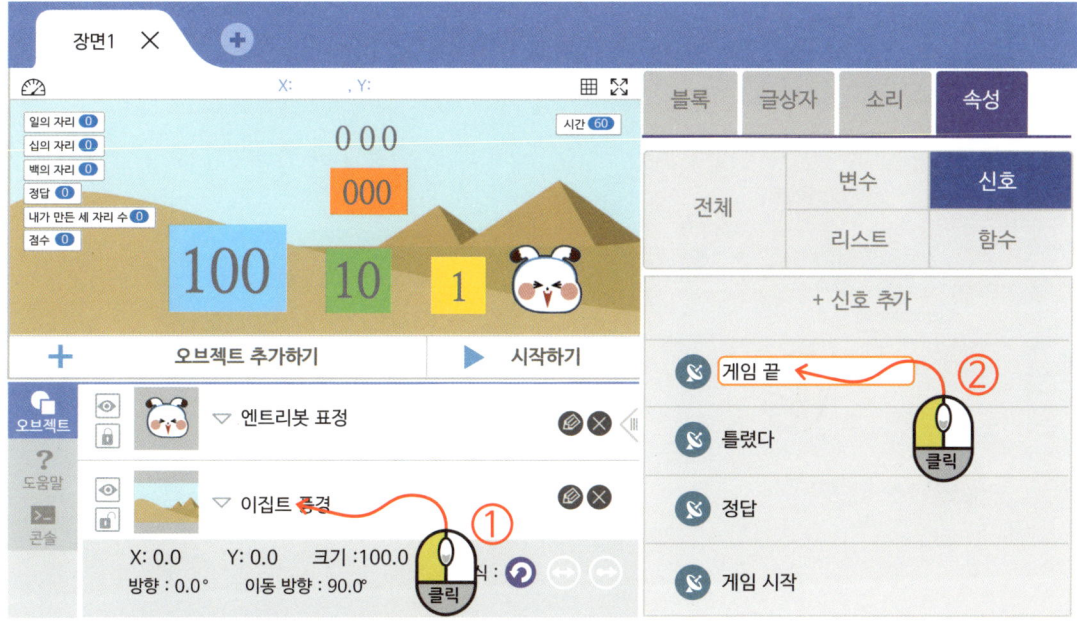

3. 세 자리 수를 만들어요

게임이 끝나면 '세 자리 수' 글상자는 움직이면 안 됩니다.

'세 자리 수' 글상자에 자신의 다른 코드를 멈춰서 움직이지 않도록 코딩을 합니다. 당연히 보였다가 안 보였다가 하지 않습니다.

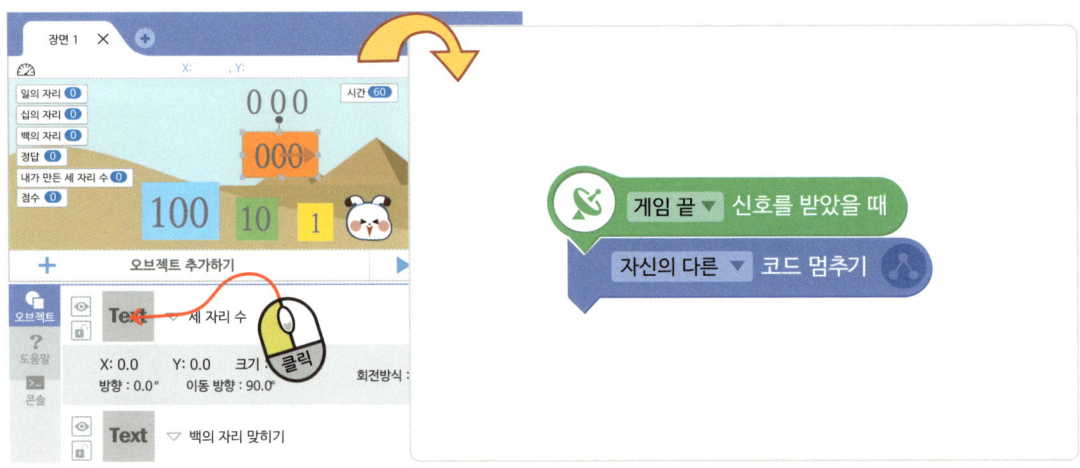

게임을 얼마나 잘했는지 점수를 보여줍니다.

〈오브젝트 추가하기〉→〈글상자〉를 선택하고 배경색을 노란색으로 하고 '게임 결과'라고 씁니다.

글상자 이름을 '게임 결과'라고 바꾸고 눈 모양을 클릭해서 보이지 않도록 해야겠죠?

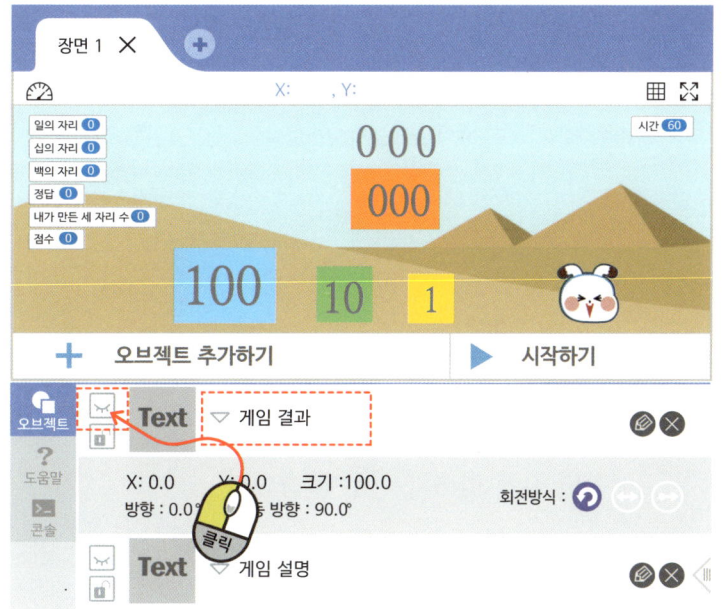

'박수갈채' 소리를 넣고 다음과 같이 코딩을 합니다.

3. 세 자리 수를 만들어요

게임이 끝나면 점수를 보여줍니다.

장면 창에 변수가 너무 많습니다.

[점수]와 [시간] 변수만 보이도록 하고 나머지 변수는 보이지 않게 해야겠죠?

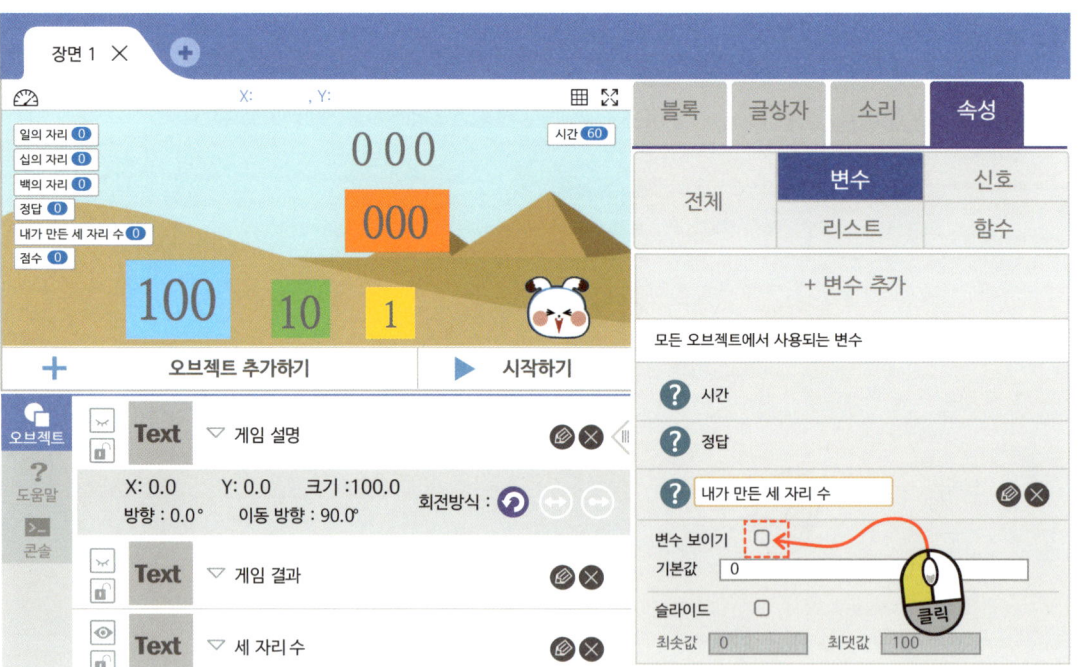

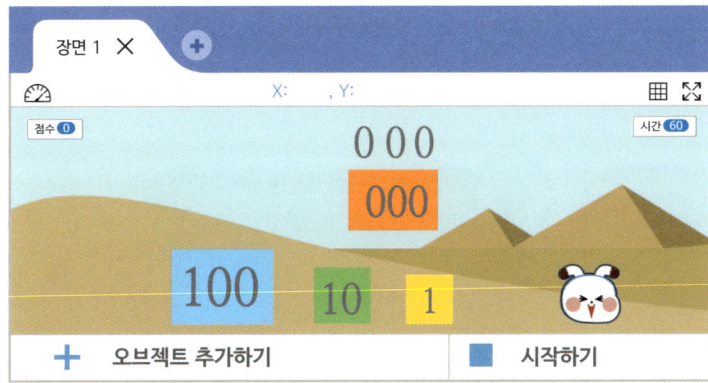

〈장면 창〉

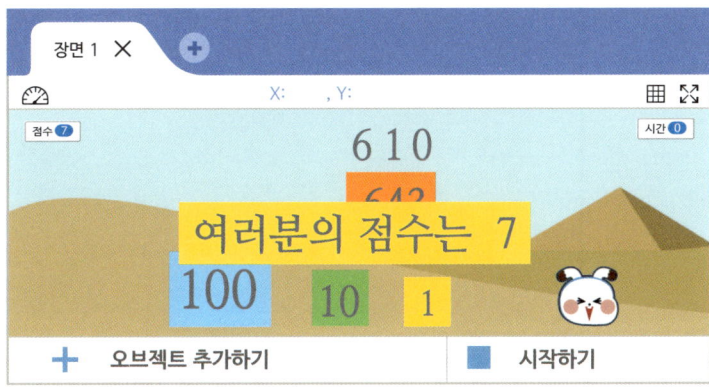

〈게임이 끝났을 때〉

세 자리 수 맞히는 게임이 완성됐습니다. 재미있었나요?

게임을 열심히 만들었는데 자리 수를 잘 구분할 수 있겠죠?

여러분만의 아이디어로 더 멋진 게임을 만들어보면 어떨까요?

3. 세 자리 수를 만들어요

 ## 배운 내용을 정리해요.

보기의 조건에 맞게 코딩을 하려고 합니다.

빈칸에 알맞은 숫자나 글을 써서 코드를 완성해 보세요.

보기

1. '엔트리봇 표정' 오브젝트를 넣어서 코딩을 합니다.
2. 이 오브젝트를 클릭하면 [숫자] 변숫값이 2씩 커집니다.
3. [숫자] 변숫값이 50보다 같거나 작으면 색깔 효과를 3만큼 줍니다.
4. [숫자] 변숫값이 50보다 크면 이동방향으로 100만큼 움직입니다. 그리고 [숫자] 변숫값을 0으로 정합니다.

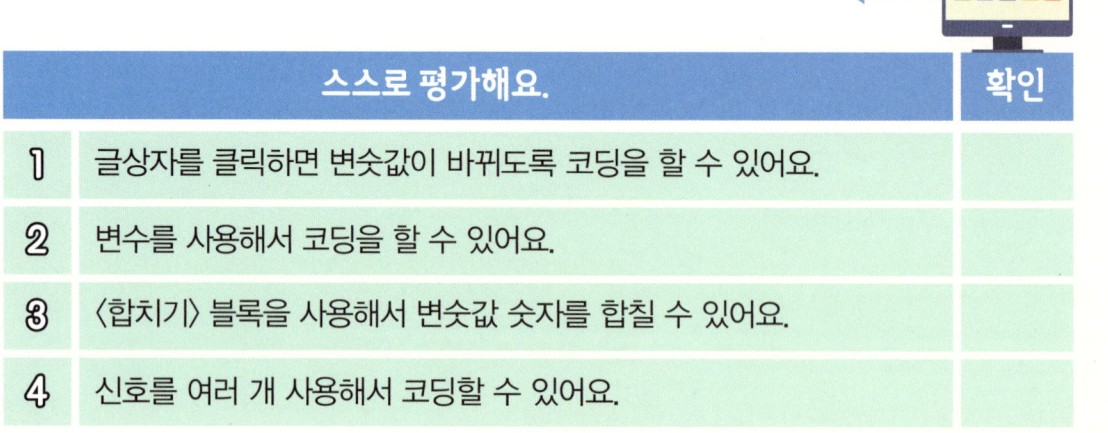

4 수의 크기를 비교해요

이번에는 세 자리 수로 재미있는 게임을 만들어 봅시다.

여러분은 수의 크기를 비교할 수 있나요?

387과 391는 어느 것이 더 큰 수인가요?

정답은 391입니다.

십이 10개 있으면 100입니다.

100은 '백'이라고 읽습니다.

〈100(백)〉

그러면 다음은 얼마일까요?

 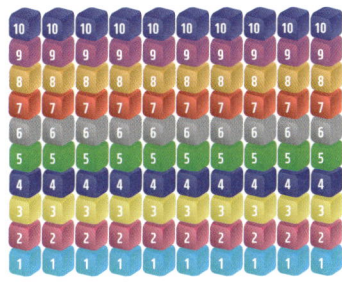 

100이 세 개 있으니까 300입니다.

300은 '삼백'이라고 읽습니다.

387은 100이 3개, 10이 8개, 1이 7개란 뜻입니다.

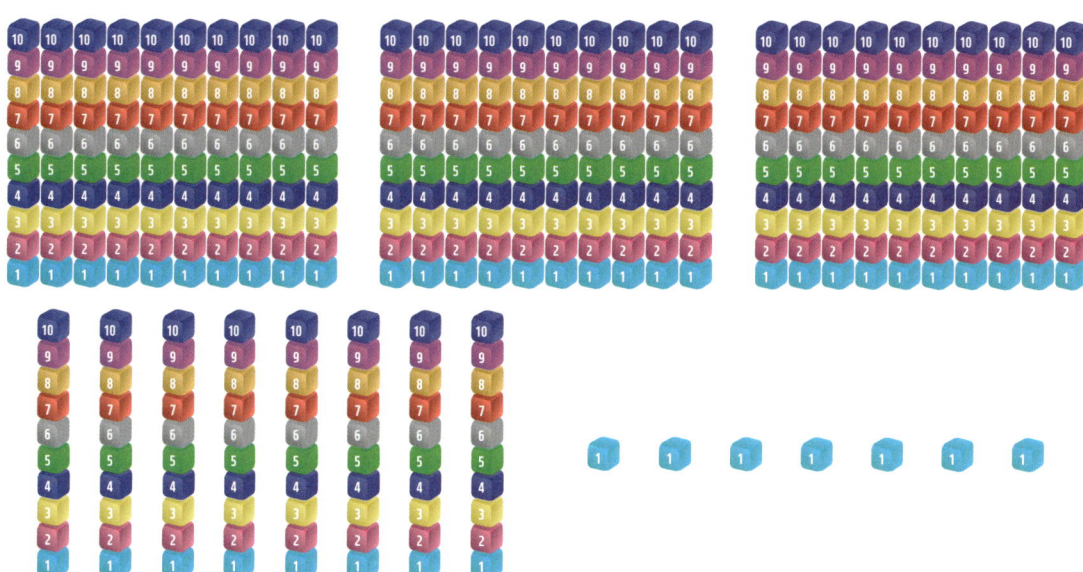

391은 100이 3개, 10이 9개, 1이 1개란 뜻입니다. 391이 387보다 큰 숫자죠?

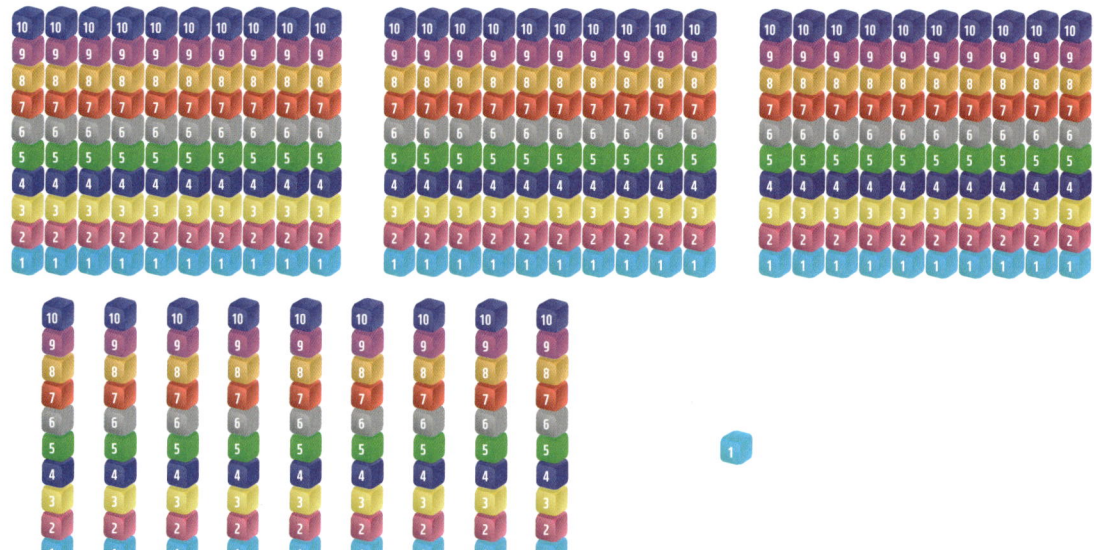

자리 수를 이용해서 숫자의 크기를 비교할 수 있습니다.

<우리가 만들 게임>

우리가 만들 게임을 알아볼까요?

게임을 시작하면 세 자리 수를 하나 정합니다.

글상자가 두 개 있고 하나는 왼쪽에서 오른쪽으로 움직이고, 다른 하나는 위에서 아래로 움직입니다. 글상자에는 숫자가 쓰여 있습니다.

마우스를 따라서 엔트리봇이 움직이게 합니다. 엔트리봇은 처음에 정한 수보다 작은 수가 적힌 글상자로 움직입니다. 즉 수의 크기를 비교해서 작은 수를 찾는 것이죠.

비교를 잘하면 점수가 올라갑니다. 잘 못하면 점수가 내려갑니다.

게임을 할 수 있는 시간이 정해져 있고 시간이 다 되면 점수를 알려줍니다.

먼저 엔트리봇에 코딩된 것을 지웁니다.

이 코드를 지우지 않으면 엔트리봇이 앞으로 움직입니다.

게임을 만들 때 신호를 사용하는 것이 좋습니다.

엔트리봇을 선택하고 〈게임 시작〉 신호를 만듭니다.

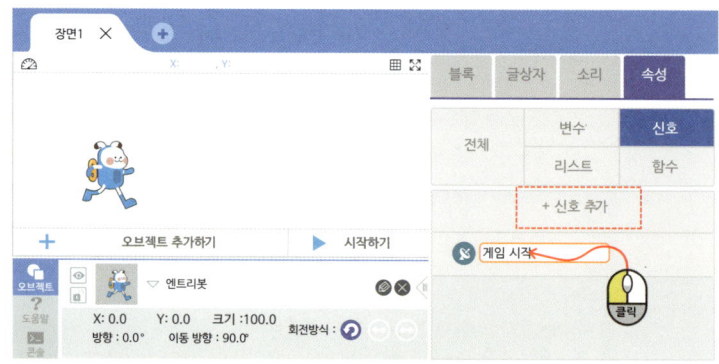

엔트리봇에 코딩을 합니다.

〈시작하기〉를 클릭하면 〈게임 시작〉 신호를 보내고 엔트리봇이 신호를 받으면 마우스를 따라서 계속 움직입니다.

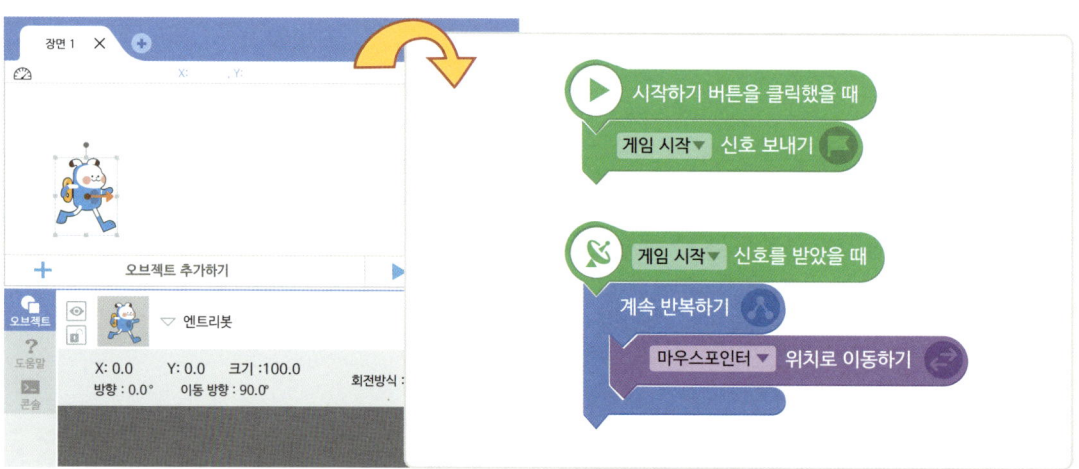

잘 되는지 확인해 볼까요?

엔트리봇이 마우스를 따라서 잘 움직입니다.

[기준] 변수를 만듭니다.

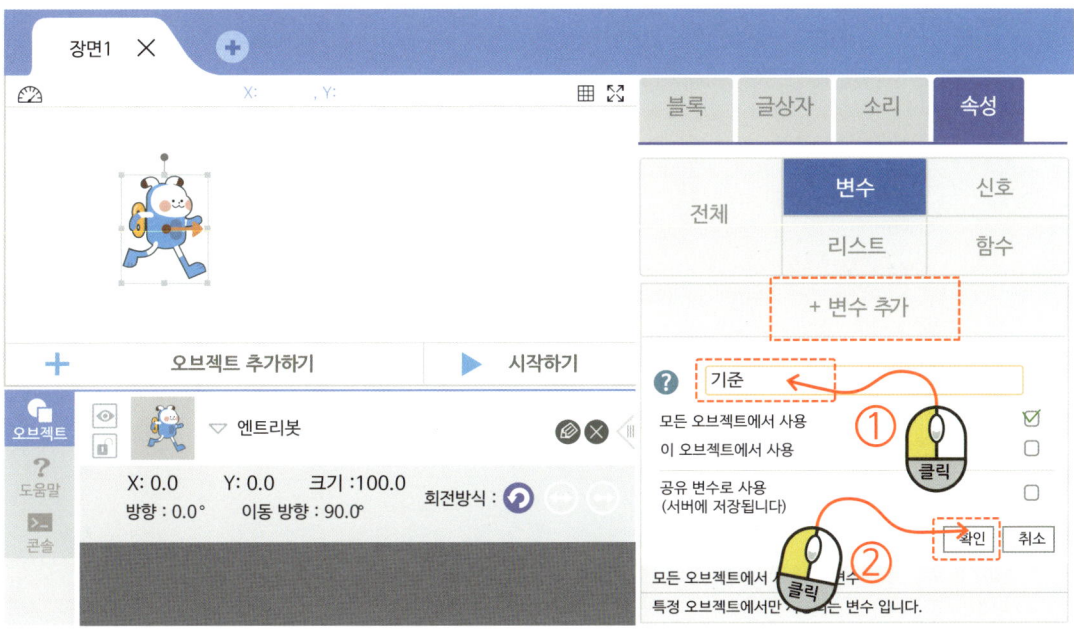

이 [기준] 변숫값을 세 자리 수로 정합니다. 세 자리 수는 100부터 999까지입니다.

무작위 수를 사용해서 변숫값을 세 자리 수로 정하려면 어떻게 해야 할까요?

〈게임 시작〉 신호를 받으면 100부터 999 사이의 수 중에서 하나를 골라서 [기준] 변숫값으로 정합니다. [기준] 변숫값을 확인하기 위해 아래와 같이 코딩을 합니다.

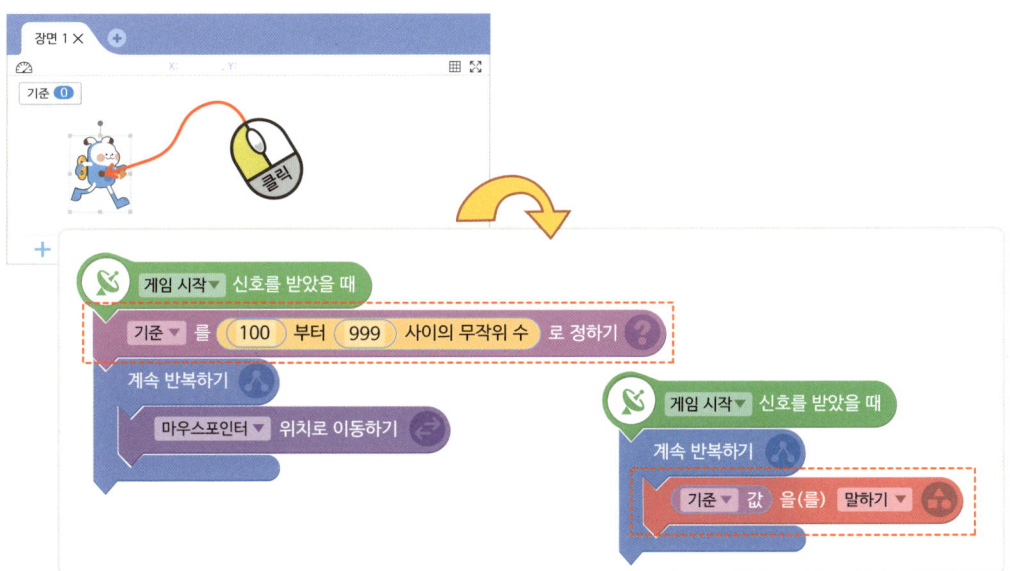

4. 수의 크기를 비교해요

그러면 엔트리봇이 무작위 수로 정한 [기준] 변숫값을 말해줍니다.

글상자를 만들고 '문제 1'이라고 씁니다.

글상자 이름을 '문제 1'로 바꿉니다.

글씨가 잘 보이게 배경색은 노란색으로 정했습니다.

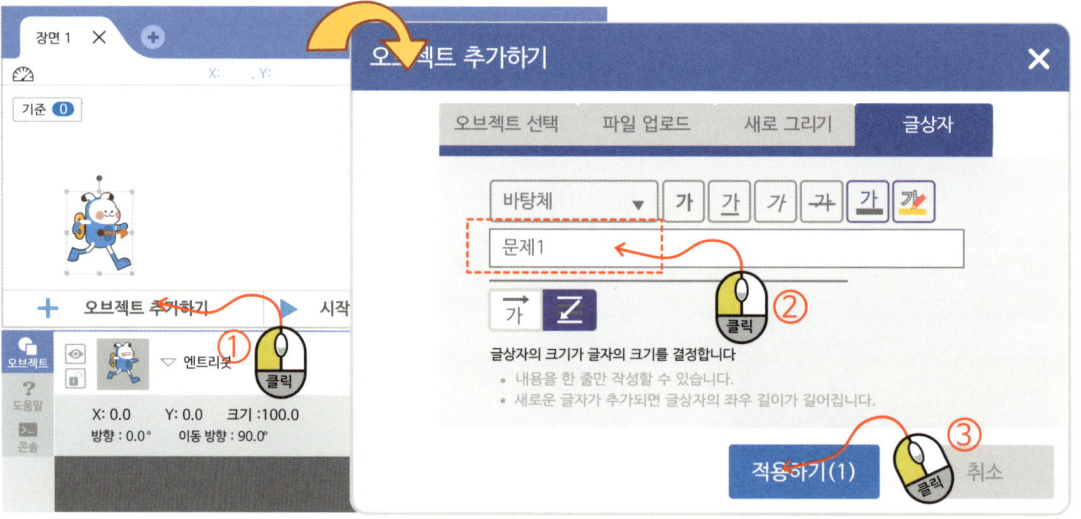

'문제 1' 글상자를 선택하고 [문제 1 값] 변수를 만듭니다.

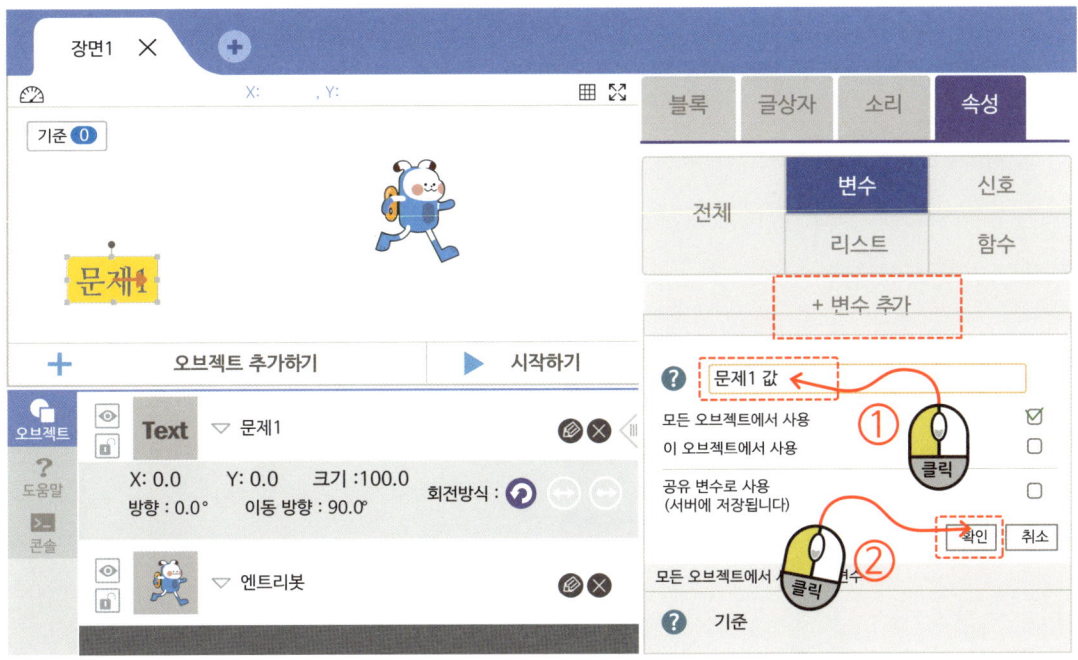

아래와 같이 코딩을 합니다.

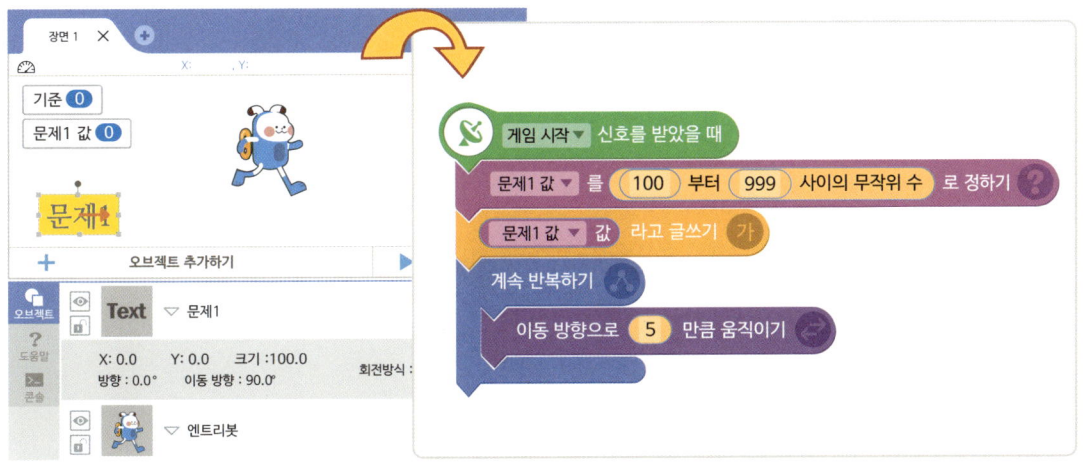

[문제 1 값] 변숫값을 100에서 999 사이에서 정합니다.

그 값을 글상자에 쓰고 이동방향으로 5만큼 움직입니다.

4. 수의 크기를 비교해요

잘 되는지 확인해 볼까요?

게임을 시작하니 [기준] 변숫값은 546이고, [문제 1 값] 변숫값은 110이 됩니다.

그리고 '문제 1' 글상자는 오른쪽으로 움직입니다.

그런데 글상자가 너무 빨리 움직입니다.

움직이는 크기를 3으로 바꾸면 되겠죠?

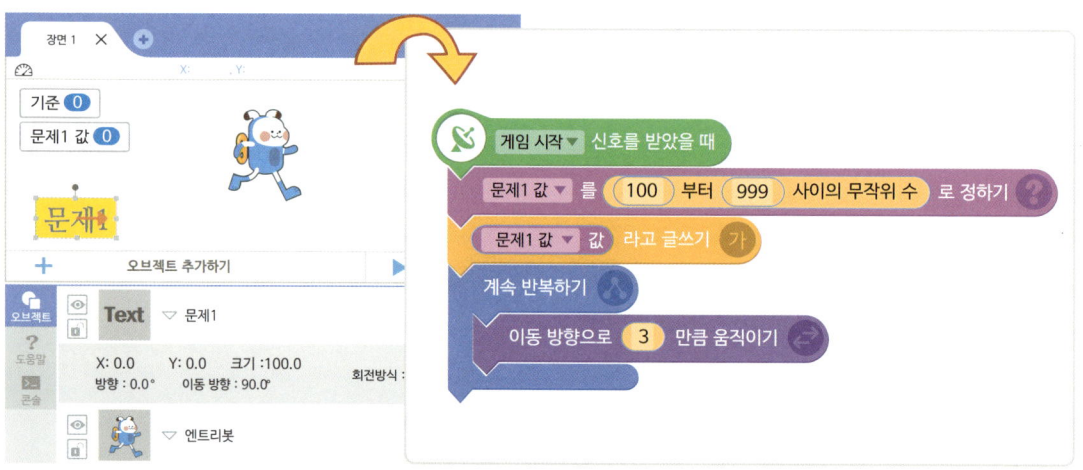

글상자가 움직이는 빠르기를 더 쉽게 바꿀 수 있는 방법이 있습니다.

〈슬라이드〉 기능을 사용하면 됩니다.

'문제 1' 글상자를 선택하고 [빠르기] 변수를 만듭니다.

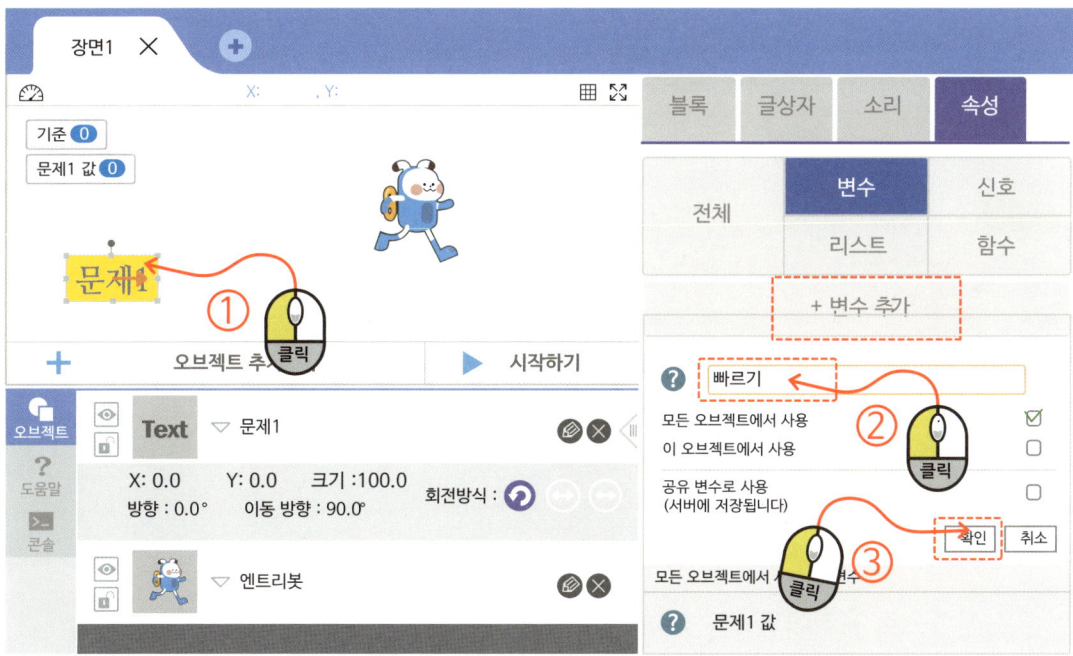

연필 모양을 클릭하고 기본값을 3으로 정하고 〈슬라이드〉를 선택합니다.

그러면 네모 상자에 ∨표시가 나옵니다.

4. 수의 크기를 비교해요

아래와 같이 코딩을 합니다.

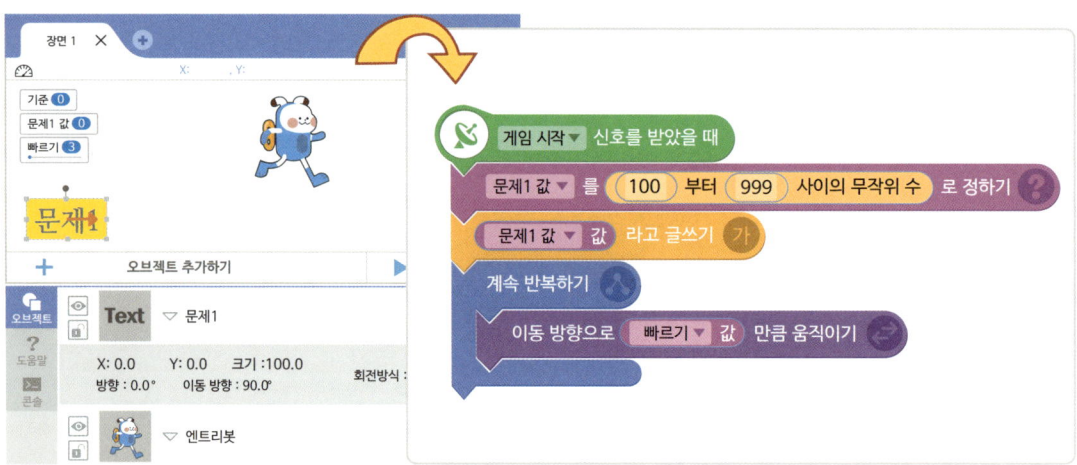

아래 그림처럼 슬라이드가 나오는데 버튼을 움직여서 [빠르기] 변숫값을 바꿉니다. 버튼을 왼쪽으로 움직이면 변숫값이 작아지고 오른쪽으로 움직이면 변숫값이 커집니다.

이 슬라이드를 사용하면 변숫값을 쉽게 바꿀 수 있습니다.

슬라이드를 사용해서 적당한 값을 찾아보세요.

엔트리봇이 글상자에 닿았을 때 [문제 1 값] 변숫값이 [기준] 변숫값보다 작으면 점수를 올려야 합니다.

'문제 1' 글상자를 선택하고 [점수] 변수를 만듭니다.

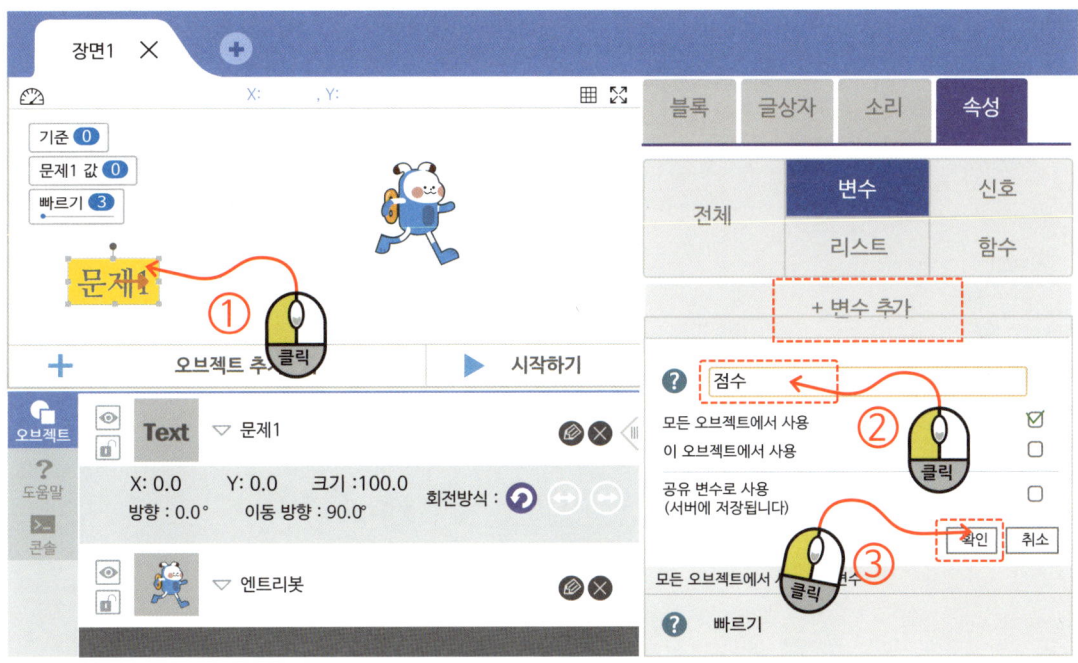

'문제 1' 글상자에 코딩을 합니다.

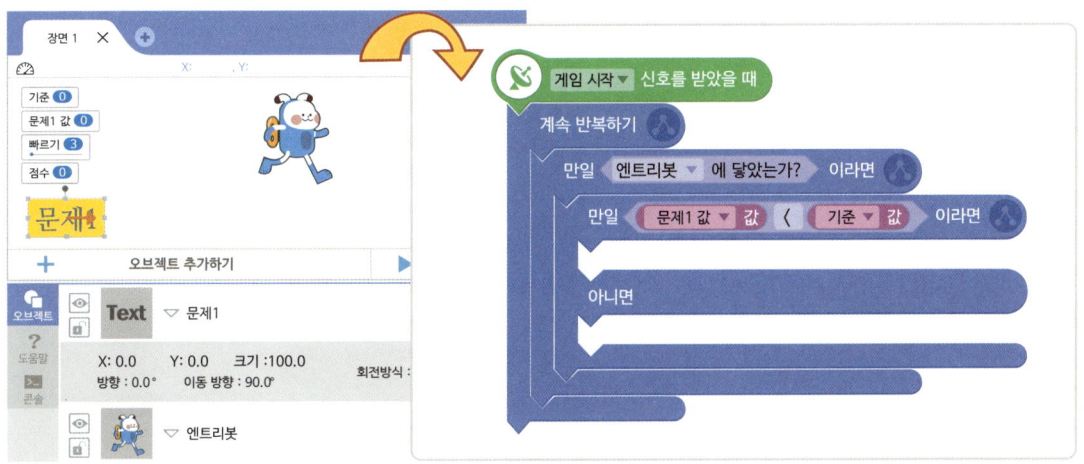

조건을 사용해서 코딩을 할 때는 조건을 먼저 만들고 코딩을 하는 것이 좋습니다.

[문제 1 값] 변숫값이 [기준] 변숫값보다 작으면 답을 맞힌 것이고, 그렇지 않으면 틀린 것입니다.

4. 수의 크기를 비교해요

정답을 맞힐 때와 맞히지 못할 때 각각 다른 일을 해야 합니다. 이럴 때 신호를 사용하면 코딩을 더 쉽게 할 수 있습니다.

〈정답〉 신호와 〈틀렸다〉 신호를 만들고, 코딩을 합니다.

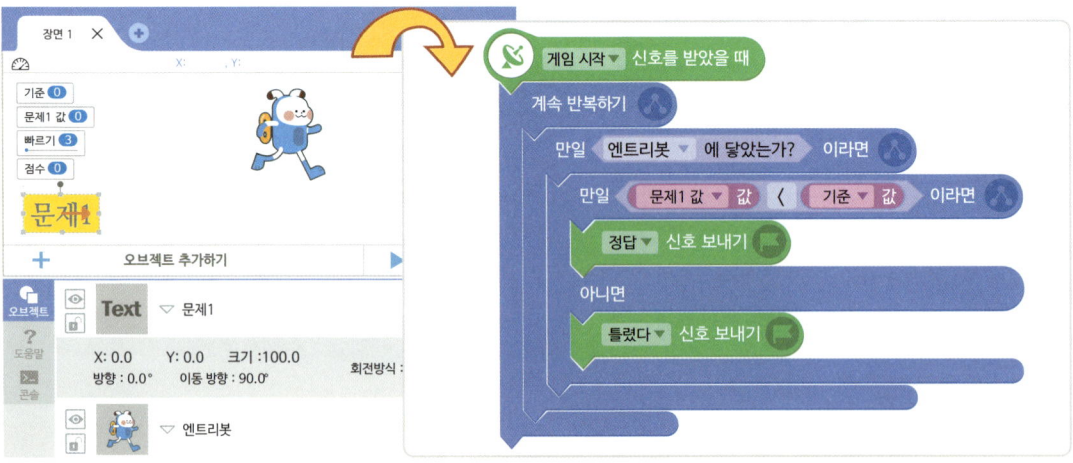

'문제 1' 글상자에 아래 그림처럼 코딩을 합니다.

〈정답〉 신호를 받았을 때 [점수] 변숫값에 1을 더하면 됩니다.

정답을 맞혔을 때 해야 할 일을 〈정답 신호를 받았을 때〉 블록에 연결하면 되겠죠?

문제를 나눠서 생각하면 쉽습니다.

잘 되는지 확인해 볼까요?

점수가 너무 빨리 올라갑니다. 왜일까요?

컴퓨터는 일을 엄청나게 빨리 하기 때문이죠. 즉, '문제 1' 글상자가 엔트리봇에 닿자마자 점수를 엄청 빠르게 올리는 것이죠. 어떻게 하면 될까요?

'문제 1' 글상자가 엔트리봇에 닿으면 [점수] 변수에 1만큼 더하고 다시 왼쪽으로 움직이면 됩니다.

앞에서 배웠던 좌표를 사용해서 코딩을 해보겠습니다.

마우스를 왼쪽으로 움직여서 '문제 1' 글상자가 이동해야 할 곳의 좌표를 확인합니다.

x좌푯값은 -200정도면 될 것 같습니다. 그런데 y좌푯값을 어떤 값으로 정하면 계속 같은 곳으로 움직입니다. 그러면 게임이 재미없겠죠?

그래서 무작위 수를 사용해서 y좌푯값을 정합니다.

다음과 같이 코딩을 합니다.

134 Chapter 2 수학

'문제 1' 글상자는 아래로 -110까지 위로는 110까지 움직입니다.

그런데 문제가 생깁니다. [점수] 변숫값이 1보다 더 많이 커집니다.

왜일까요?

'문제 1' 글상자가 엔트리봇에 닿는 아주 짧은 순간에도 신호를 여러 번 보내기 때문입니다.

신호를 받은 만큼 점수가 올라갑니다. 어떻게 문제를 해결할 수 있을까요?

〈~신호 보내고 기다리기〉 블록을 사용하면 됩니다. 이 블록은 신호를 받는 블록들이 어떤 일을 다 할 때까지 기다립니다. 그러면 점수가 1씩 올라갑니다.

'문제 1' 글상자의 코드를 다음과 같이 바꿉니다.

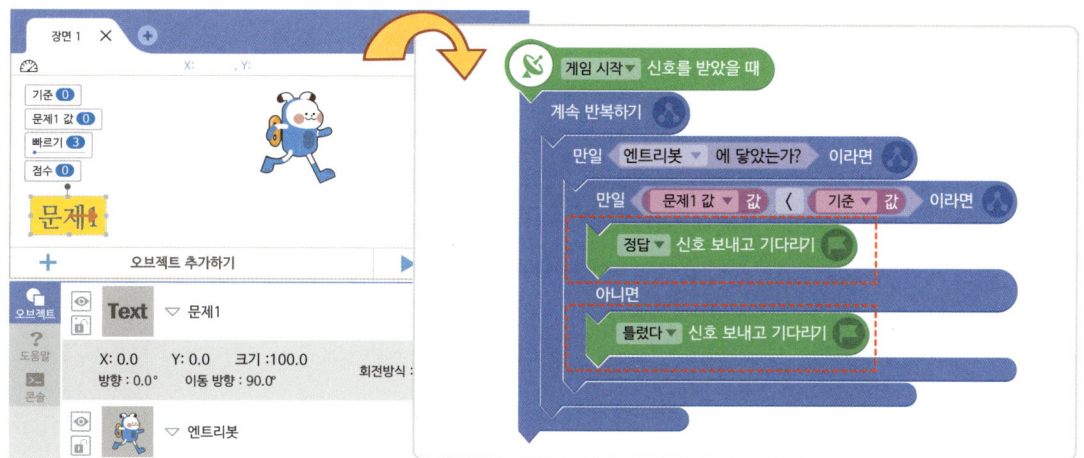

4. 수의 크기를 비교해요

그리고 아래 그림과 같이 코딩을 합니다.

먼저 '호루라기' 소리를 넣습니다. 〈정답〉 신호를 받았을 때 '호루라기' 소리를 내고 점수를 1만큼 더합니다. 그리고 무작위 수로 정한 좌표로 이동하고 새로운 문제를 내야 하겠죠?

[문제 1 값] 변숫값을 무작위 수를 정해서, 100부터 999 사이의 값이 되도록 합니다. [문제 1 값] 변숫값을 글상자에 씁니다.

'문제 1' 글상자는 계속 움직입니다. 그러다가 엔트리봇에 닿지 않고 오른쪽 벽(그림의 빨간색 부분)에 닿으면 어떤 일을 시켜야 할까요?

다시 왼쪽으로 오도록 해야겠죠?

'문제 1' 글상자에 다음 그림과 같이 코딩하면 오른쪽 벽에 닿았을 때 다시 무작위 수로 정한 좌표로 움직입니다.

[문제 1 값] 변숫값도 무작위 수로 다시 정합니다.

새로운 문제를 내는 것이죠. 그리고 그 값을 글상자에 쓰면 됩니다.

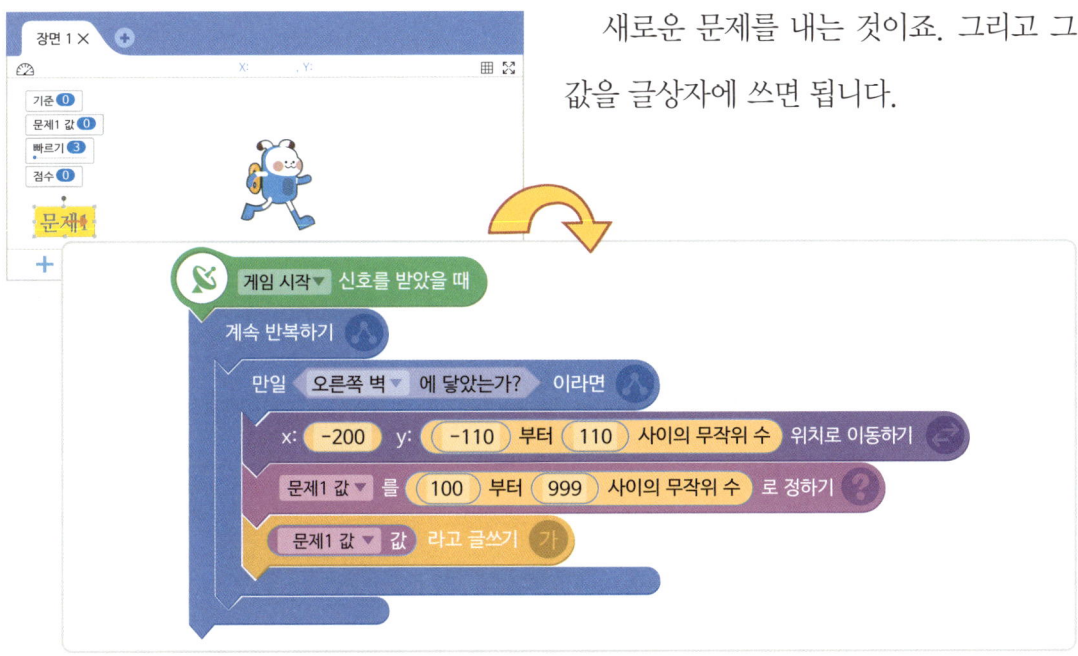

〈틀렸다〉 신호를 받았을 때 해야 할 일도 코딩해볼까요?

〈틀렸다〉 신호를 받으면 '남자비명' 소리를 냅니다. 그리고 점수를 1만큼 빼고 무작위 수를 좌표를 정해서 왼쪽으로 움직입니다. 그리고 [문제 1 값] 변숫값을 무작위 수를 사용해서 다시 정하고 그 값을 글상자에 씁니다. 〈정답〉 신호를 받았을 때와 같죠?

4. 수의 크기를 비교해요

위에서 내려오는 글상자도 만들어 봅시다.

'문제 1' 글상자를 복제해서 코드를 조금 바꿔주면 되겠죠?

'문제 1' 글상자를 복제하고 이름을 '문제 2'로 바꿉니다.

'문제2'라고 글을 고쳐 쓰고 이동방향을 아래쪽으로 바꿉니다.

[문제 2 값] 변수를 만듭니다.

'문제 2' 글상자에는 '문제 1'에서 코딩한 것이 그대로 복제되어 있습니다.

아래 그림처럼 코드를 조금 바꿔줍니다.

[문제 1 값] 변수를 [문제 2 값] 변수로 바꿔주면 됩니다.

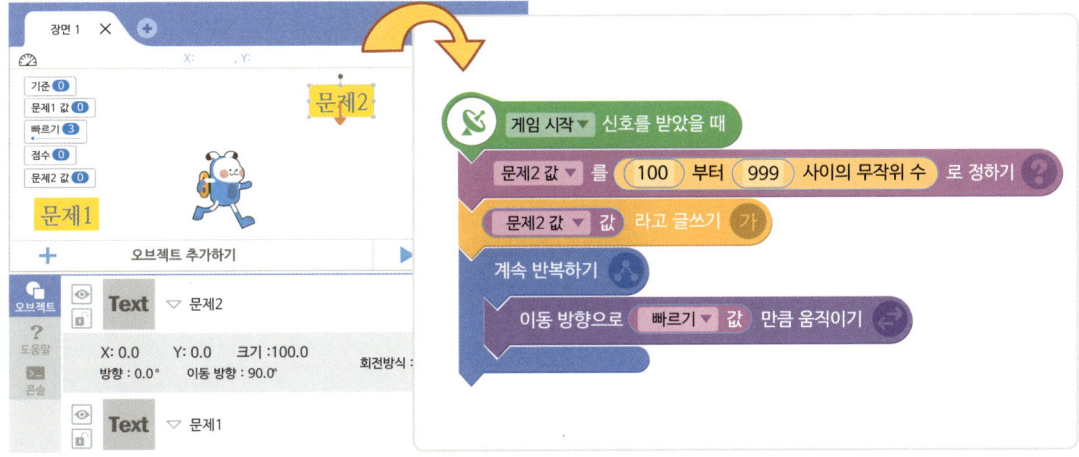

4. 수의 크기를 비교해요

〈게임 시작 신호를 받았을 때〉 블록과 연결된 코드도 바꿔줘야겠죠?

[문제 1 값] 변수를 [문제 2 값] 변수로 바꿔줍니다.

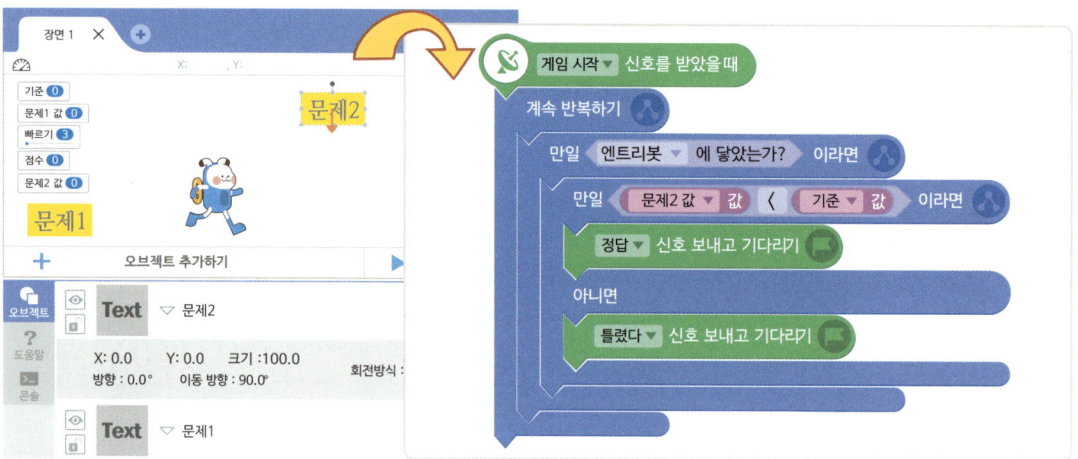

'문제 2' 글상자는 위에서 아래로 내려옵니다. 〈정답〉 신호를 받았을 때 위쪽으로 움직이려면 y좌푯값을 110 정도로 정합니다.

하지만 x좌푯값은 어떤 값으로 정하면 계속 같은 곳으로 움직이겠죠? 그래서 무작위 수를 사용해서 x좌푯값을 정합니다.

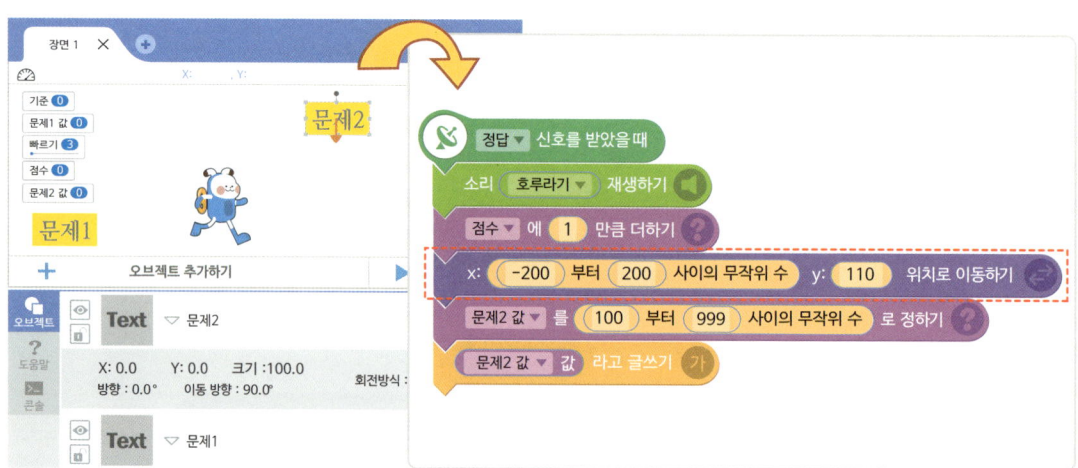

〈틀렸다〉 신호를 받았을 때도 마찬가지로 '문제 2' 글상자가 위로 움직이도록 코드를 바꿔줍니다.

'문제 2' 글상자는 아래쪽 벽(빨간색 부분)에 닿으면 위로 움직여야겠죠?

'문제 2' 글상자에 아래쪽 그림처럼 코딩하면 '문제 2' 글상자가 아래쪽 벽에 닿았을 때 위로 움직입니다.

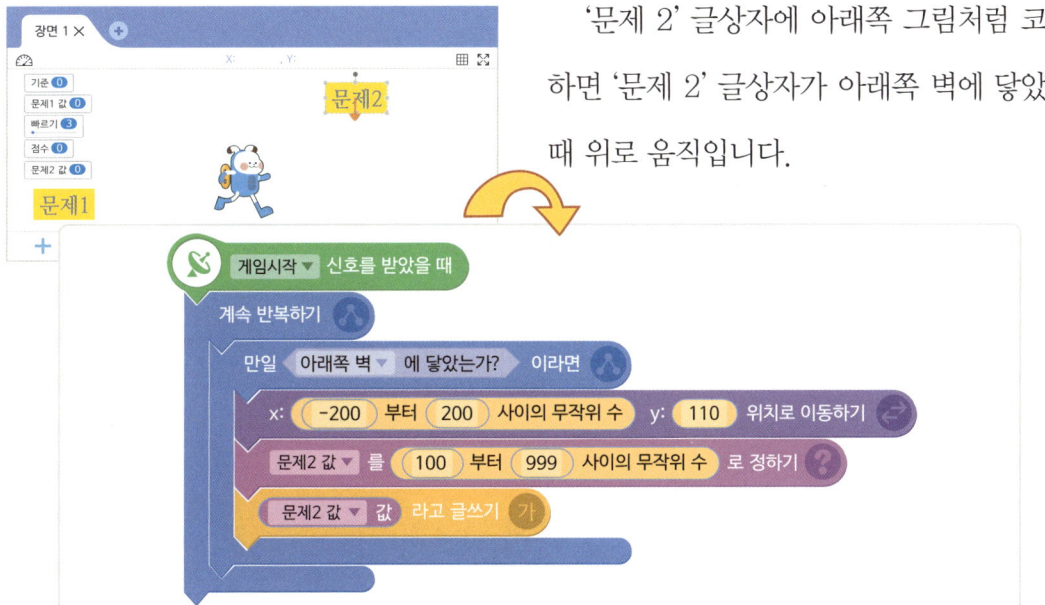

4. 수의 크기를 비교해요

잘 되는지 확인해 볼까요? 그런데 글상자가 이상합니다.

[기준] 변숫값이 249이라고 해봅시다. [문제 1 값] 변수는 631이고, [문제 2 값] 변수는 856이고 엔트리봇이 '문제 1' 글상자에 닿으면 어떻게 될까요?

글상자가 둘 다 움직입니다.

왜 그렇게 될까요?

두 글상자 모두 〈틀렸다〉 신호를 받았기 때문이죠.

어떻게 하면 문제를 해결할 수 있을까요?

신호를 더 만들면 됩니다.

아래 그림과 같이 신호를 만듭니다.

〈정답〉 신호는 〈정답 1〉로, 〈틀렸다〉 신호는 〈틀렸다 1〉로 바꿔줍니다.

그리고 〈정답 2〉, 〈틀렸다 2〉 신호를 만듭니다.

'문제 1' 글상자는 엔트리봇에 닿았을 때, 〈정답 1〉 또는 〈틀렸다 1〉 신호를 보냅니다.

'문제 2' 글상자는 엔트리봇에 닿았을 때, 〈정답 2〉 또는 〈틀렸다 2〉 신호를 보냅니다.

아래와 같이 '문제 1' 글상자에 코딩을 합니다.

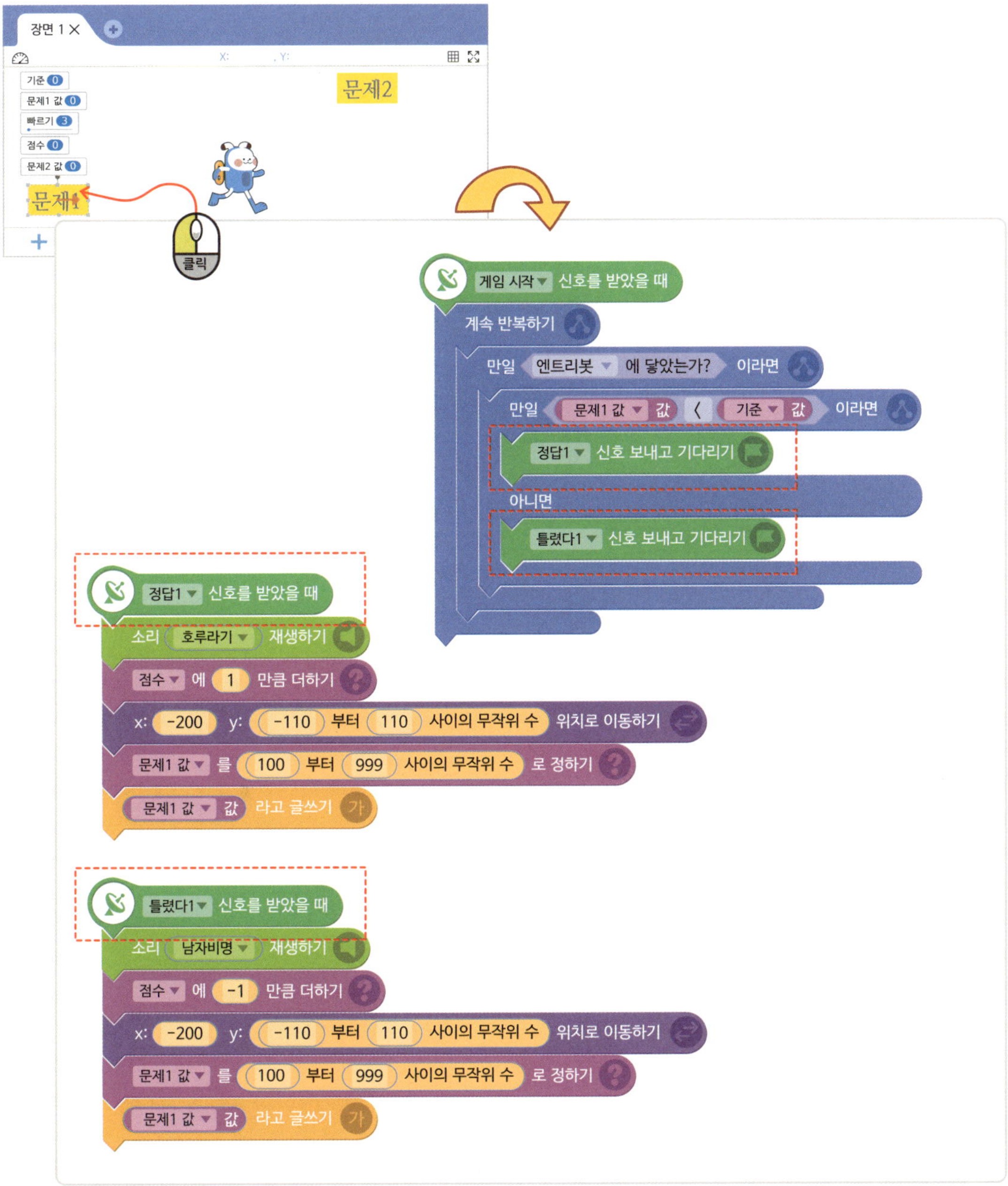

4. 수의 크기를 비교해요

'문제 2' 글상자에도 코딩을 합니다.

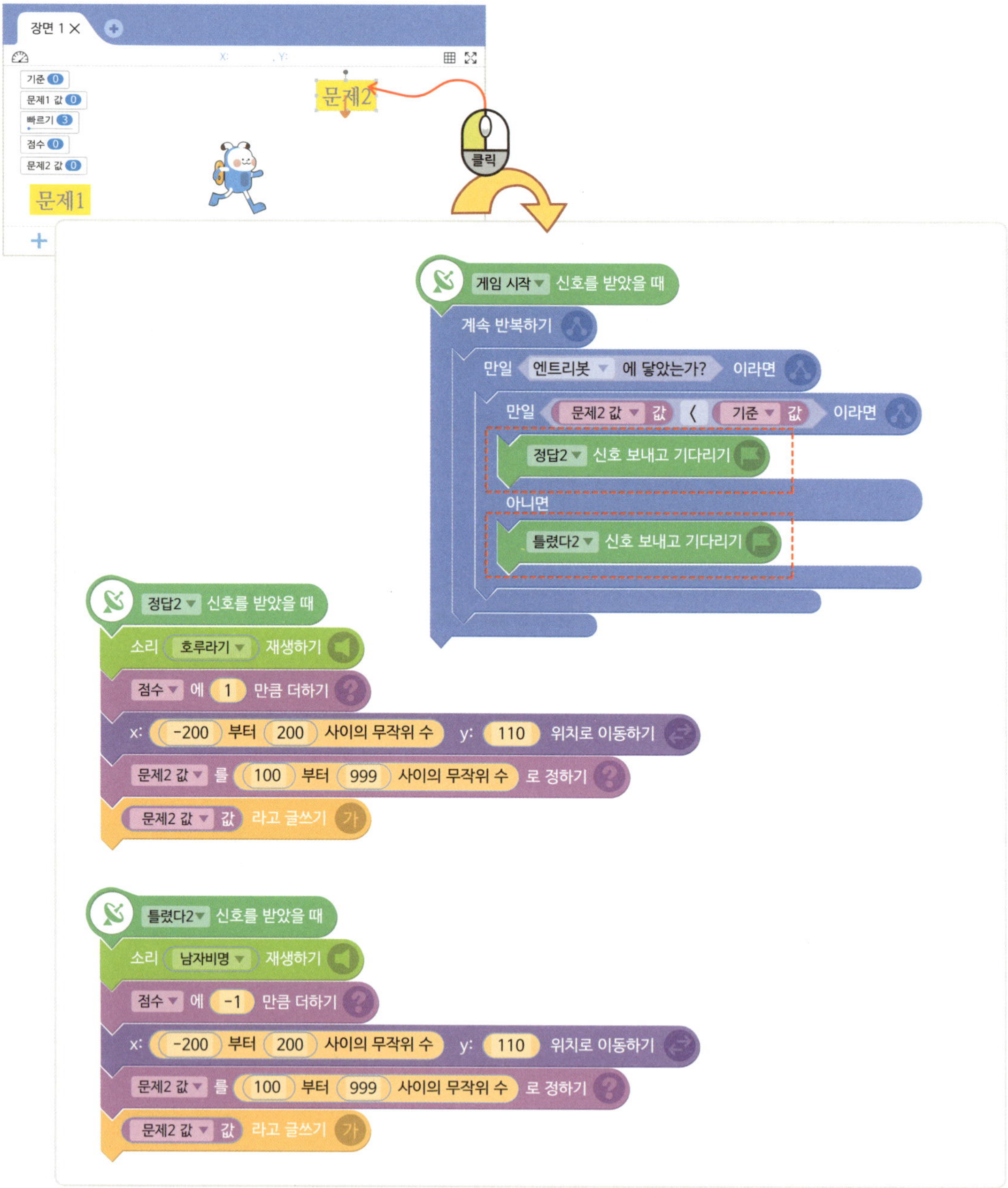

게임을 할 수 있는 시간을 정해 놓으면 더 재미있겠죠? 이것을 '제한 시간'이라고 합니다.

'풀' 배경을 넣습니다.

'풀' 배경에 코딩을 해서 '제한 시간'을 정하면 됩니다.

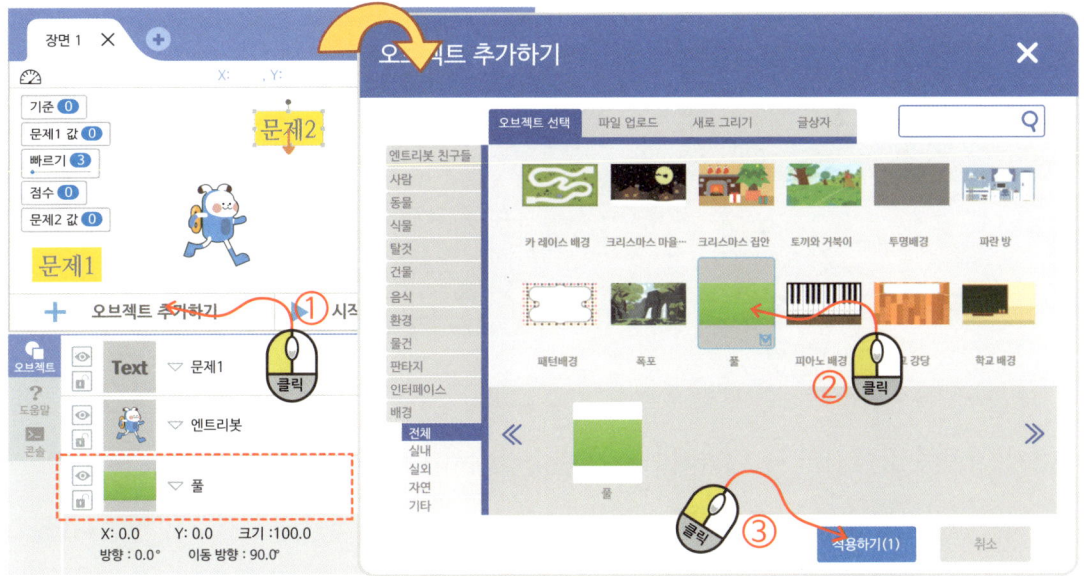

'풀' 배경을 선택하고 [시간] 변수를 만듭니다.

기본값은 60으로 정했습니다. 즉 60초 동안 게임을 할 수 있는 것이죠.

4. 수의 크기를 비교해요 145

'풀' 배경을 선택하고 〈게임 끝〉 신호를 만들고 코딩을 합니다.

[시간] 변숫값이 0이 될 때까지 [시간] 변숫값에서 1씩 빼고, 1초를 기다립니다.

[시간] 변숫값이 0이 되면 게임이 끝난 것이죠? 그래서 〈게임 끝〉 신호를 만듭니다.

배경음악도 넣습니다. 배경에 소리를 넣고 코딩을 합니다.

게임을 계속 해보면서 어떤 점을 고쳐야 할지 자세히 살펴봅니다. [기준] 변숫값이 너무 작으면 점수를 올리기 힘들지 않나요?

예를 들어 [기준] 변숫값이 200이면 [문제 1 값] 변수와 [문제 1 값] 변숫값이 200보다 작을 때만 점수를 올릴 수 있습니다. 점수를 올리기 쉽지 않겠죠. 그래서 정답을 맞혔을 때, 게임을 더 할 수 있게 해주면 어떨까요?

〈정답 1〉이나 〈정답 2〉 신호를 받았을 때 [시간] 변숫값에 수를 조금 더해주는 것이죠. 그러면 게임을 할 수 있는 시간이 늘어납니다. '문제1' 글상자에 코딩을 합니다.

[기준] 변숫값이 300보다 작을 때, 게임 시간을 늘려주는 것이죠.

잘 되는지 확인해 볼까요? 우선 엔트리봇에 아래 그림처럼 코드를 바꿔줍니다.

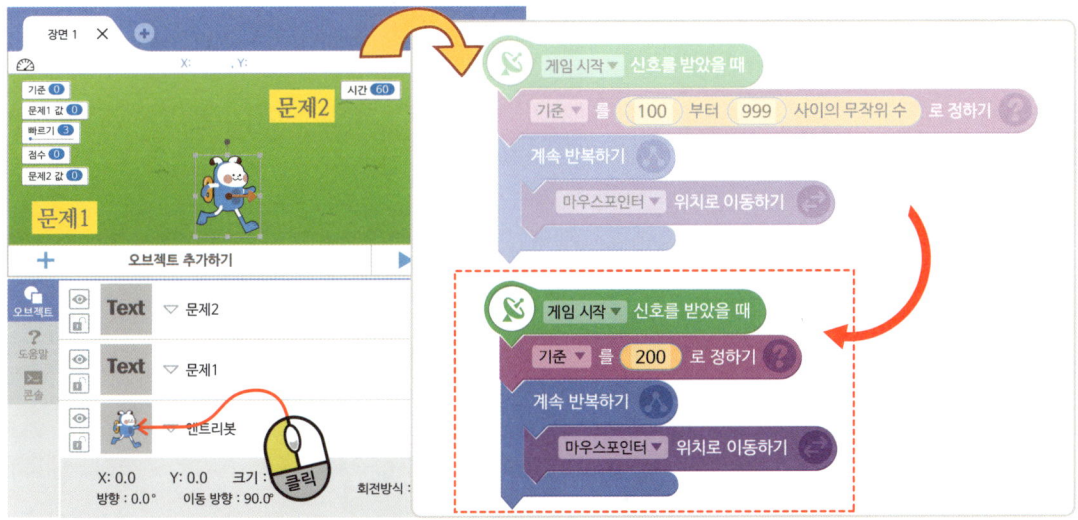

원래 무작위 수로 [기준] 변숫값을 정했는데 그러면 [기준] 변숫값이 300보다 큰 경우가 생깁니다. 코딩을 잘 했는지 확인하려고 [기준] 변숫값을 200으로 정하는 것이죠.

[문제 1 값] 변수가 200보다 작을 때, '문제 1' 글상자가 엔트리봇에 닿으면 [시간] 변숫값이 3씩 커집니다. 우리가 생각한대로 잘 됩니다.

'문제 2' 글상자에도 코딩을 해야겠죠? '문제 1' 글상자에 코딩한 것을 복사하고 '정답 1 신호를 받았을 때'를 '정답 2 신호를 받았을 때'로 바꿉니다. 그리고 다시 무작위 수를 사용해서 [기준] 변숫값을 정합니다.

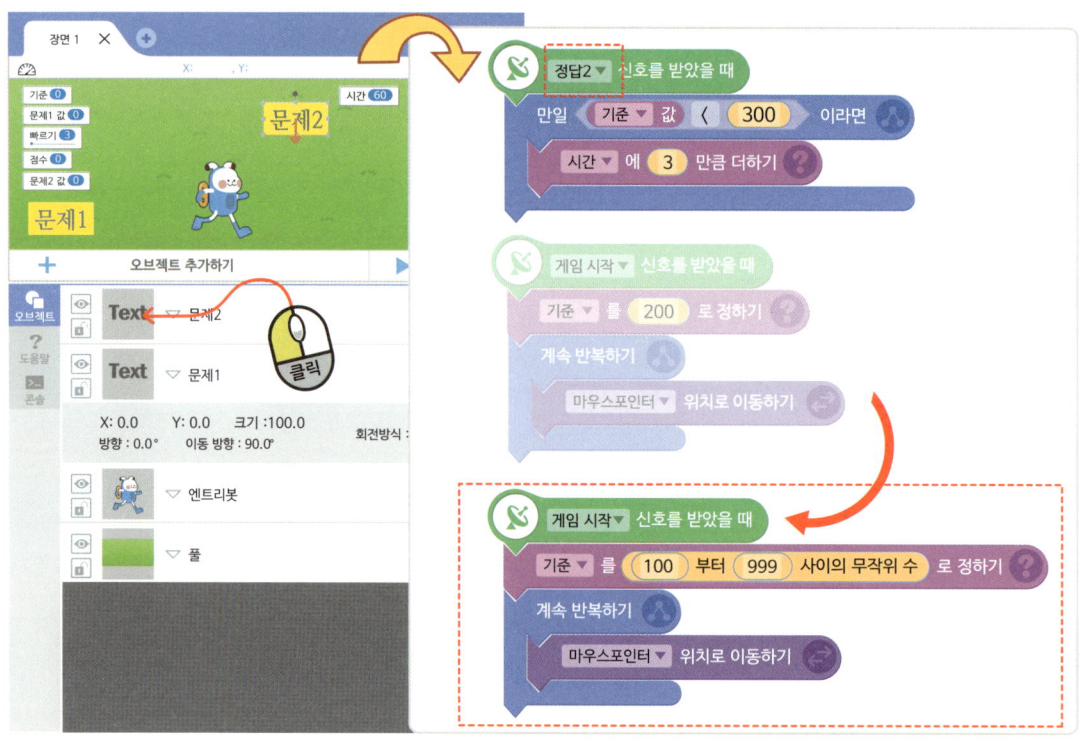

화면에는 [점수]와 [시간] 변수만 보이게 합니다.

148 Chapter 2 수학

게임하는 방법을 설명해주는 글상자를 만들고 '엔트리봇이 말한 수보다 작은 수를 잡으세요. 엔트리봇은 마우스를 따라서 움직입니다.'라고 씁니다.

글상자 이름을 '게임 설명'으로 바꿉니다.

장면 창에 '게임 설명' 글상자가 보이지 않게 눈 모양을 클릭합니다.

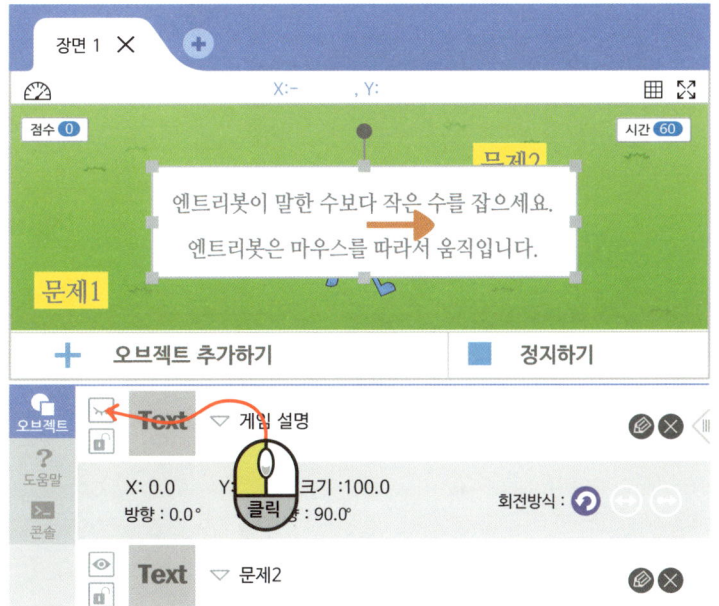

4. 수의 크기를 비교해요

'게임 설명' 글상자에 코딩을 합니다.

엔트리봇에 아래 그림처럼 코딩을 했는데 이것을 지웁니다.

그렇지 않으면 시작하자마자 〈게임 시작〉 신호를 보내게 됩니다.

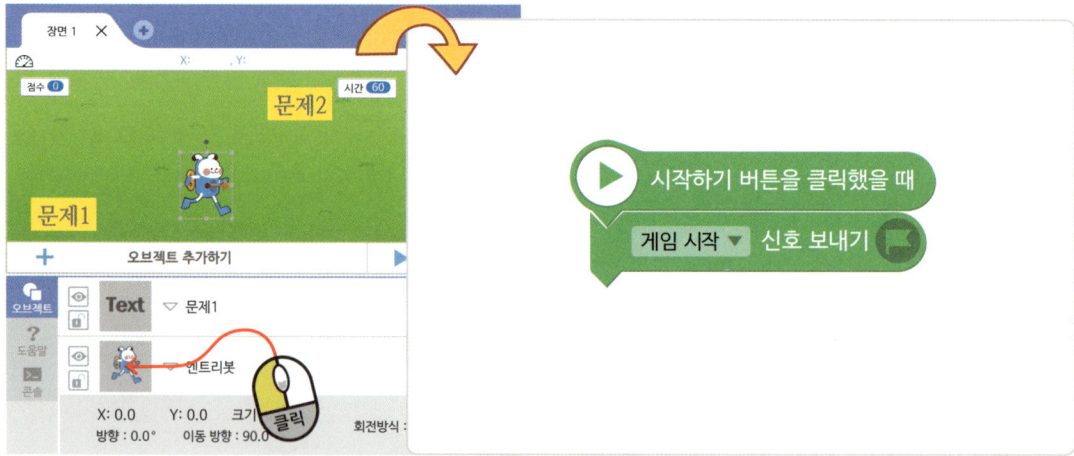

게임이 끝나면 점수를 글상자로 보여주면 더 좋을 것 같습니다.

아래 그림처럼 '게임 결과'라는 글상자를 만듭니다.

이 글상자에 [점수] 값을 써서 점수를 보여주면 됩니다.

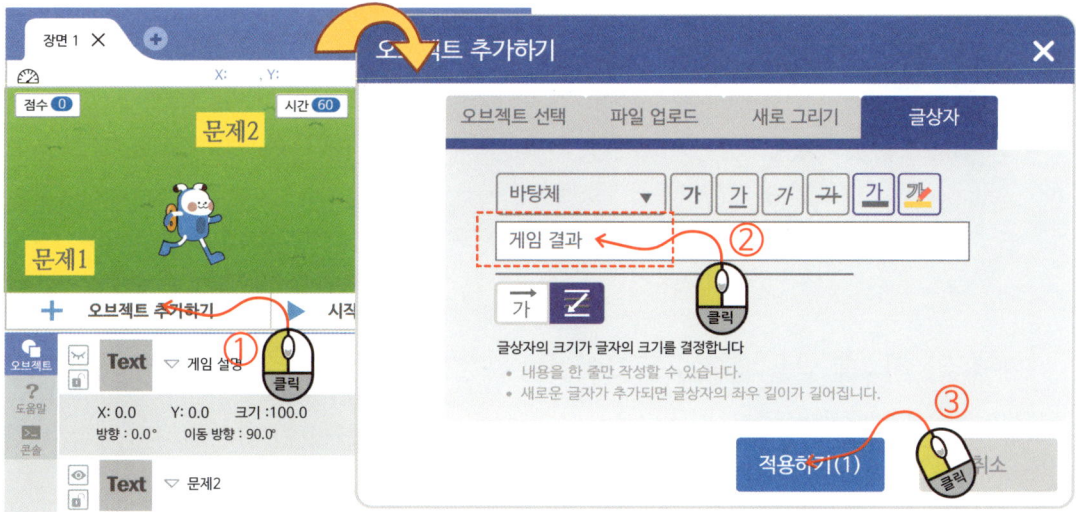

처음에는 장면 창에서 보이지 않도록 눈 모양을 클릭합니다.

4. 수의 크기를 비교해요

'게임 결과' 글상자에 코딩을 합니다.

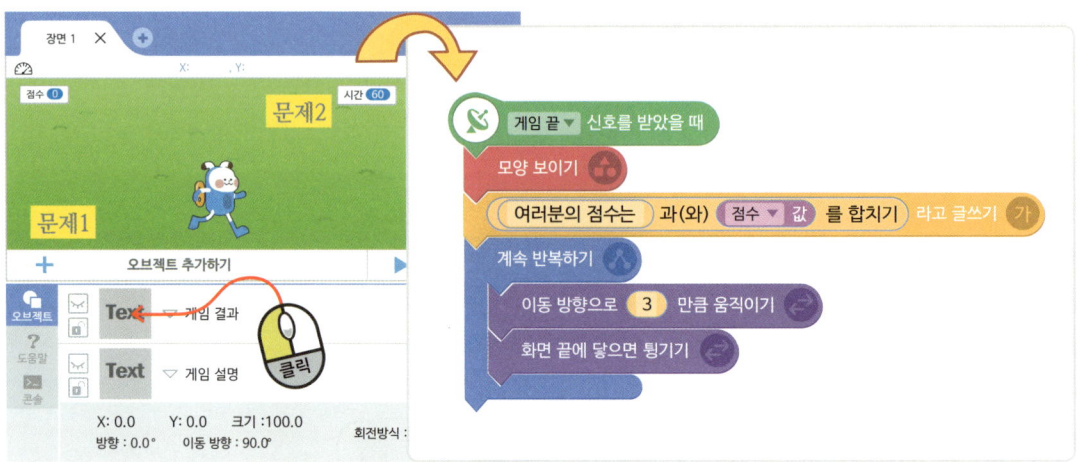

〈게임 끝〉 신호를 받을 때 점수를 보여줘야 하겠죠?

〈합치기〉 블록을 사용하면 '여러분의 점수는'과 [점수] 변숫값이 합쳐집니다. [점수] 변숫값이 10이면 '여러분의 점수는 10'이라고 글을 쓰는 것이죠. 그리고 왼쪽-오른쪽으로 계속 움직입니다.

잘 되는지 확인해 볼까요? 앞에서 [시간] 변수의 기본값을 60으로 정했습니다.

게임이 끝나려면 60초를 기다려야 합니다. 더 빨리 확인해보고 싶지 않나요?

기본값을 5로 정하면 더 빨리 확인할 수 있습니다. 5초만 기다리면 되기 때문이죠.

게임이 끝나면 오른쪽 그림처럼 됩니다. 잘 되네요.

그런데 '문제 1'과 '문제 2' 글상자가 계속 움직입니다. 그러면 게임이 끝나도 점수가 바뀌는 경우가 생길 수 있습니다.

어떻게 하면 될까요? '문제 1'과 '문제 2' 글상자가 〈게임 끝〉 신호를 받았을 때 모양을 숨기면 됩니다. 아래와 같이 '문제 1'과 '문제 2' 글상자에 코딩을 합니다.

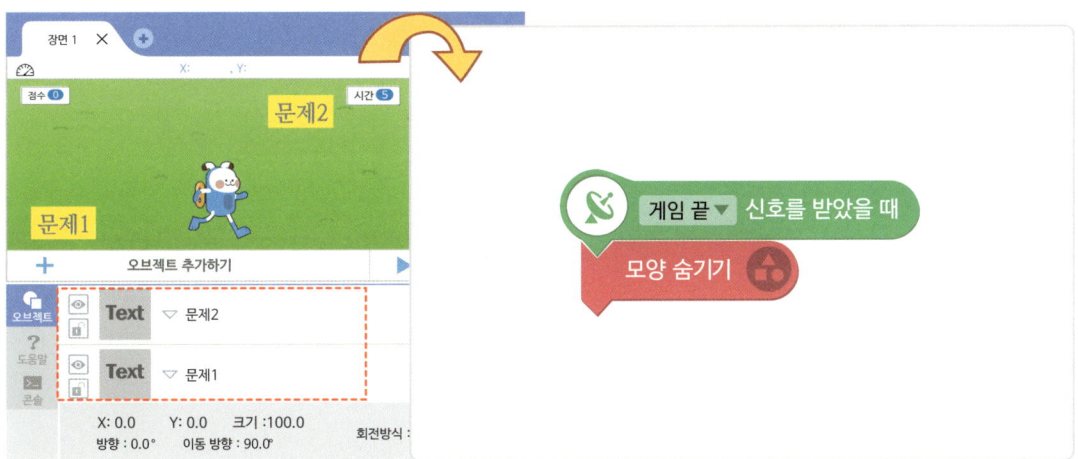

잘 되는지 확인해 봐야겠죠? 게임이 끝나면 그림처럼 '문제 1'과 '문제 2' 글상자가 보이지 않게 됩니다.

4. 수의 크기를 비교해요

[시간] 변수의 기본값을 원래대로 60으로 바꿉니다.

좌표와 무작위 수를 사용해서 수의 크기를 비교하는 게임을 만들어 봤습니다.

어렵지 않았죠?

좌표를 사용하면 멋진 작품을 더 쉽게 만들 수 있습니다.

좌표를 사용해서 여러 가지 작품을 만들어 보세요.

 ## 배운 내용을 정리해요.

'문제 1'이라고 쓴 글상자에 아래와 같이 코딩을 했습니다.

코딩에 대한 설명으로 옳지 <u>않은</u> 것을 고르세요.

① 이 글상자에는 세 자리 수가 써집니다.

② 〈게임 시작〉 신호를 받았을 때 이동방향으로 계속 움직입니다.

③ [빠르기] 변숫값을 크게 바꾸면 글상자는 더 빨리 움직입니다.

④ 오른쪽 벽에 닿을 때마다 [문제 1 값] 변숫값을 새로 정합니다.

⑤ 움직이다가 오른쪽 벽에 닿으면 오른쪽 벽과 가까운 곳으로 움직입니다.

	스스로 평가해요.	확인
1	부등호를 사용해서 코딩을 할 수 있어요.	
2	〈~닿았다면〉 블록을 사용해서 게임을 만들 수 있어요.	
3	게임이 끝나면 〈합치기〉 블록을 사용해서 점수를 보여줄 수 있어요.	
4	순차, 반복, 조건, 변수를 이해할 수 있어요.	

답은 토마토출판사 카페(http://cafe.naver.com/arduinofun)에서 확인할 수 있습니다.

4. 수의 크기를 비교해요

5 도형을 분류해요

이번 시간에는 도형을 분류하는 게임을 만들어 보겠습니다.

〈우리가 만들 게임〉

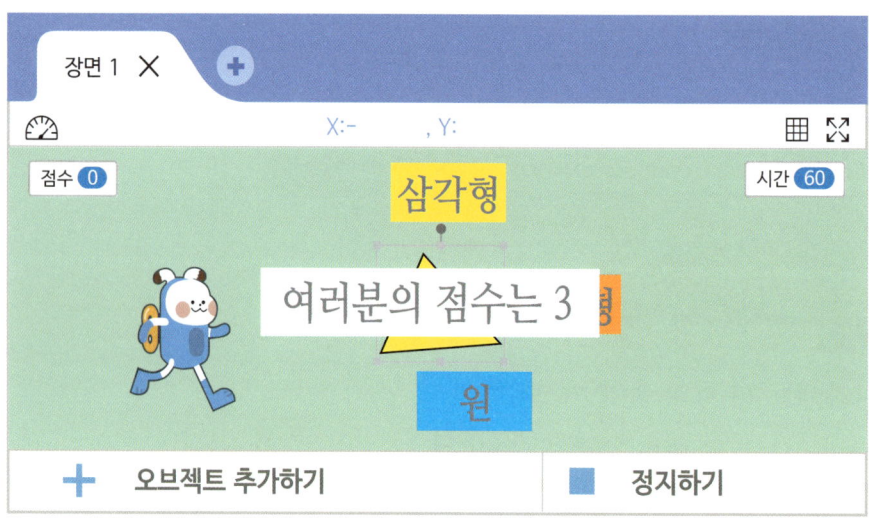

장면 창 가운데에 삼각형, 사각형, 원 중에서 하나의 모양이 나옵니다.

이것을 화살표 키를 사용해서 분류합니다. 화살표 키를 누르면 가운데에 나온 도형은 화살표 키가 가리키는 방향으로 움직입니다.

삼각형이면 위쪽 화살표(↑) 키를 누릅니다.

사각형이면 오른쪽 화살표(→) 키를 누릅니다.

원이면 아래쪽 화살표(↓) 키를 누릅니다.

바르게 분류하면 점수를 올려줍니다.

그리고 게임을 할 수 있는 '제한 시간'을 정합니다.

이 시간이 다 되면 얻은 점수를 글상자로 보여줍니다.

표로 정리해볼까요?

1	장면 창 가운데에 삼각형, 사각형, 원 중에서 하나의 모양이 나온다.
2	화살표 키를 눌러 도형을 분류한다.
3	화살표 키를 누르면 화살표 키가 가리키는 방향으로 도형이 움직인다.
4	바르게 분류하면 점수를 올려준다.
5	'제한 시간'이 다 되면 글상자가 나와 점수를 보여준다.

엔트리봇에 코딩된 블록을 지웁니다.

삼각형, 사각형, 원 모양을 사용해서 코딩을 해야 합니다. 어떻게 하면 될까요?

엔트리에서 직접 그림을 그려서 코딩을 해보겠습니다.

〈오브젝트 추가하기〉→〈새로 그리기〉→〈이동하기〉를 순서대로 클릭하면 직접 그림을 그릴 수 있습니다.

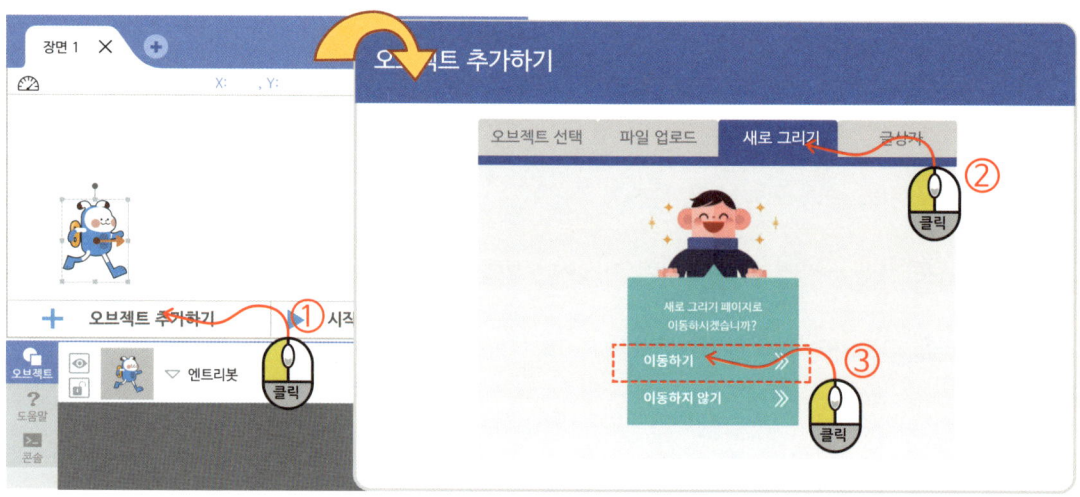

왼쪽에 여러 가지 메뉴가 있는데 빨간색으로 표시한 〈직선〉 메뉴를 클릭합니다.
그러면 그림판에 직선을 그릴 수 있고 선의 굵기와 색깔도 바꿀 수 있습니다.

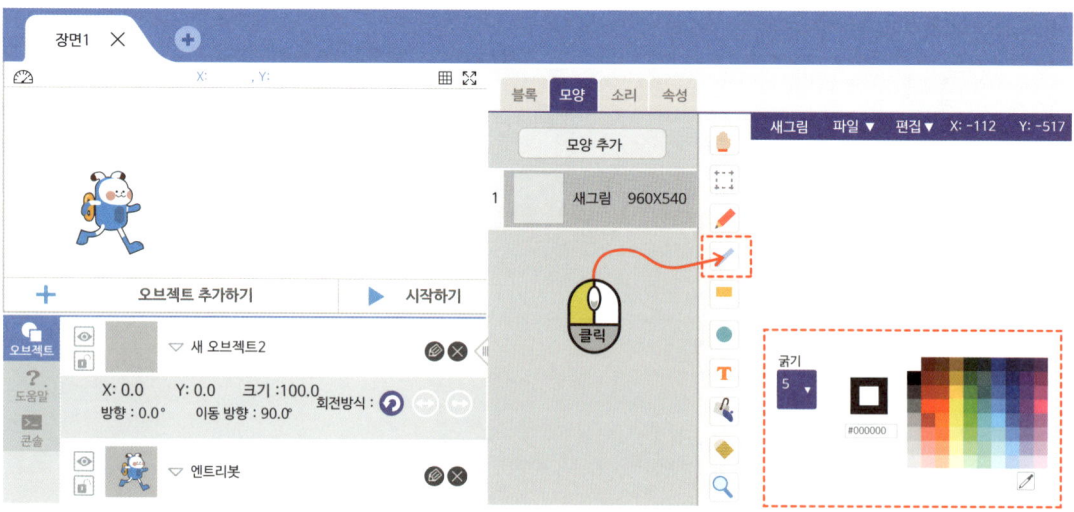

한 곳을 정해서 마우스 왼쪽 버튼을 클릭합니다. 마우스 버튼에서 손가락을 떼지 말고 다른 곳으로 마우스를 옮깁니다.

원하는 곳으로 마우스를 옮기고 마우스 버튼에서 손가락을 떼면 선이 그려집니다.

아래 그림처럼 선을 세 개 그려 삼각형을 만듭니다.

5. 도형을 분류해요

〈채우기〉 메뉴를 클릭해서 원하는 색깔을 고르고 삼각형의 가운데 부분을 클릭하면 색이 칠해집니다.

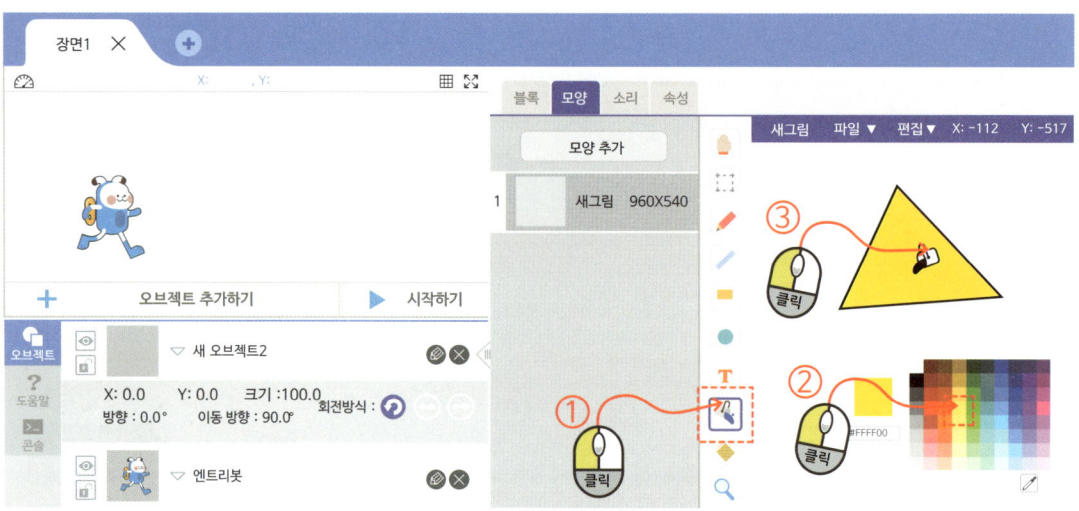

그린 삼각형이 선으로 다 연결이 되지 않고 틈이 있으면 아래 그림처럼 됩니다.

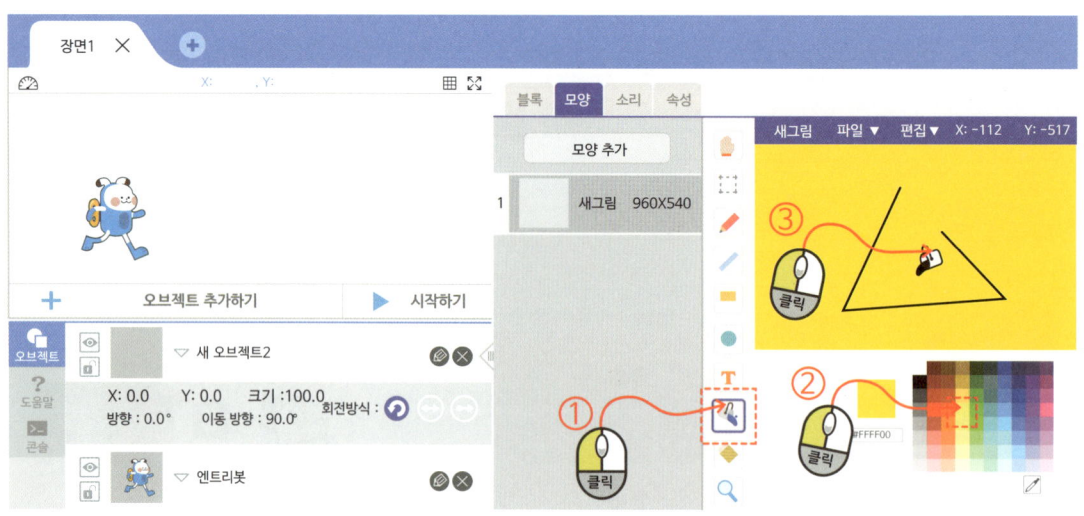

그린 그림은 〈파일〉→〈저장하기〉를 순서대로 클릭해서 저장합니다.

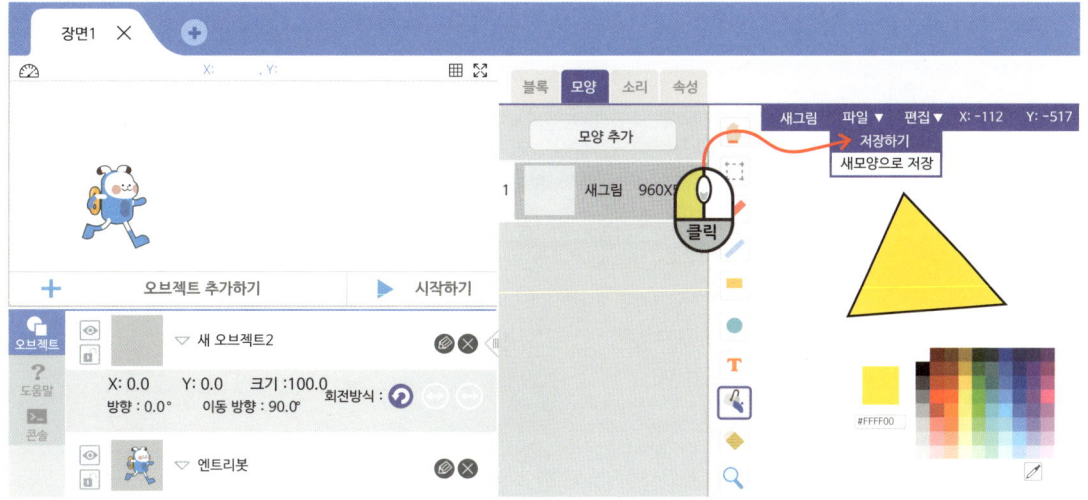

오른쪽 그림처럼 만듭니다.

아래 그림처럼 그린 오브젝트의 이름을 '모양'으로 바꿉니다. 이름을 정해야 코딩할 때 헷갈리지 않습니다. 이름을 '삼각형'으로 짓습니다.

사각형도 그려줘야 하겠죠? 〈모양 추가〉를 클릭합니다.

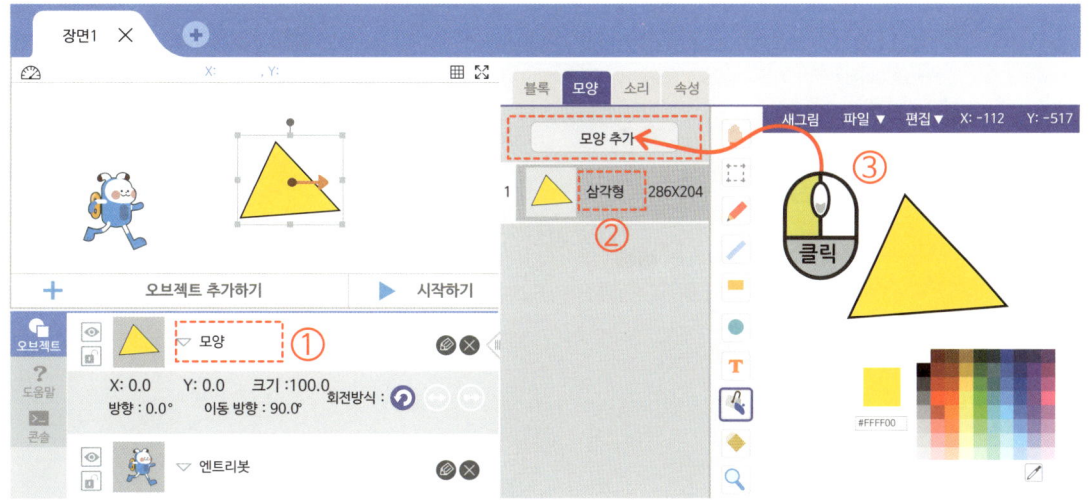

5. 도형을 분류해요

다시 〈새로 그리기〉→〈이동하기〉를 순서대로 클릭합니다.

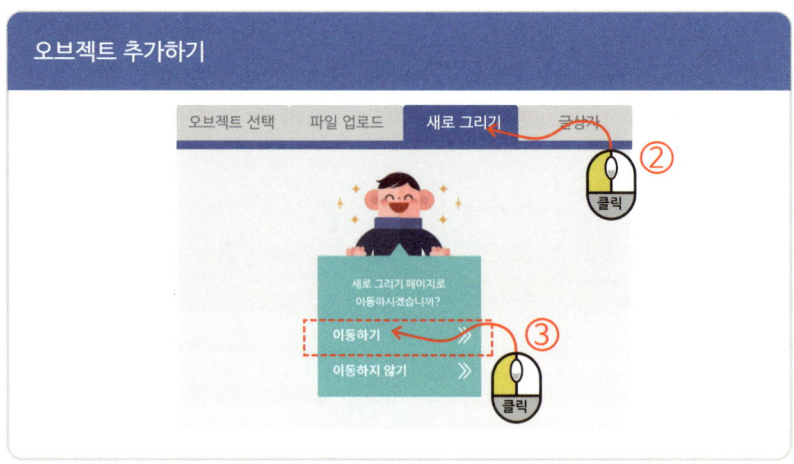

왼쪽 메뉴에서 〈사각형〉 메뉴를 고르고 사각형을 그립니다. 아래쪽 그림에서 빨간색으로 표시한 곳을 클릭하면 사각형의 면 색과 테두리 색을 고를 수 있습니다.

면 색은 녹색으로, 테두리 색은 검정으로 합니다.

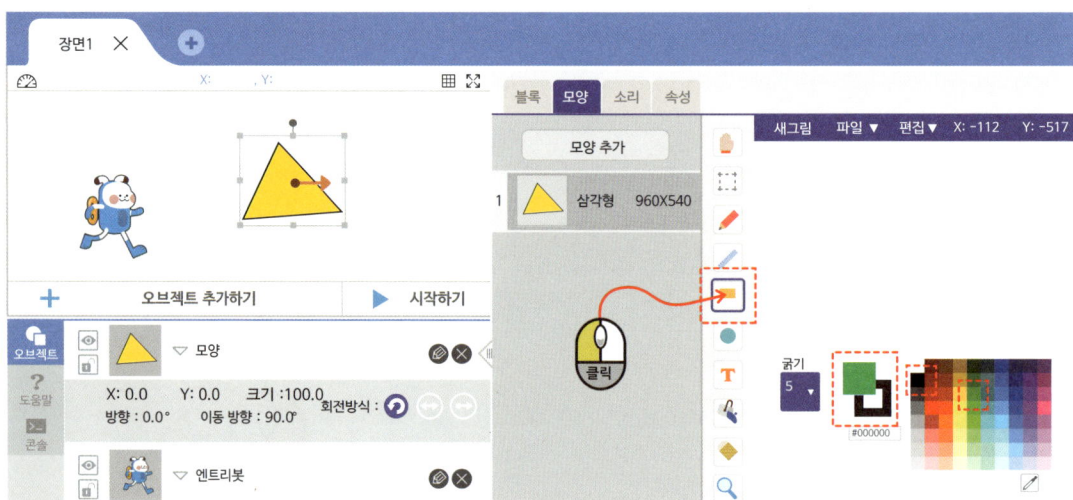

마우스 왼쪽 버튼을 클릭하고 드래그 해서 사각형을 그립니다.

그린 그림은 저장해야겠죠?

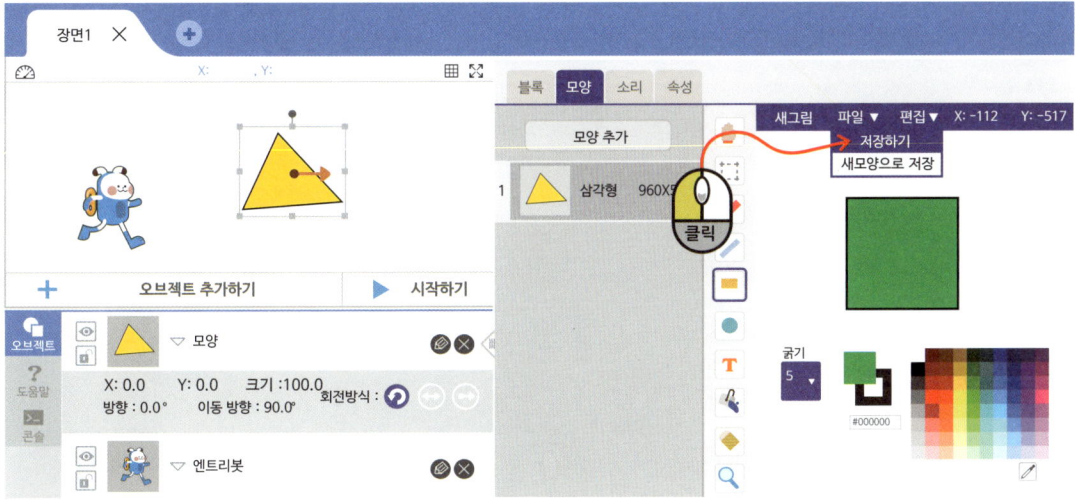

모양 이름을 '사각형'으로 짓습니다.

'사각형' 모양을 클릭하면 아래 그림처럼 됩니다.

이제 원을 그려야 하겠죠?

같은 방법으로 〈모양 추가〉를 클릭하고, 〈원〉 메뉴를 고릅니다.

바탕은 파란색, 테두리는 검은색을 선택해서 마우스를 드래그해서 원을 그립니다.

저장을 해야겠죠?

'원'이라고 이름을 짓습니다.

'원' 모양을 클릭하면 장면 창이 아래 그림처럼 됩니다.

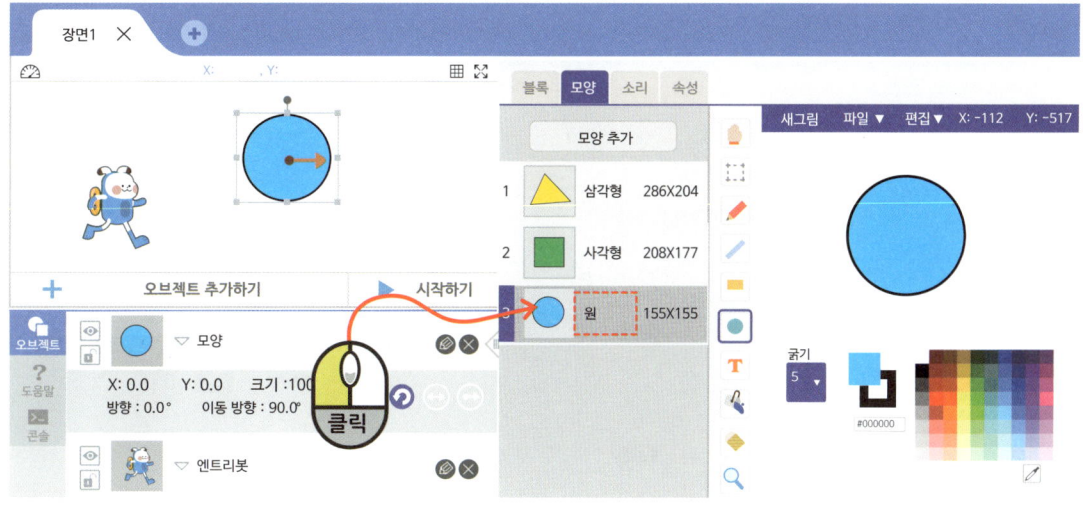

그림을 그리다 보면 한 모양만 크기가 작을 때가 있습니다.

예를 들어 '원' 모양이 작을 때 '원' 모양을 클릭하면 오른쪽에 모양이 나옵니다. '원' 모양을 보면 점이 있는데 이것을 드래그해서 크기를 바꿀 수 있습니다.

장면 창에서 오브젝트 크기를 바꾸는 방법과 같습니다.

5. 도형을 분류해요

크기를 바꾸면 다시 저장을 해야 합니다.

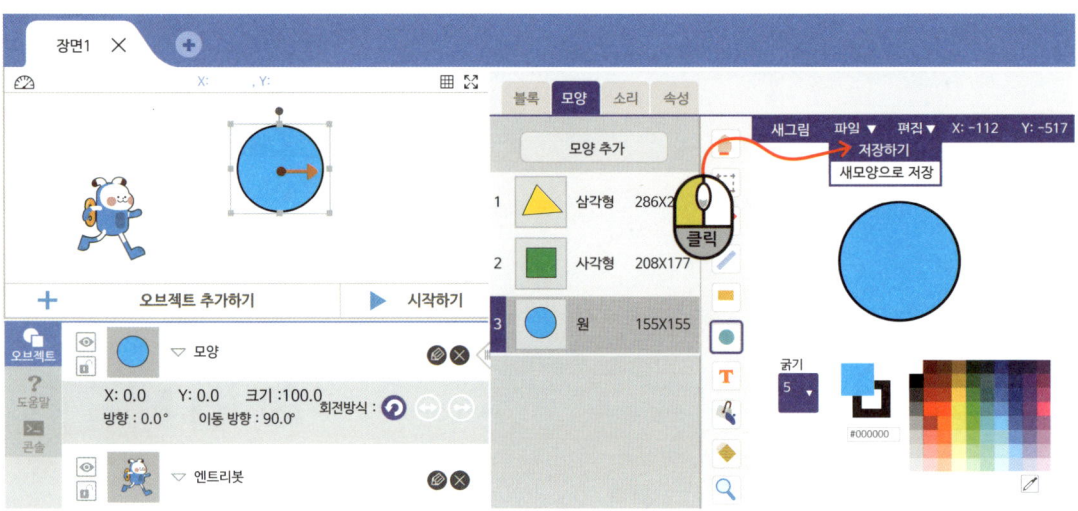

'모양' 오브젝트를 화면 가운데로 옮기고 코딩을 해볼까요?

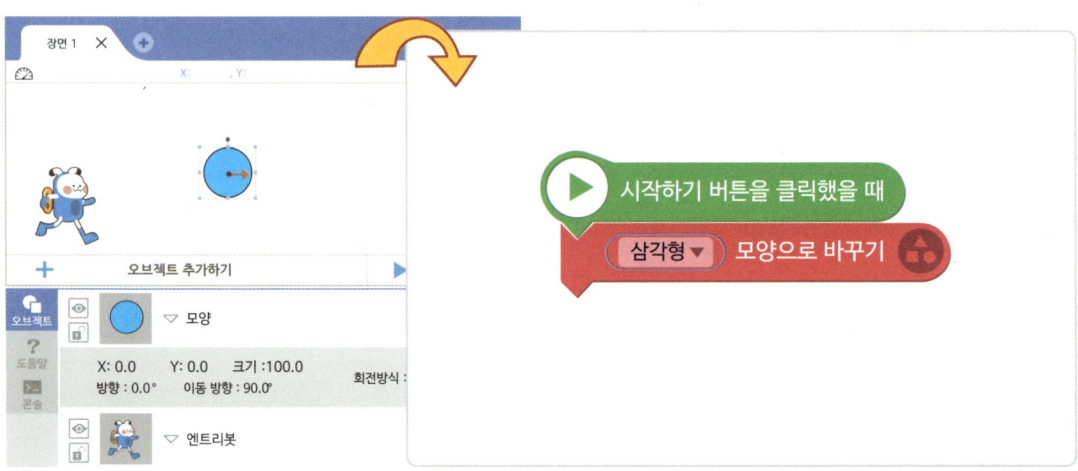

그러면 오른쪽 그림처럼 됩니다.

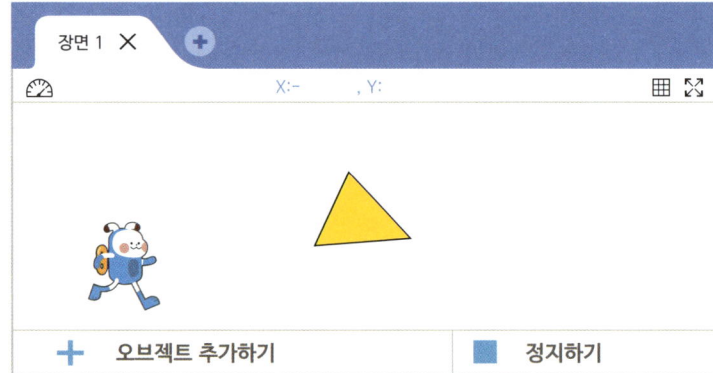

다음과 같이 코딩을 하면 모양이 사각형으로 바뀌겠죠?

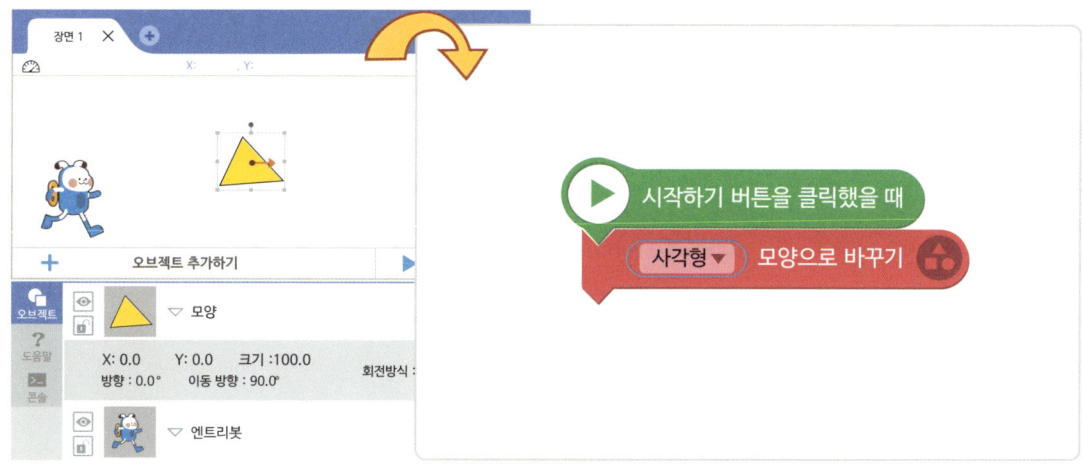

오른쪽 그림처럼 모양이 바뀝니다.

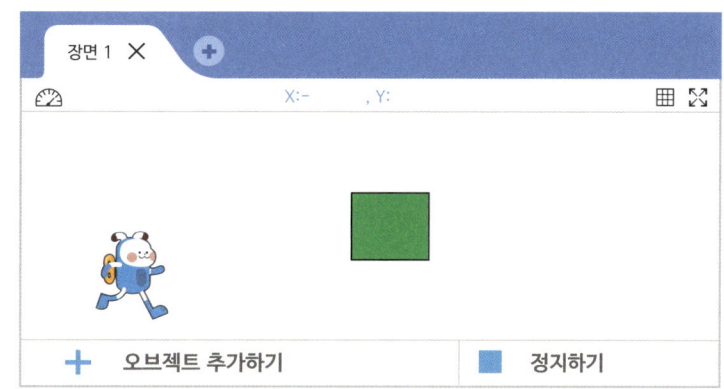

숫자를 사용해서 모양을 바꿀 수도 있습니다.

〈삼각형〉 블록을 〈~ 모양으로 바꾸기〉 블록에서 떼어 내고 '1'이라고 적습니다.

5. 도형을 분류해요

그러면 '삼각형' 모양으로 바뀝니다.

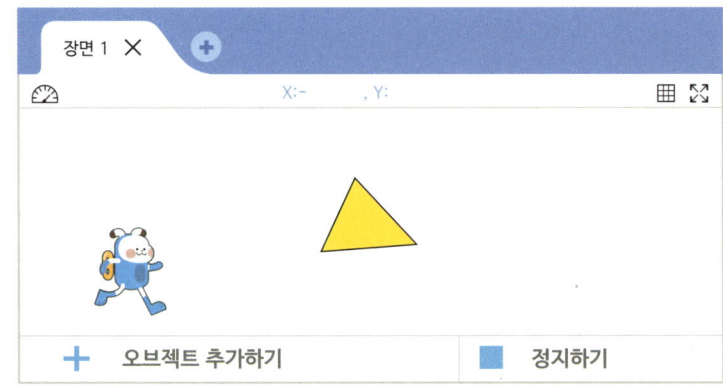

'3' 모양으로 바꾸면 어떻게 될까요?

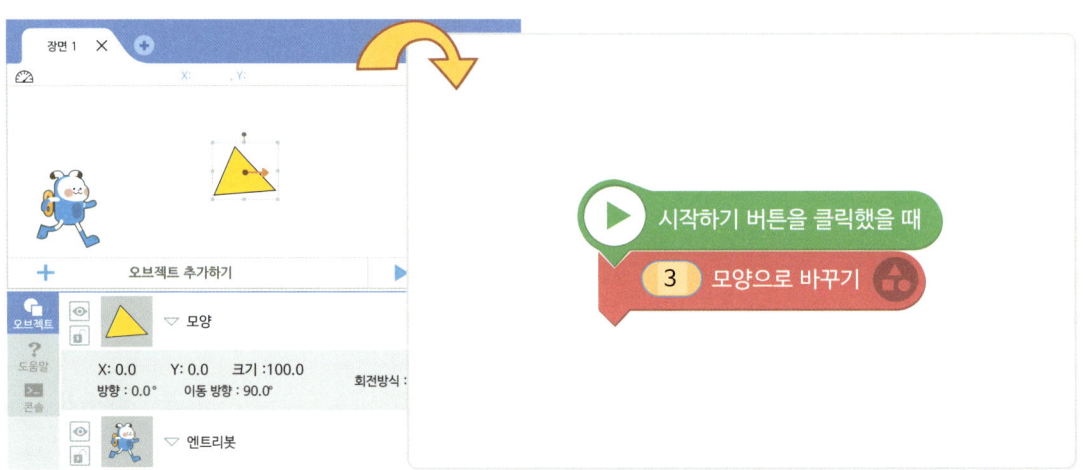

오른쪽 그림처럼 '원' 모양으로 바뀝니다.

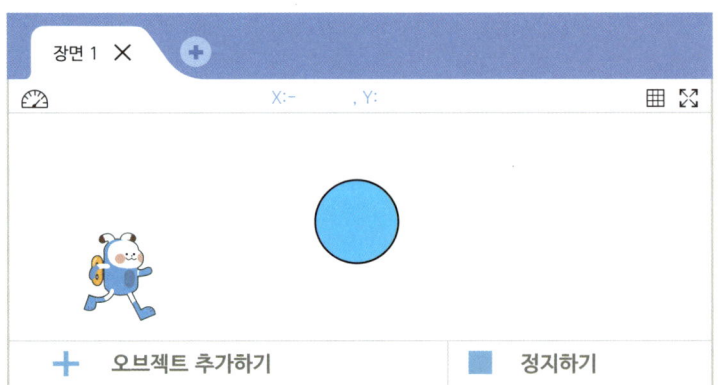

아래 그림처럼 코딩을 하면 어떻게 될까요?

〈시작하기〉를 클릭하면 경고창이 나옵니다. 코딩을 잘못한 것이죠.

모양 앞에 숫자가 보이나요?

이것이 모양의 번호입니다. 이 번호를 사용해서 모양을 바꿀 수 있습니다.

번호가 '3'까지 있습니다. '4'는 없는 번호이기 때문에 숫자 4를 사용해서 모양을 바꿀 수 없는 겁니다.

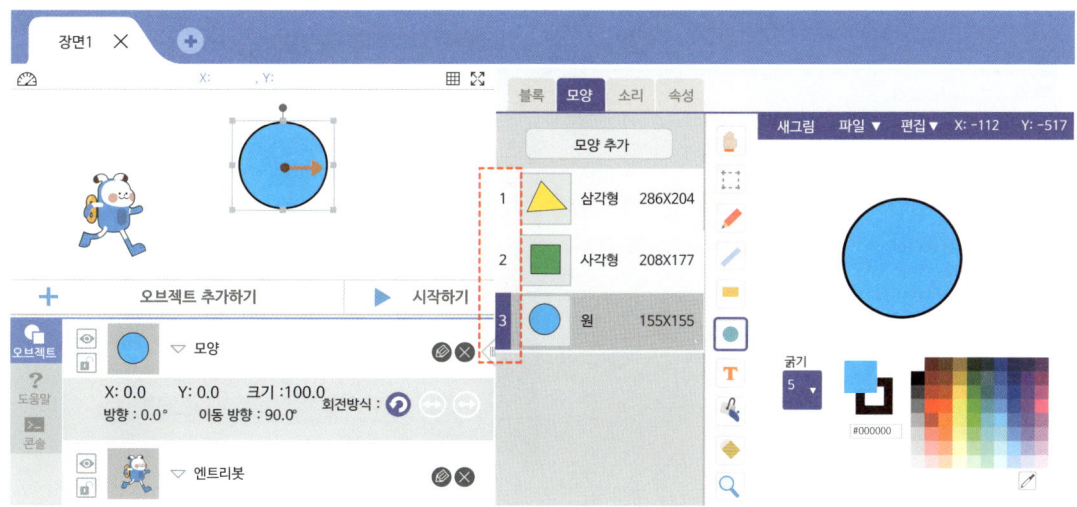

5. 도형을 분류해요

[모양] 변수를 만들고 기본값을 '1'로 정합니다.

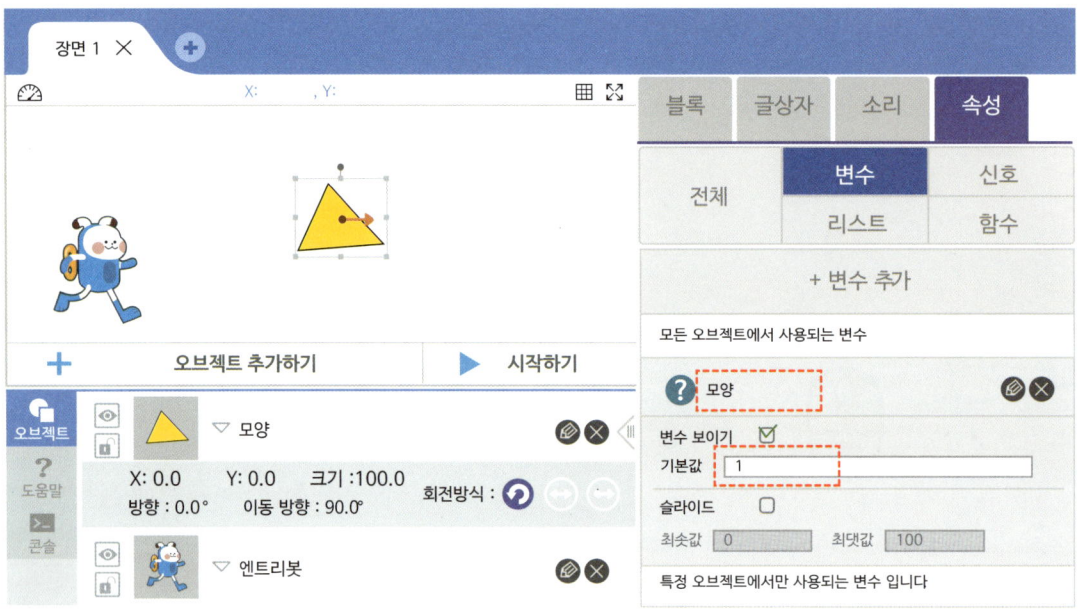

아래와 같이 코딩하면 [모양] 변숫값이 1씩 커집니다.

그러다가 4가 되면 다시 [모양] 변숫값을 1로 정합니다.

이 [모양] 변숫값에 따라서 '모양' 오브젝트의 모양이 바뀝니다.

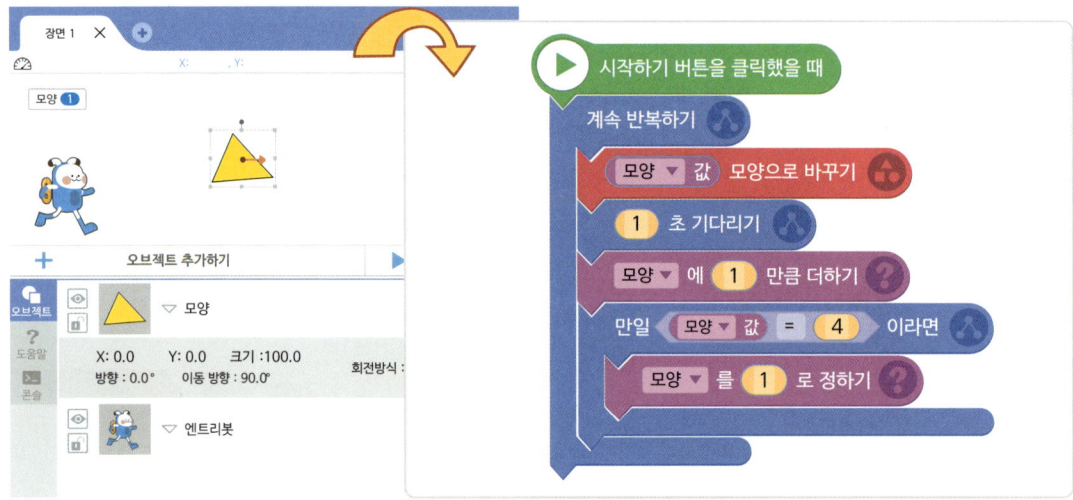

그러면 다음 그림처럼 '삼각형→사각형→원' 순서로 1초마다 모양이 바뀌게 됩니다.

코드를 아래 그림처럼 바꾸면 세 가지 모양 중에서 하나를 골라서 모양이 계속 바뀌겠죠? 무작위 수를 사용해서 다음에 어떤 모양으로 바뀔지 모르게 해야 합니다.

색깔을 바꾸는 방법도 배워 봅시다. 아래 그림처럼 코딩합니다. 모양을 바꾸는 코드는 잠시 옆으로 옮겨 놓습니다. 나중에 이 코드를 다시 사용할 것입니다.

5. 도형을 분류해요

〈색깔 효과를 ~만큼 주기〉 블록을 사용하면 오브젝트의 색깔이 바뀝니다.

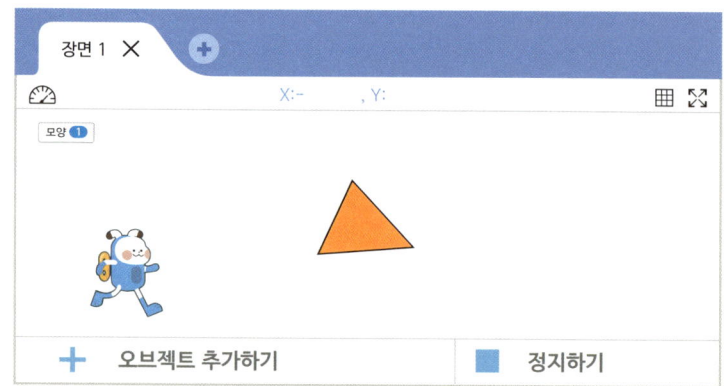

다음과 같이 코딩을 하면 어떻게 될까요?

아래 그림처럼 색깔이 계속 바뀌게 되겠죠?

색깔 효과는 1부터 99까지 줄 수 있습니다.

색깔 효과 100을 주면 색깔이 변하지 않습니다. 원래 색깔로 바뀌는 것이죠.

그래서 색깔 효과 5를 준 것과 105를 준 것은 색깔이 같습니다.

'모양'에 다음과 같이 코딩을 하면 1초마다 모양과 색깔이 무작위로 바뀝니다.

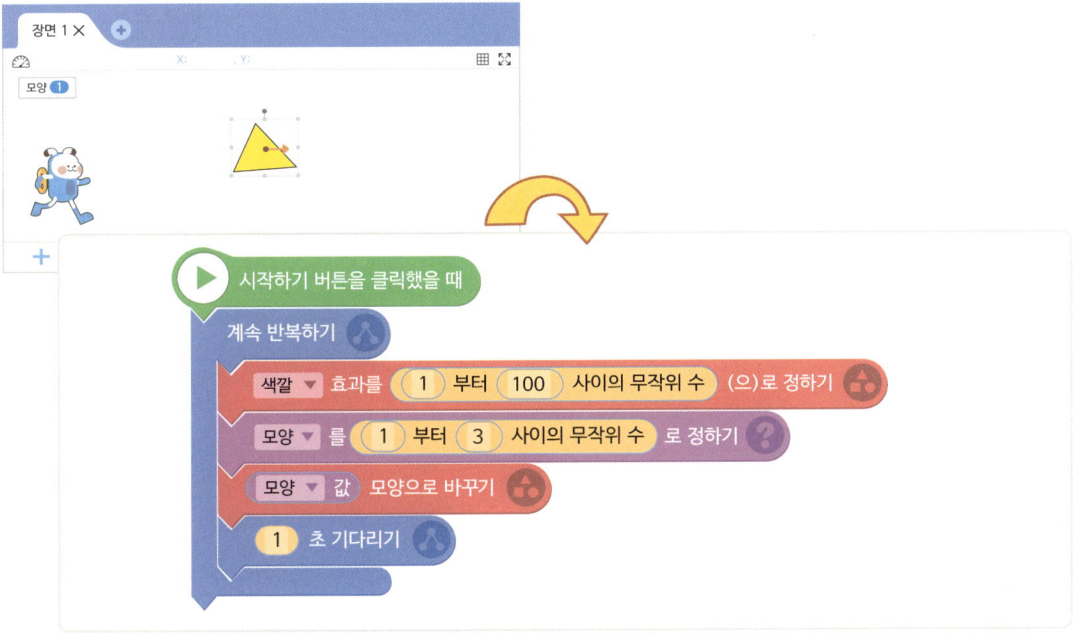

모양과 색깔을 바꾸는 방법을 잘 알 수 있겠죠?

[모양] 변수가 장면 창에서 보이지 않게 합니다.

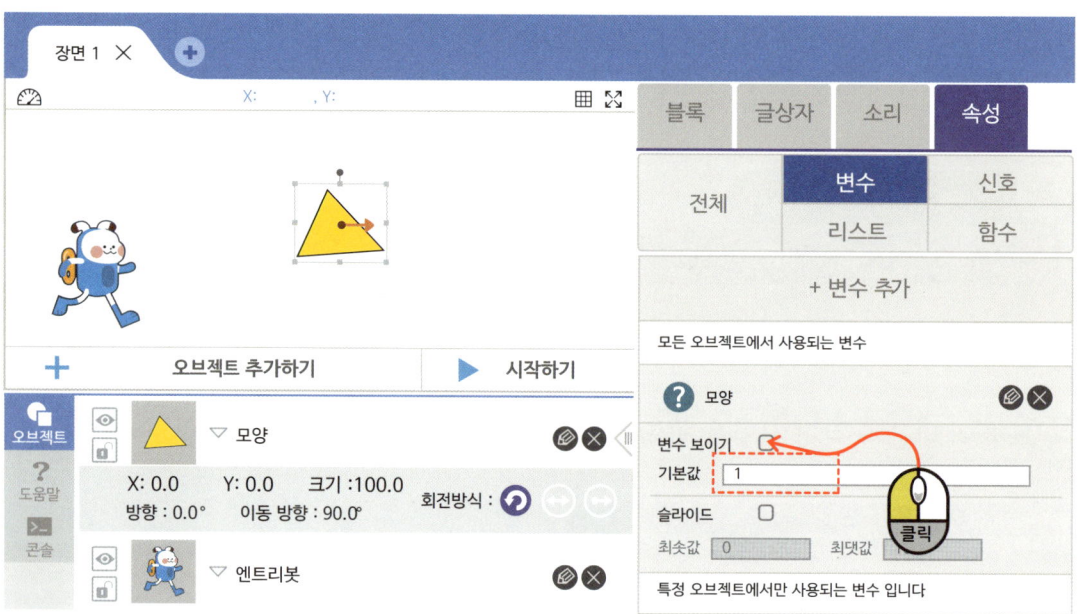

화살표 키를 눌렀을 때 '모양' 오브젝트가 움직이는 곳을 만들어야 합니다.

글상자를 만들고 배경색을 노란색으로 하고 '삼각형'이라고 씁니다.

글상자를 선택하여 이름을 '삼각형'으로 바꿉니다.

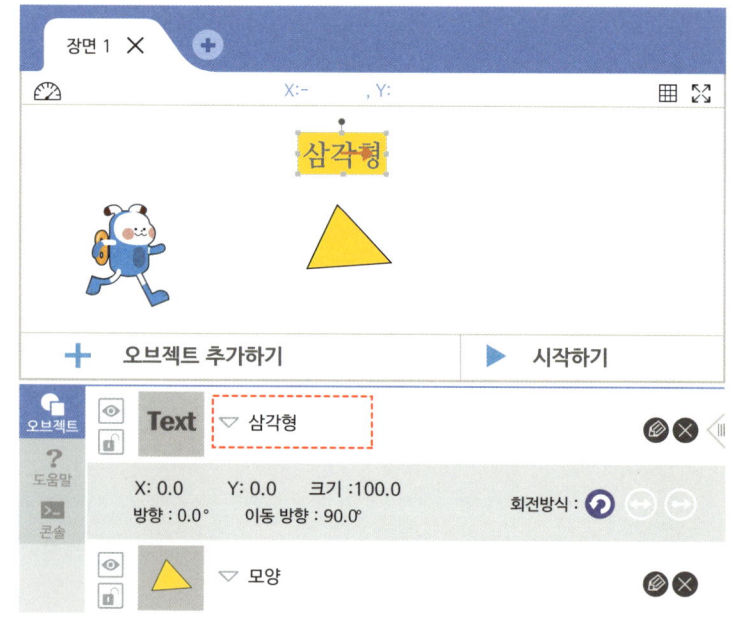

'사각형' 글상자도 만들어야겠죠?

'삼각형' 글상자를 복제해서 만들 수 있습니다.

글상자를 선택하고 삼각형을 '사각형'이라고 바꿔줍니다.

배경색도 주황색으로 바꿉니다.

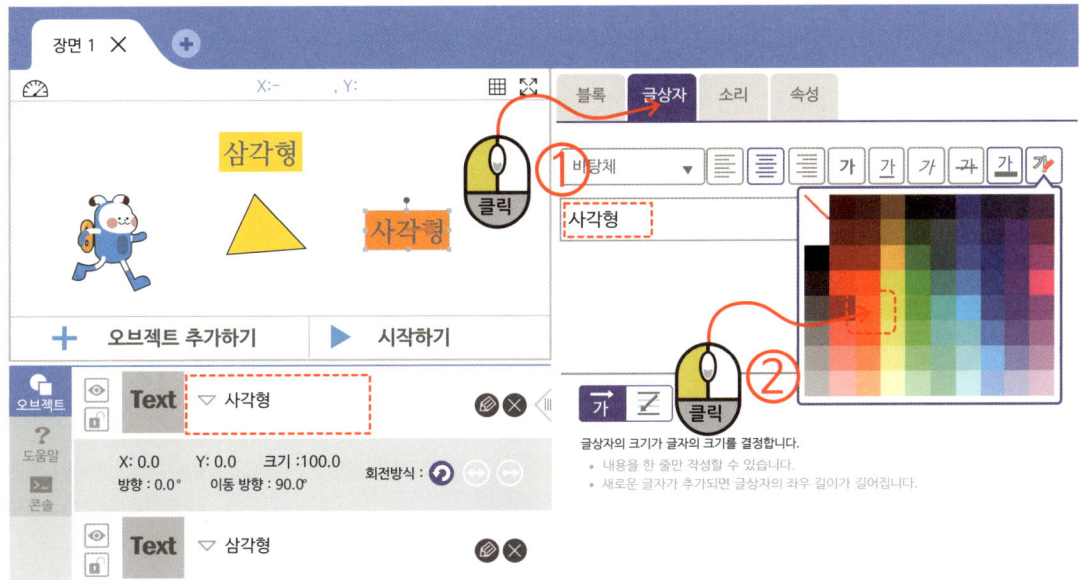

5. 도형을 분류해요

마찬가지로 사각형 글상자를 복제하고 '사각형'을 '원'으로 바꿉니다.

배경색도 파란색으로 바꿔줍니다.

그런데 '원'이라고 글을 쓰면 글상자의 가로 길이가 짧아집니다.

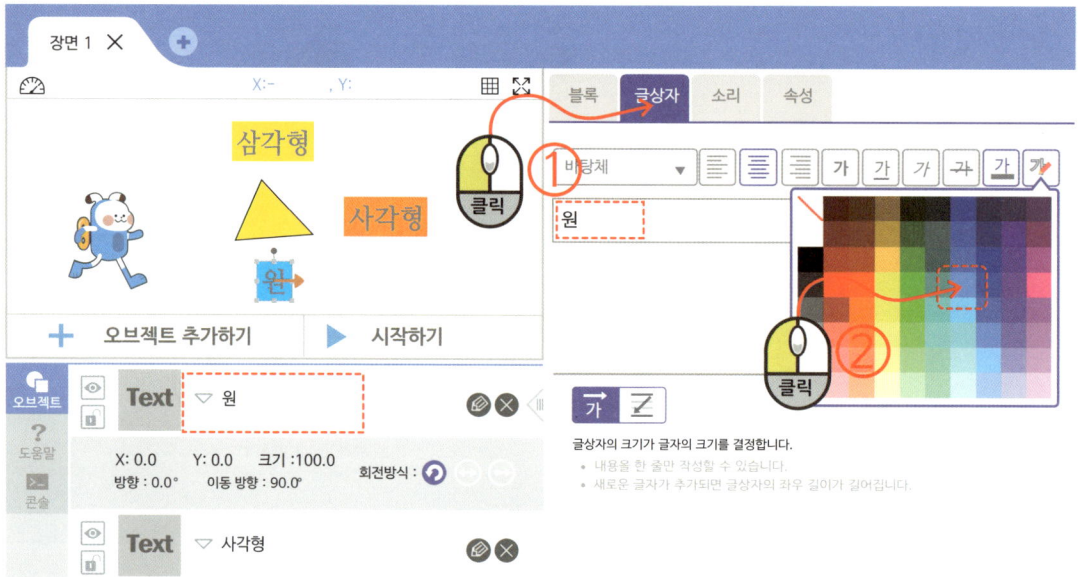

글상자의 크기를 바꾸면 글자의 크기도 바뀝니다.

그러면 글상자 박스가 너무 커집니다.

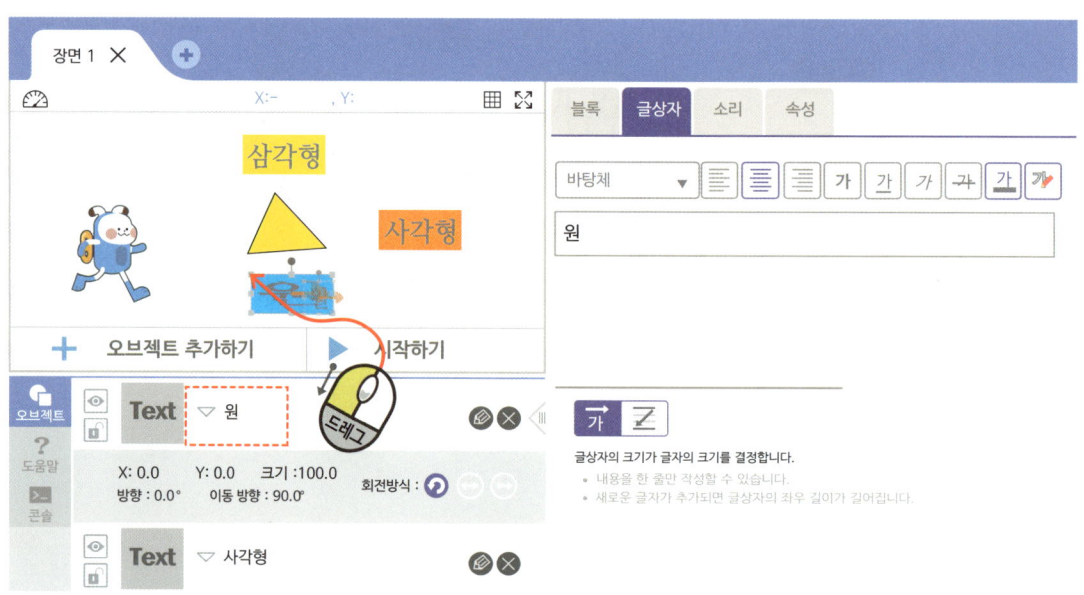

Chapter 2 수학

어떻게 하면 될까요?

아래 그림의 빨간색 부분 ① 을 클릭하면 여러 줄로 글을 쓸 수 있죠? 이것을 클릭하면 글상자의 크기가 바뀌어도 글자의 크기가 바뀌지 않습니다. 어때요 참 신기하죠?

〈글자 크기〉 버튼 ② 를 사용해서 글자의 크기를 바꿀 수 있습니다.

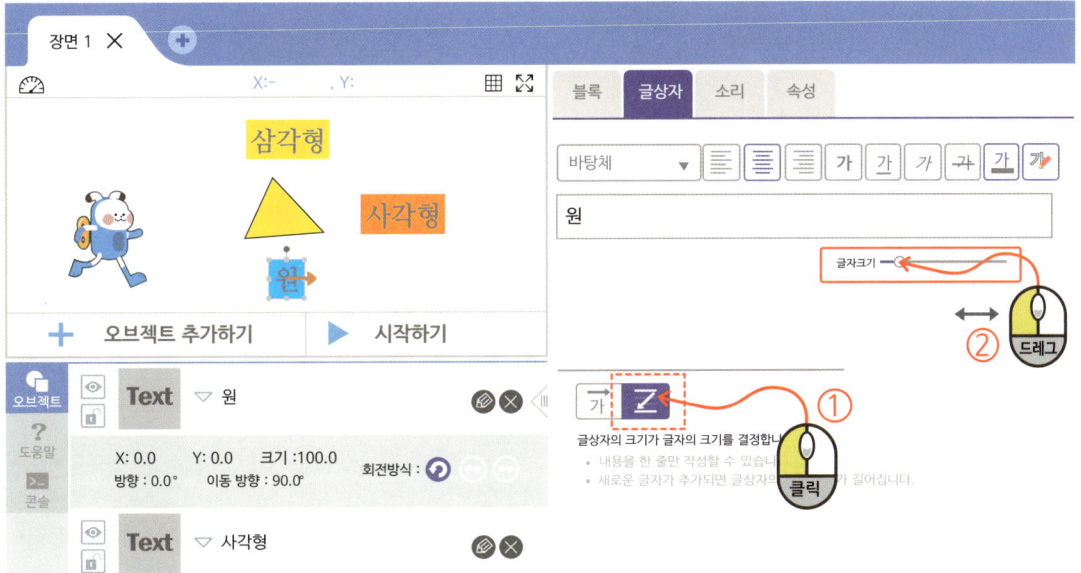

'원' 글상자의 가로 길이가 다른 글상자와 같도록 만듭니다.

5. 도형을 분류해요

'모양' 오브젝트를 선택하고 〈게임 시작〉 신호를 만듭니다.

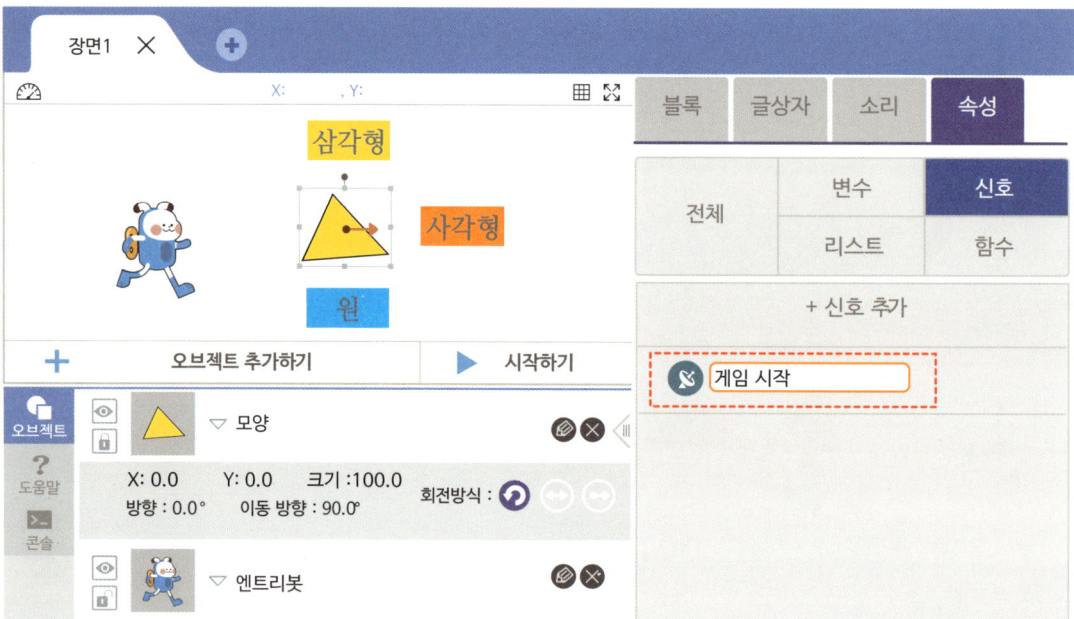

아래와 같이 코딩합니다. 이번에는 게임을 먼저 만들고 게임을 설명하는 글상자는 나중에 만들겠습니다. 게임을 만들 때 신호를 사용해서 게임이 시작하도록 코딩을 하는 것이 좋습니다.

'모양' 오브젝트가 〈게임 시작〉 신호를 받으면 색깔과 모양이 무작위로 정해집니다. 그러면 '모양' 오브젝트는 삼각형, 사각형, 원 중에서 모양이 바뀌겠죠?

화살표 키를 눌러서 모양을 분류합니다.

[q 키를 눌렀을 때] 블록을 사용해서 코딩을 하면 됩니다.

〈q〉를 클릭하면 키보드 모양이 나옵니다. 여기서 원하는 키를 누르면 됩니다.

위쪽 화살표(↑) 키를 누릅니다.

다음과 같이 코딩을 합니다.

위쪽 화살표 키를 눌렀을 때 '삼각형' 글상자 쪽으로 움직입니다.

5. 도형을 분류해요

오른쪽 그림처럼 되겠죠?
그런데 '삼각형' 글상자가 '모양' 오브젝트를 가립니다.

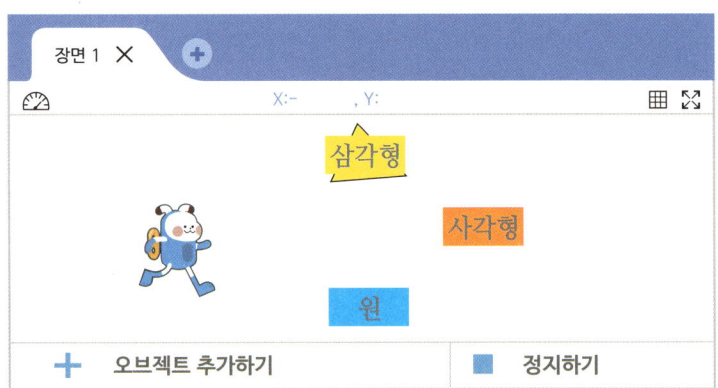

어떻게 하면 될까요?
〈오브젝트 창〉에서 '모양' 오브젝트가 맨 위로 오도록 순서를 바꿉니다.

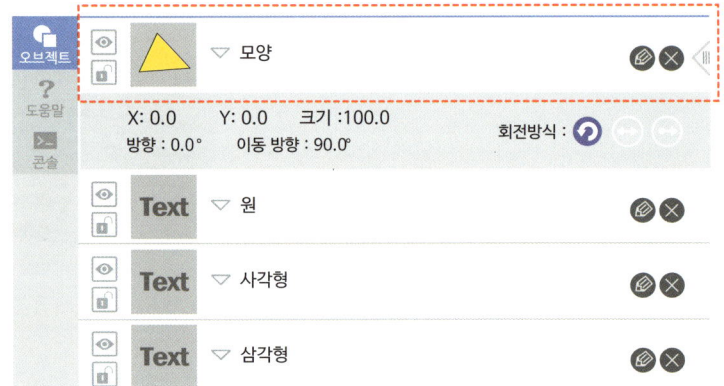

그러면 '모양' 오브젝트가 맨 앞에 있게 됩니다.

〈정답〉과 〈틀렸다〉 신호를 만듭니다.

신호를 사용하면 코딩을 더 쉽게 할 수 있습니다.

'모양' 오브젝트에 코딩을 합니다.

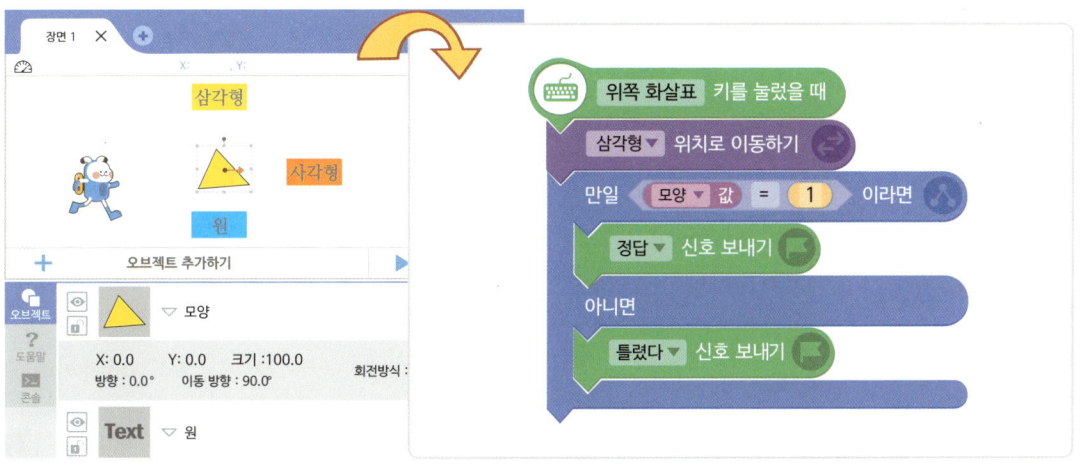

삼각형은 1번 모양입니다. 그래서 위쪽 화살표 키를 눌러서 '삼각형' 글상자로 움직였는데 만일 [모양] 변숫값이 1이면 정답입니다. 그렇지 않으면 틀린 것이죠.

5. 도형을 분류해요

'모양' 오브젝트는 원래 있던 곳으로 다시 돌아와야 합니다. 어떻게 해야 할까요?

'모양' 오브젝트가 돌아와야 하는 곳에 오브젝트를 놓아서 코딩을 하면 됩니다. 아니면 좌표를 사용해서 코딩을 해도 됩니다.

이 책에서는 오브젝트를 놓아서 코딩을 하겠습니다.

여러분이 원하는 오브젝트를 고릅니다. 이 책에서는 '공책' 오브젝트를 골랐습니다.

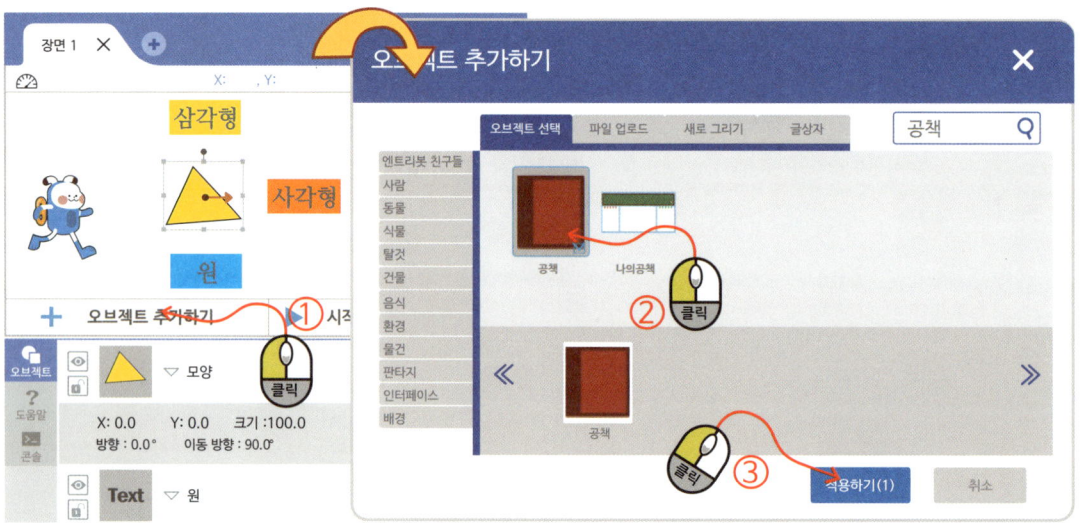

'공책' 오브젝트를 넣고 눈 모양을 클릭해서 장면 창에서 보이지 않게 합니다.

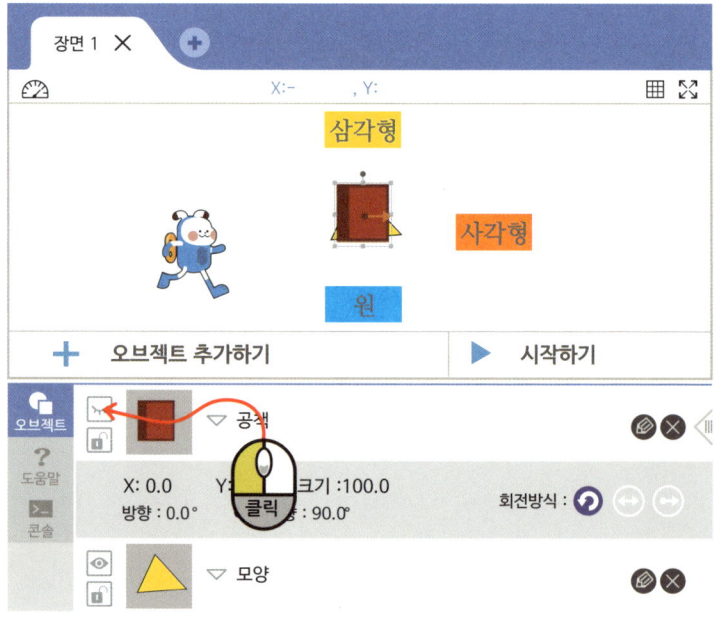

182 Chapter 2 수학

[점수] 변수를 만들고, '모양' 오브젝트에 코딩을 합니다.

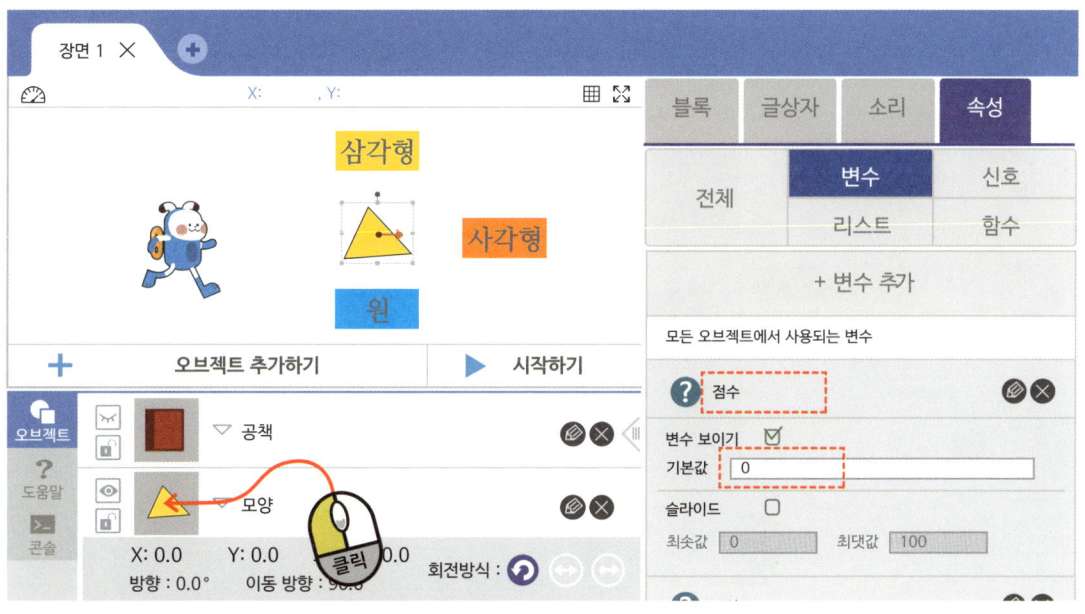

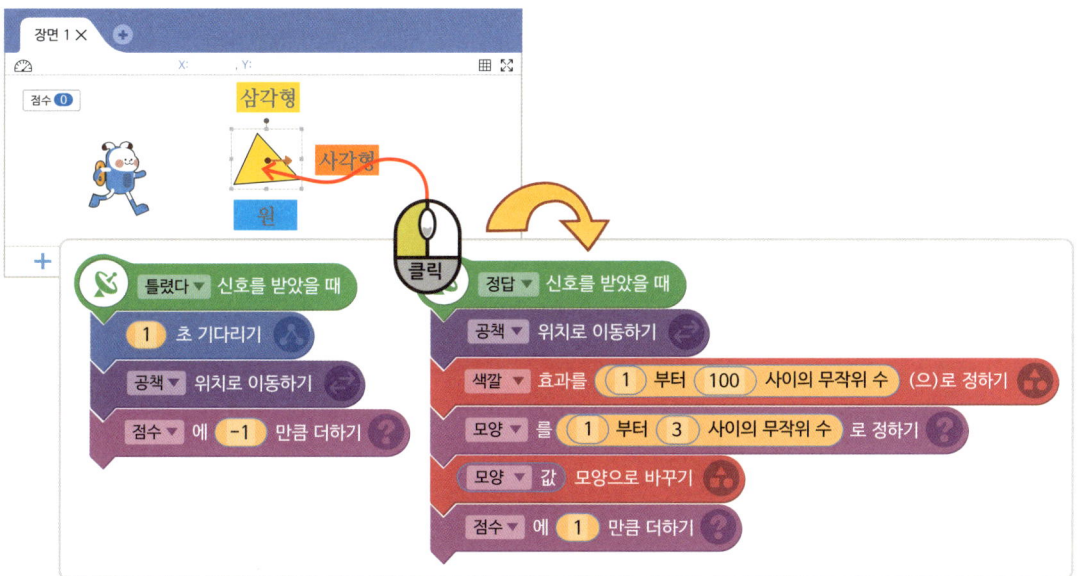

정답이면 '공책' 오브젝트로 움직입니다.

모양과 색깔을 무작위 수를 사용해서 정합니다. [점수] 변숫값에 1을 더해줍니다.

틀렸으면 1초 있다가 '공책' 오브젝트로 움직입니다. 그리고 [점수] 변숫값에서 1을 뺍니다.

5. 도형을 분류해요

정답일 때와 틀렸을 때 소리를 내면 더 재미있을 것 같습니다.

'호루라기'와 '기침소리'를 넣습니다.

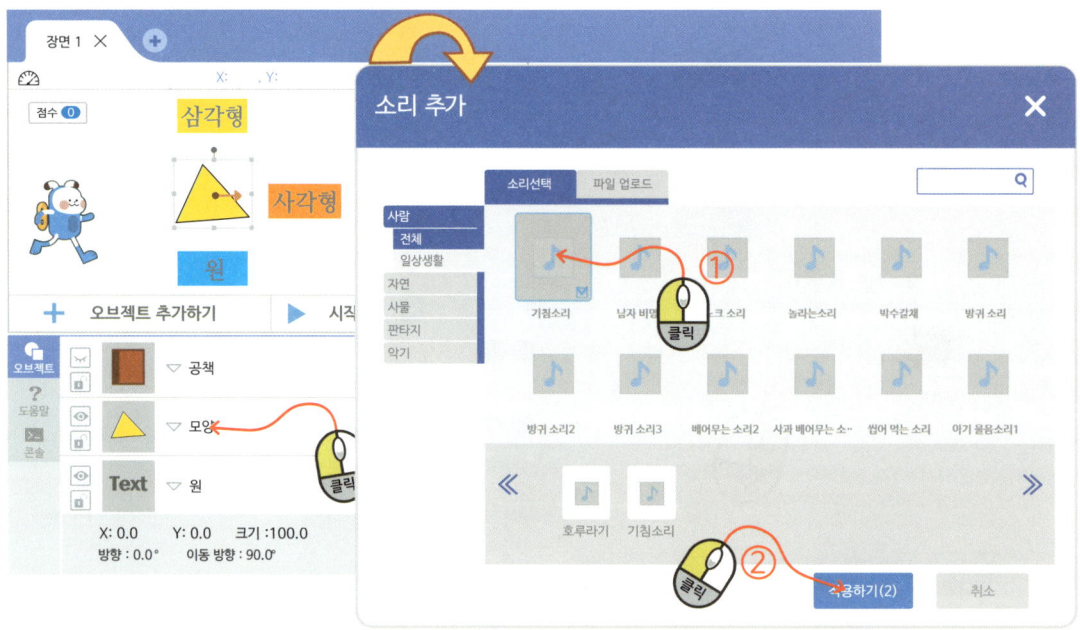

정답일 때는 '호루라기' 소리가 나고, 틀렸을 때는 '기침소리'가 나도록 코딩을 합니다.

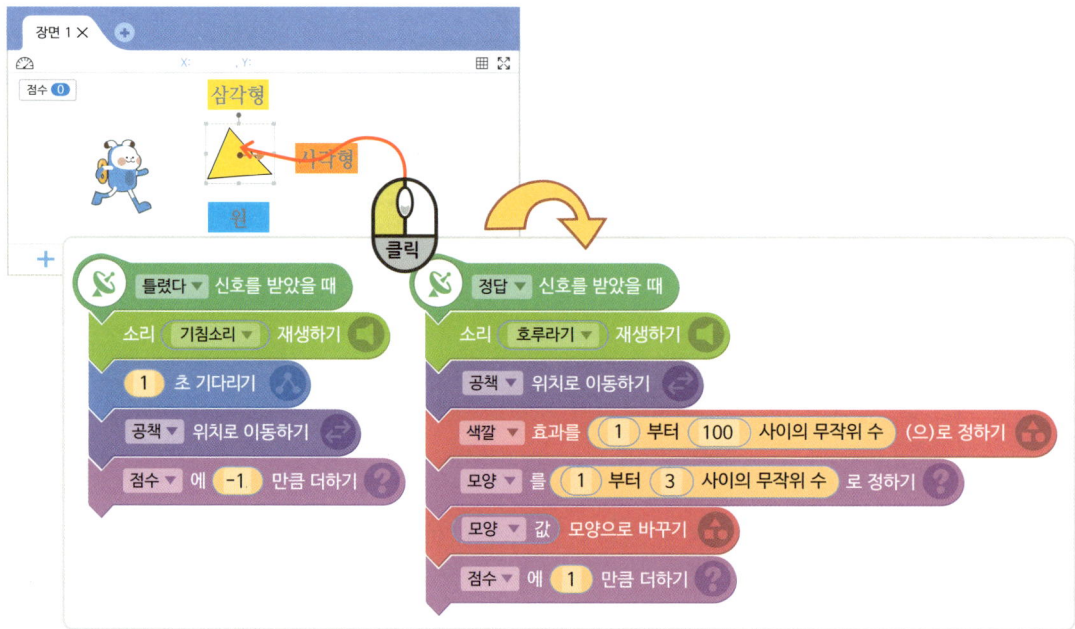

엔트리봇이 정답인지 또는 틀렸는지 알려주도록 엔트리봇에 코딩을 합니다.

잘 되는지 확인해 볼까요?

위쪽 화살표 키를 눌러 봅니다. '모양' 오브젝트가 삼각형이면 왼쪽 그림처럼 됩니다.

'모양' 오브젝트가 삼각형 아니라면 오른쪽 그림처럼 됩니다.

5. 도형을 분류해요

오른쪽 화살표(→) 키를 눌렀을 때와 아래쪽 화살표(↓) 키 눌렀을 때도 코딩을 해야 겠죠? 코드를 〈복사-붙여넣기〉하여 아래와 같이 코딩을 합니다.

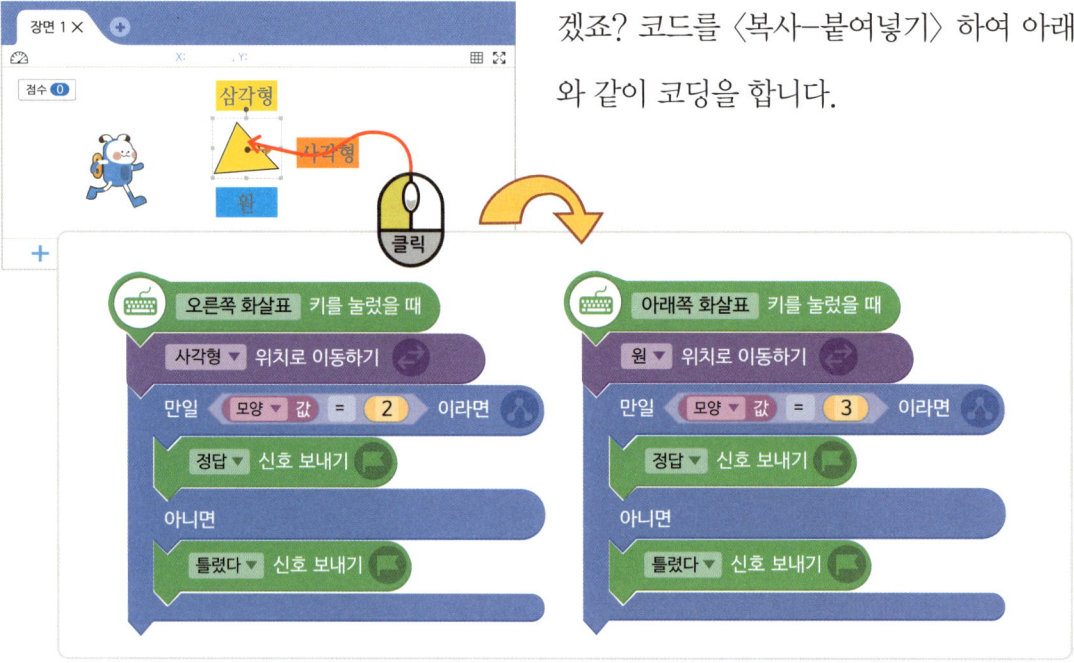

배경음악을 넣고 게임을 할 수 있는 시간도 만들까요?

원하는 배경을 찾아서 넣습니다. 이 책에서는 '단색 배경'을 골랐습니다.

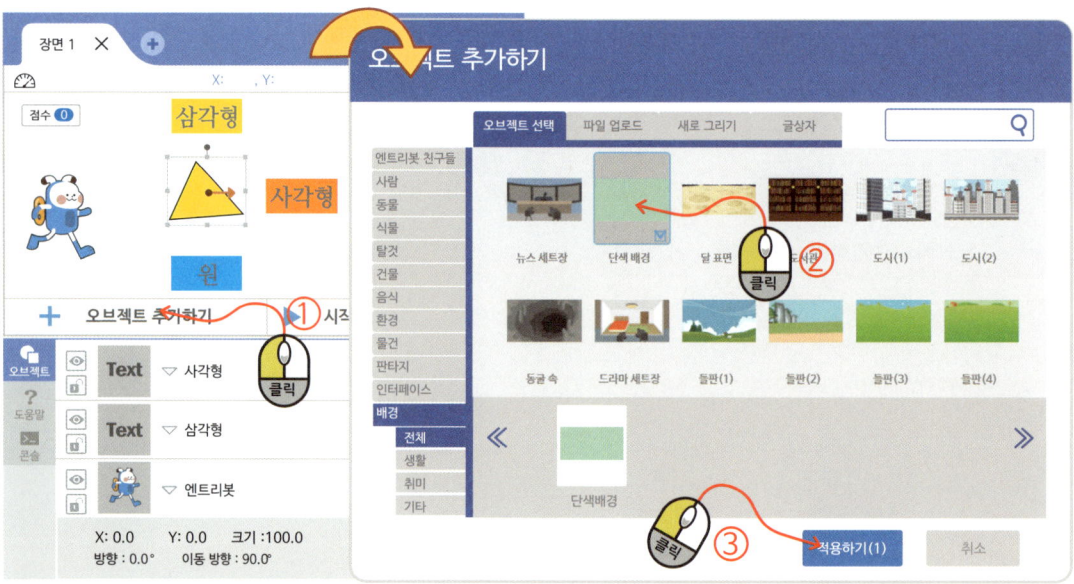

배경 오브젝트에 원하는 소리를 넣습니다.

아래 그림처럼 코딩을 하면 〈게임 시작〉 신호를 받아야 소리가 납니다.

나중에 '게임 설명' 글상자를 만들 것인데 이 글상자가 사라지면서 〈게임 시작〉 신호를 보냅니다. 즉, 글상자가 사라지고 소리가 나는 것이죠.

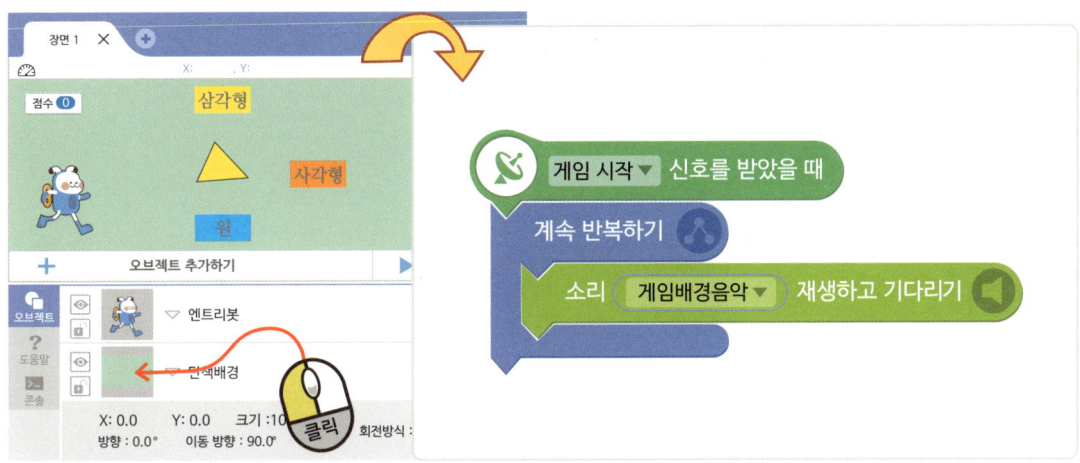

아래 그림처럼 코딩을 하면 〈시작하기〉 버튼을 누르자마자 소리가 납니다.

여러분이 원하는 대로 코딩을 하면 됩니다.

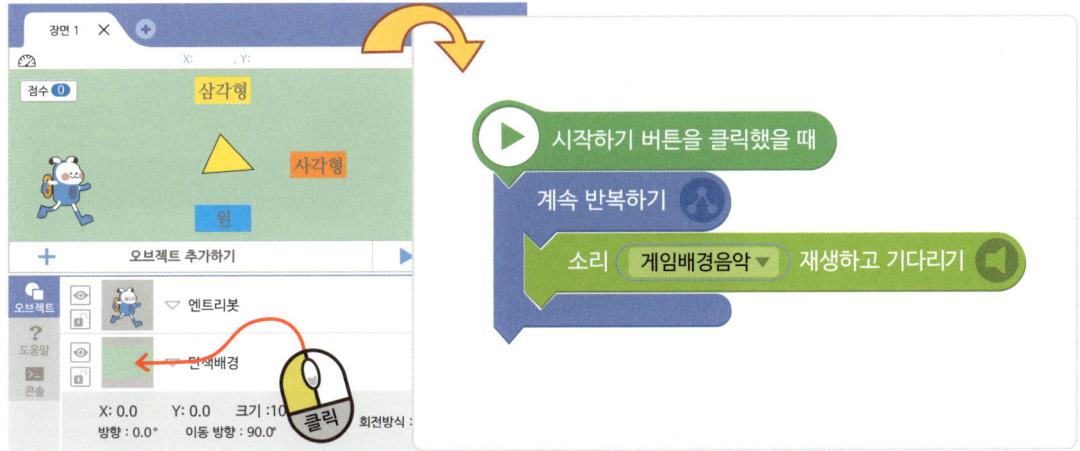

'제한 시간'도 만들어야겠죠?

[시간] 변수를 만들고 기본값을 60으로 정합니다.

'단색배경'에 코딩을 합니다. 〈게임 끝〉 신호도 만들어야겠죠?

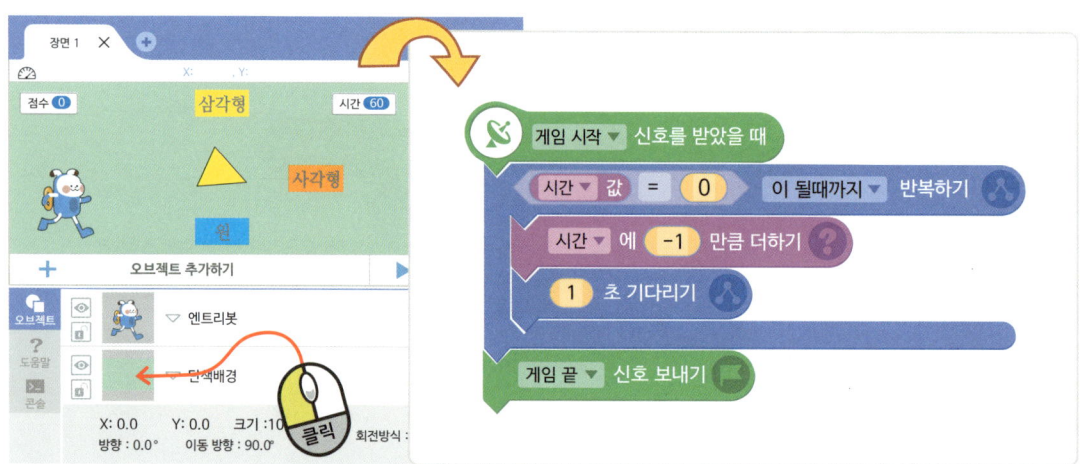

이제 게임하는 방법을 설명하는 글상자를 만듭니다.

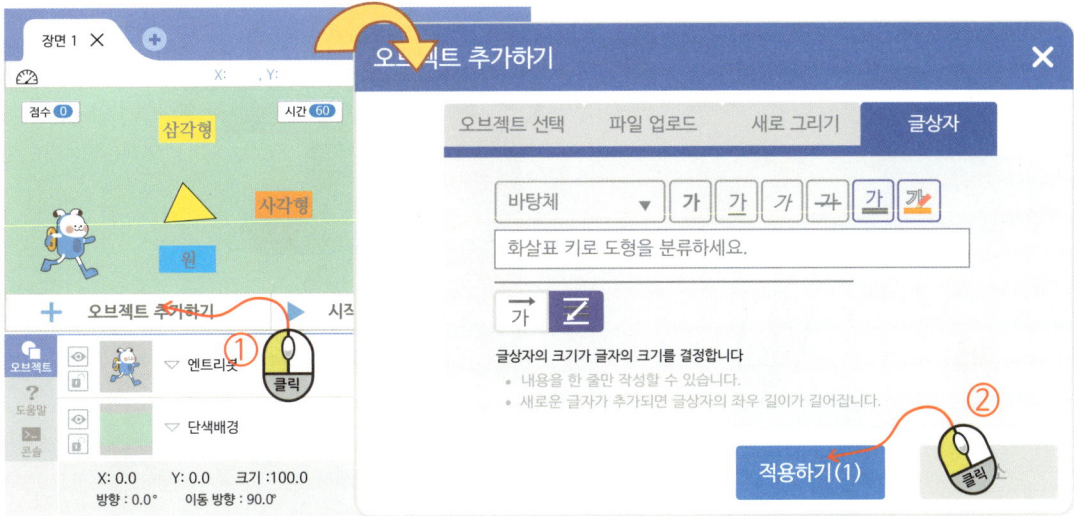

글상자 이름을 '게임 설명'으로 바꾸고 눈 모양을 클릭해서 보이지 않게 합니다.

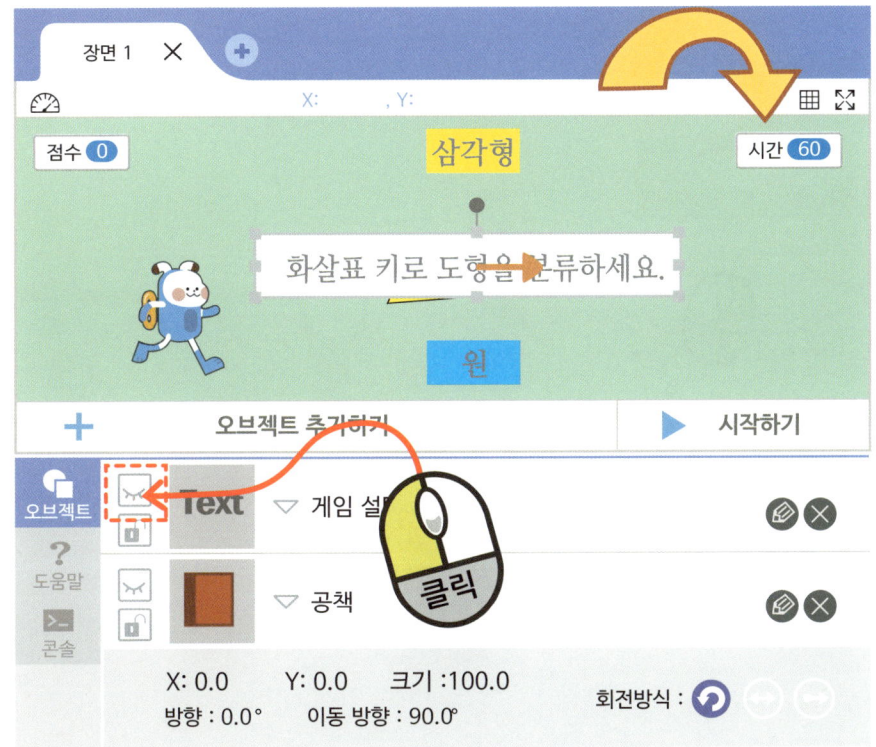

5. 도형을 분류해요

다음 그림처럼 코딩을 합니다.

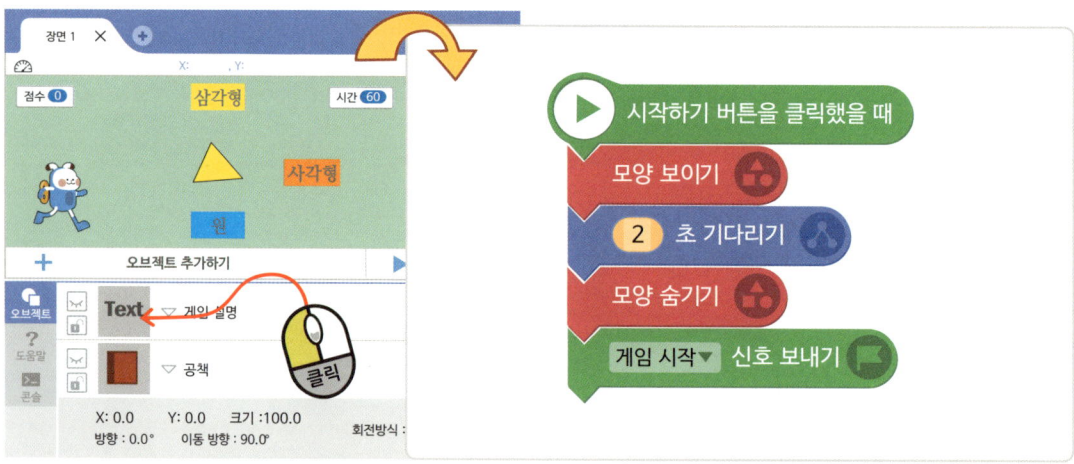

'모양' 오브젝트에는 다음과 같은 코드가 있습니다.

이것을 지우고 '게임 설명' 글상자 하나만 〈게임 시작〉 신호를 보내도록 합니다.

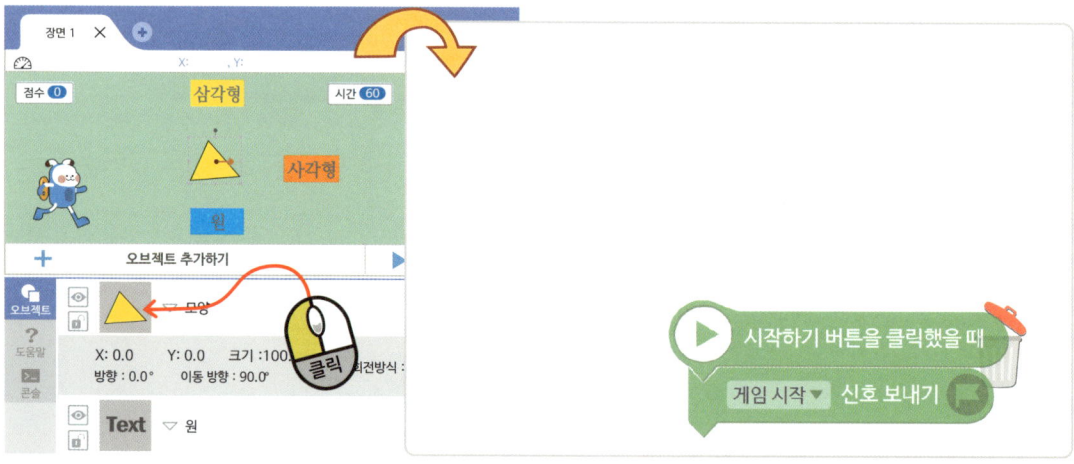

게임이 끝나면 점수를 얼마나 얻었는지 알려주면 좋겠죠?

글상자를 만들고 '게임 결과'라고 씁니다.

글상자 이름을 '게임 결과'로 바꾸고 게임이 시작했을 때는 보이지 않도록 눈 모양을 클릭합니다.

아래와 같이 코딩을 하면 〈게임 끝〉 신호를 받았을 때 장면 창에 나와서 점수를 보여 줍니다.

도형을 분류하는 게임을 만들어 봤습니다.

모양을 숫자로 바꾸는 것이 신기하지 않았나요? 이제 도형을 잘 분류할 수 있겠죠?

코딩은 눈으로 공부하면 절대로 실력이 늘지 않습니다. 자전거를 직접 타야 자전거를 잘 타듯이, 직접 작품을 만들면서 코딩을 해야 코딩 실력이 좋아집니다.

우리 모두 열심히 코딩을 공부합시다.

배운 내용을 정리해요.

화살표 키로 도형을 분류하는 게임을 만들려고 합니다.

빨간색으로 표시된 오브젝트에 아래와 같이 코딩을 했습니다.

이 코드에 대해 바르게 설명한 것을 <u>모두</u> 골라 번호에 동그라미 표시를 하세요.

① 〈정답〉 신호를 받았을 때, '호루라기' 소리가 난다.

② 〈정답〉 신호를 받았을 때, '삼각형 글상자'로 움직인다.

③ 〈정답〉 신호를 받았을 때, 색깔이 변할 수 있다.

④ 〈정답〉 신호를 받았을 때, 모양이 바뀔 수 있습니다.

⑤ 〈정답〉 신호를 받았을 때, 바뀔 수 모양의 종류는 두 가지다.

⑥ 〈정답〉 신호를 받았을 때, [점수] 변숫값이 1씩 작아진다.

	스스로 평가해요.	확인
1	그림을 직접 그릴 수 있어요.	
2	숫자를 사용해서 모양을 바꿀 수 있어요.	
3	무작위 수를 사용해서 색깔을 바꿀 수 있어요.	
4	문제를 나눠서 생각할 수 있어요.	

답은 토마토출판사 카페(http://cafe.naver.com/arduinofun)에서 확인할 수 있습니다.

6 길이를 재봐요 1

아래의 물건을 본 적이 있나요?

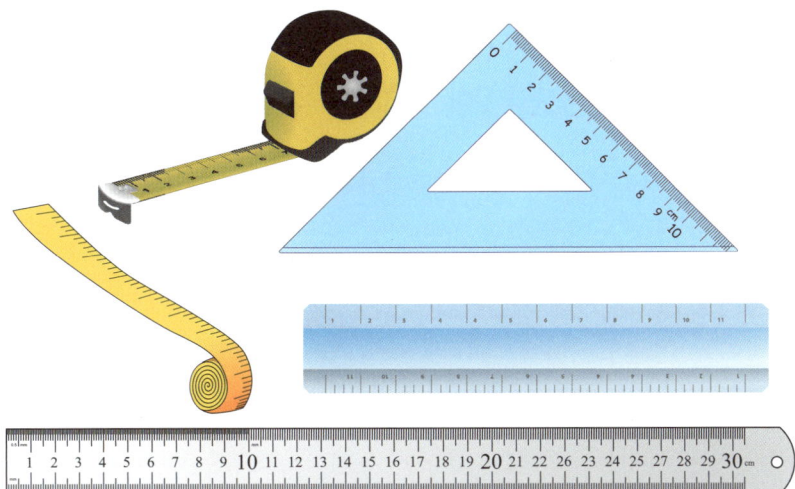

이 물건들은 길이를 잴 때 사용합니다.

이것을 '자'라고 합니다. 여러 가지 '자'의 공통점은 다음과 같습니다.

> ▶ 모두 눈금이 있습니다.
> ▶ 1cm의 크기가 같습니다.
> ▶ 숫자가 똑같은 간격으로 있습니다.
> ▶ 누가 재든 길이가 같습니다.
> ▶ 길이를 정확하게 잴 수 있습니다.
> ▶ 길이를 쉽게 알 수 있습니다.

자로 길이를 재면 좋은 점을 무엇일까요?

누가 재든 길이가 같겠죠? 그리고 길이도 정확하고 쉽게 잴 수 있습니다.

자를 이용하여 길이를 재는 방법은 다음과 같습니다.

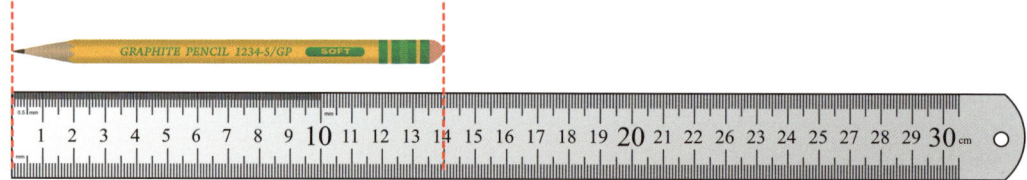

❶ 연필의 한쪽 끝을 자의 눈금 0에 맞춥니다

❷ 연필의 다른 쪽 끝에 있는 자의 눈금을 읽습니다.

이 연필의 길이는 14㎝입니다.

이번 시간에는 엔트리로 선을 그리고, 길이를 맞히는 게임을 만들어 보겠습니다.

<우리가 만들 게임>

어떤 오브젝트와 블록을 사용할지 곰곰이 생각해 보세요.

위쪽 그림에 있는 주황색 사각형이 보이나요? 이 사각형의 한 변의 길이가 1㎝라고 해볼까요?

세 칸이면 몇 ㎝일까요?

바로 3㎝입니다.

이 사각형을 이용해서 길이를 맞히는 게임을 만들 것입니다.

먼저 오른쪽 그림처럼 ×모양을 클릭해서 엔트리봇을 지웁니다.

사각형을 그리고 이 사각형을 사용해서 길이를 잴 수 있도록 만들겠습니다.

〈오브젝트 추가하기〉→〈새로 그리기〉→〈이동하기〉를 순서대로 클릭합니다.

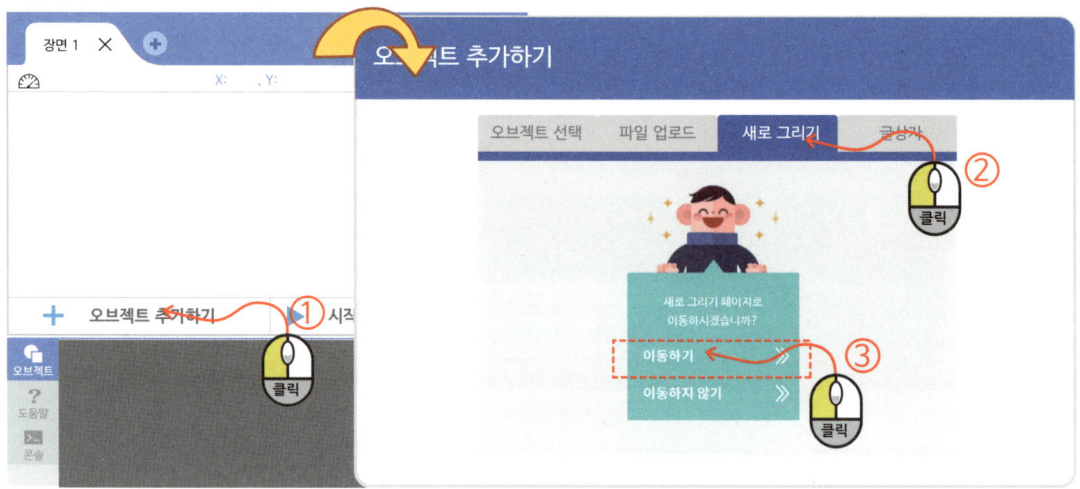

〈사각형〉 메뉴를 사용해서 사각형을 그립니다.

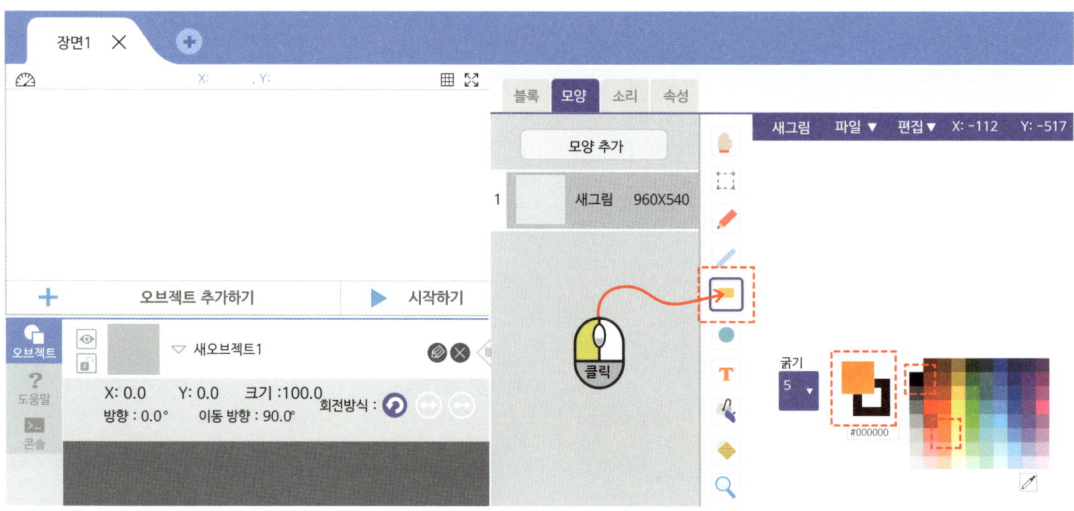

그림을 저장합니다.

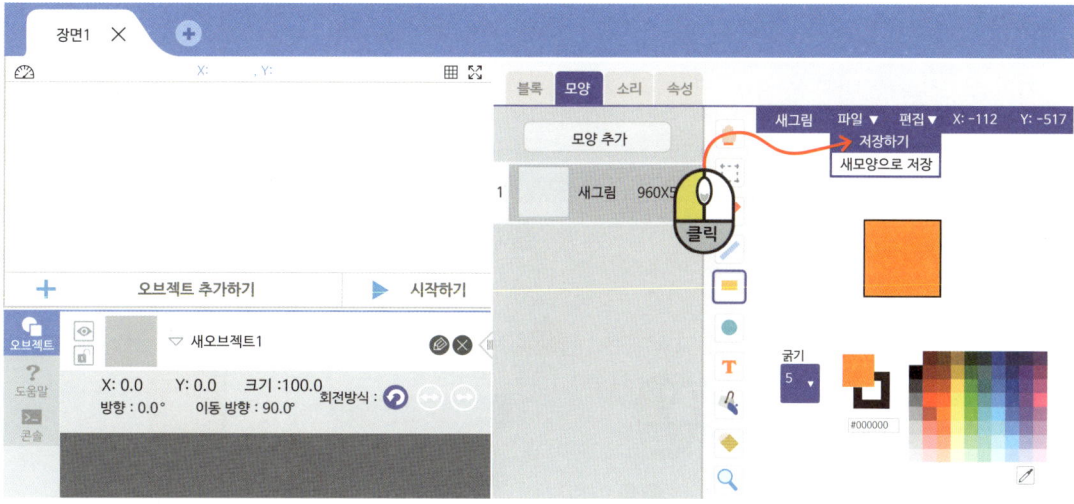

그림을 보니 가로 길이가 72, 세로 길이가 71입니다.

가로와 세로의 길이를 같게 해야 보기 좋습니다. 어떻게 하면 될까요?

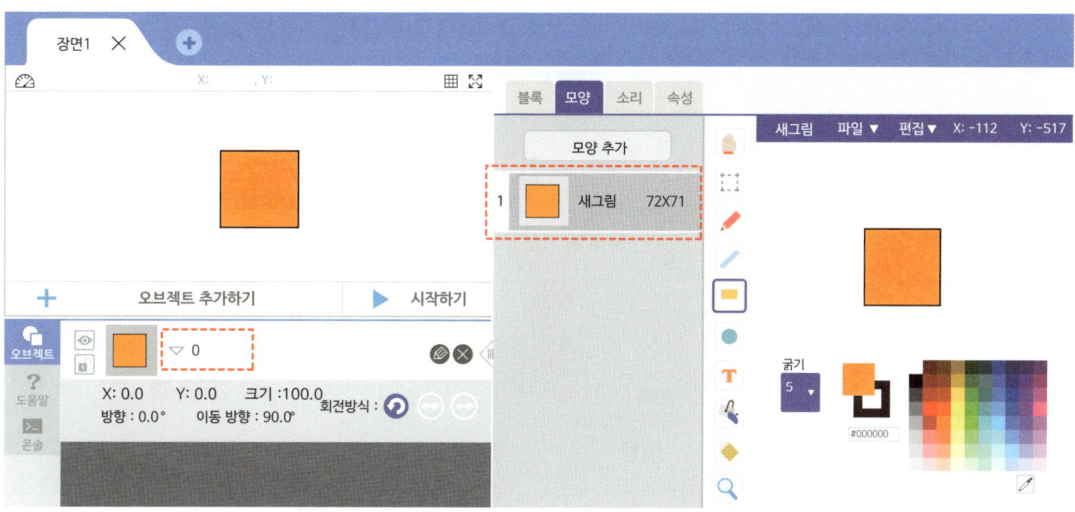

한 오브젝트에 여러 가지 모양이 있으면 그 모양을 클릭했을 때, 아래쪽에 오브젝트의 크기를 바꿀 수 있는 메뉴가 나옵니다.

그런데 모양이 하나밖에 없는 경우 크기를 바꿀 수 있는 메뉴가 안 보이는 경우가 있습니다. 어떻게 하면 될까요?

6. 길이를 재봐요 1

크기를 바꿀 수 있는 방법은 아주 간단합니다. 모양을 복제하면 됩니다.

마우스 오른쪽 버튼을 누르면 여러 가지 메뉴가 나옵니다. 〈복제〉를 클릭합니다.

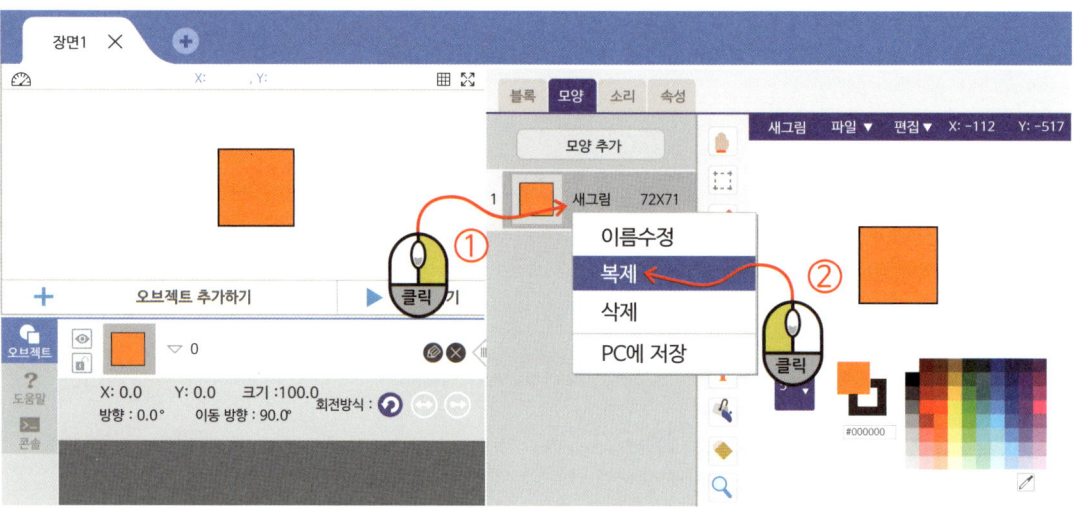

아래 그림처럼 복제가 됩니다.

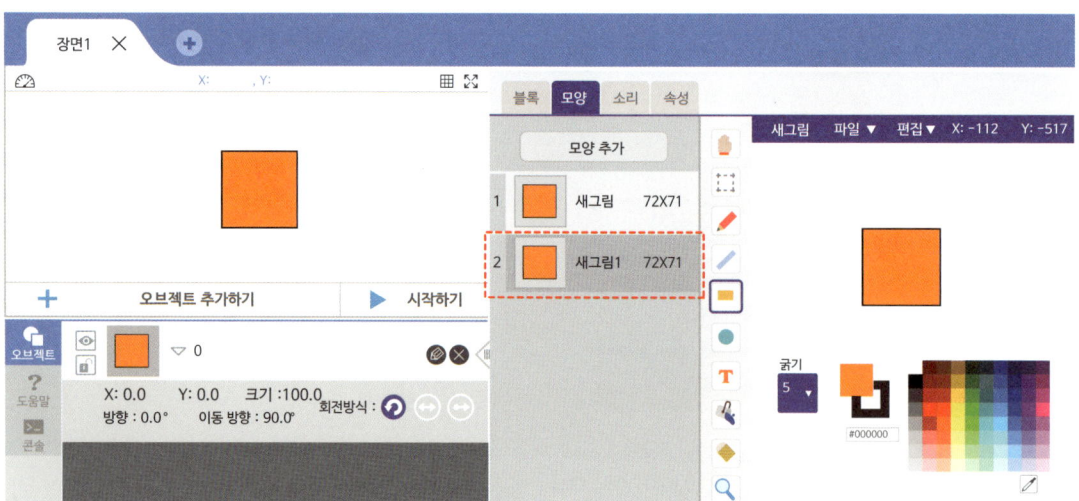

여러분이 바꾸고 싶은 모양을 클릭하면 크기를 바꿀 수 있는 메뉴가 나옵니다.
X(가로 길이)와 Y(세로 길이)에 70이라고 씁니다.

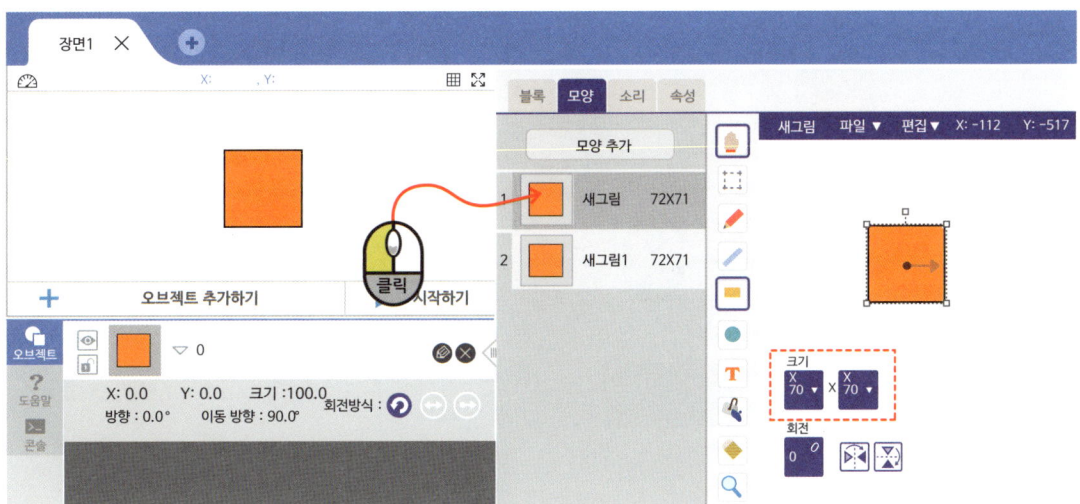

그림을 저장하면 모양의 크기가 바뀝니다.

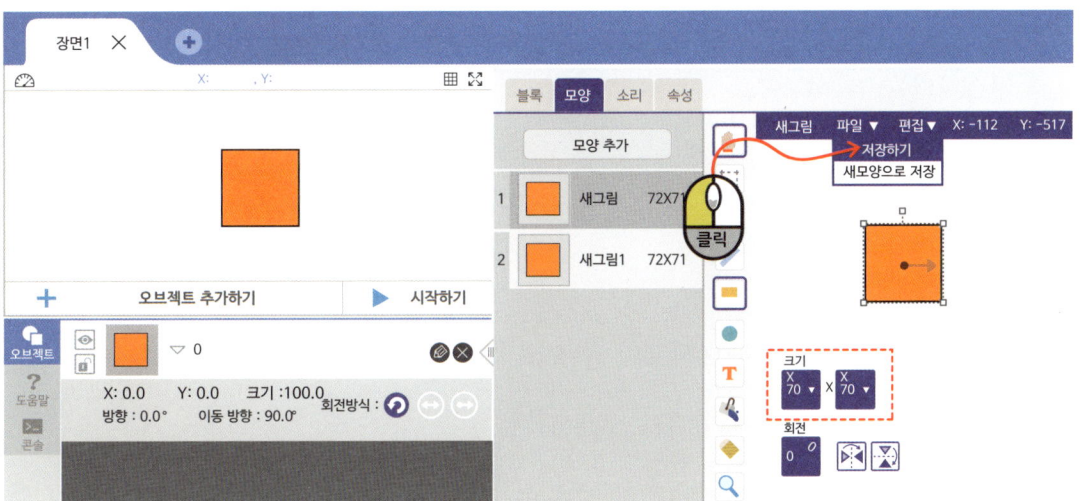

6. 길이를 재봐요 1

복제했던 모양은 지워줍니다.

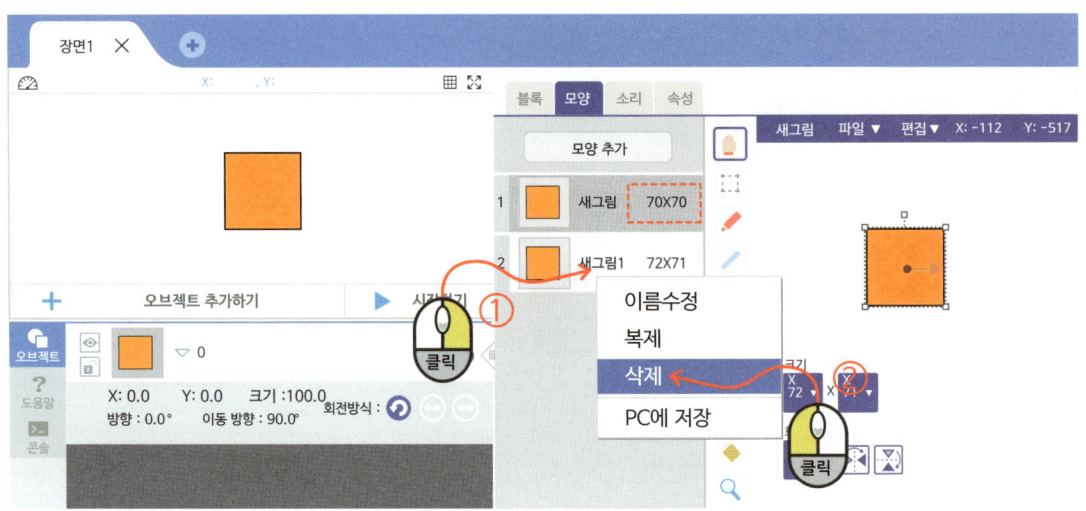

자로 물건의 길이를 잴 때는 물건의 한 끝을 0으로 맞춥니다. 그래서 이 오브젝트의 이름을 '0'으로 짓습니다.

'0' 오브젝트를 클릭하면 갈색 점이 보이는데 이 갈색점이 '중심점'입니다.

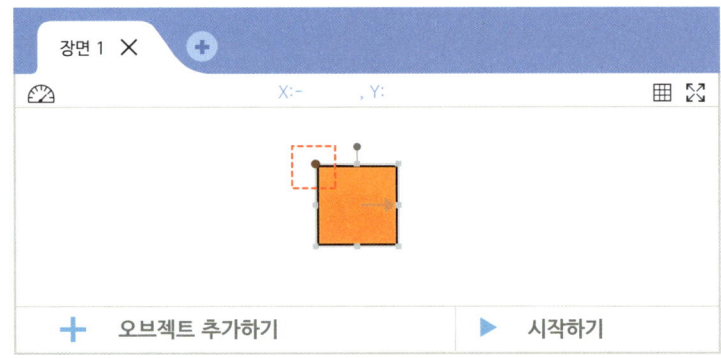

이 '중심점' 좌표가 바로 오브젝트의 좌표입니다. 앞에서 배웠던 좌표 기억나죠?

위의 그림처럼 중심점을 왼쪽 위로 옮깁니다.

계산 블록 꾸러미를 보면 (0▼ 의 x좌푯값▼) 블록을 찾을 수 있습니다. 이 블록은 '0' 오브젝트의 x좌푯값을 저장하는 변수와 같습니다.

'0' 오브젝트의 x좌푯값이 100이면 (0▼ 의 x좌푯값▼)의 값은 100이 됩니다. 어때요? 잘 이해가 되죠?

'0' 오브젝트를 하나 복제합니다.

'0' 오브젝트의 중심점 위치를 바꿨죠? 그러면 복제한 오브젝트의 중심점 위치도 바꿉니다.

이 오브젝트의 이름을 '1'로 바꿉니다.

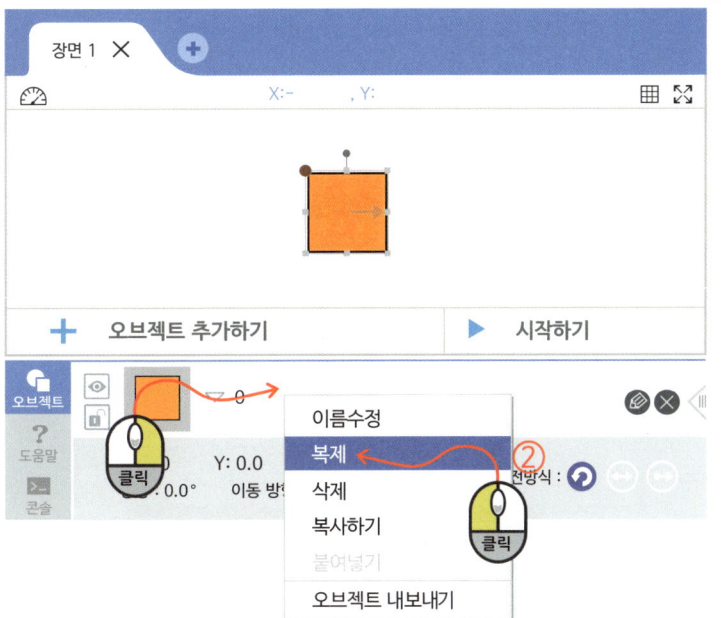

'0' 오브젝트의 가로 길이는 70이죠?

'1' 오브젝트를 '0' 오브젝트보다 오른쪽으로 70만큼 더 움직이면 두 오브젝트가 딱 붙어 있겠죠?

'1' 오브젝트에 아래 그림처럼 코딩을 하고 잘 되는지 확인합니다.

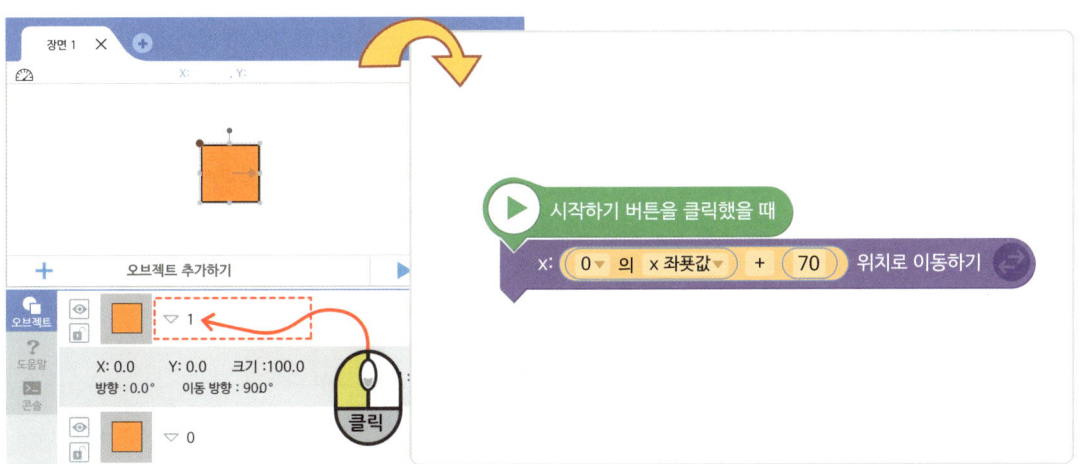

〈x: ~위치로 이동하기〉 블록은 오브젝트의 x좌푯값만 바꿔줍니다.

6. 길이를 재봐요 1

그런데 오른쪽 그림처럼 떨어져 있습니다. 우리가 예상한 대로 되지 않았습니다.

자세히 보니 한 칸이 더 떨어져 있습니다.

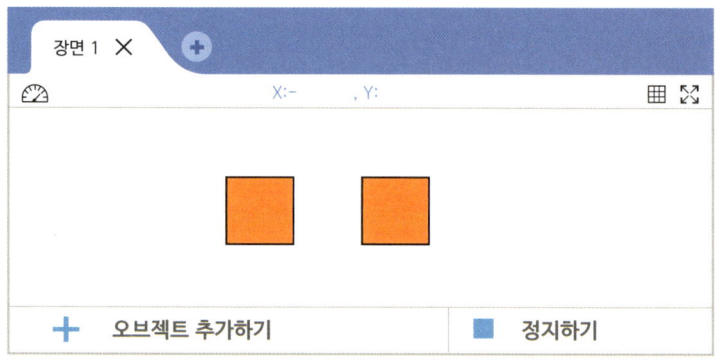

70의 반인 35로 수를 바꿔 코딩을 해볼까요?

그러면 딱 붙습니다. 엔트리에서 코딩을 할 때 조금 헷갈리는 부분입니다.

오브젝트 가로 길이의 반만큼 더 움직이면 딱 붙게 됩니다.

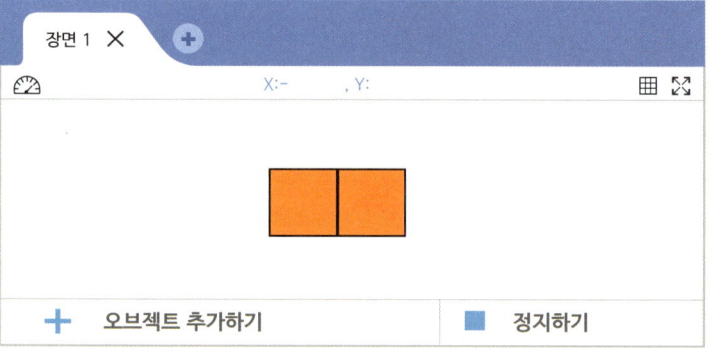

80이면 40, 50이면 25만큼 더 움직입니다.

이런 식으로 사각형 여러 개가 쭉 이어지도록 코딩을 합니다.

사각형을 하나 더 복제해서 이름을 '2'라고 바꾸고 코딩을 합니다. 35에서 35를 더한 값인, 70으로 수를 바꿔줍니다.

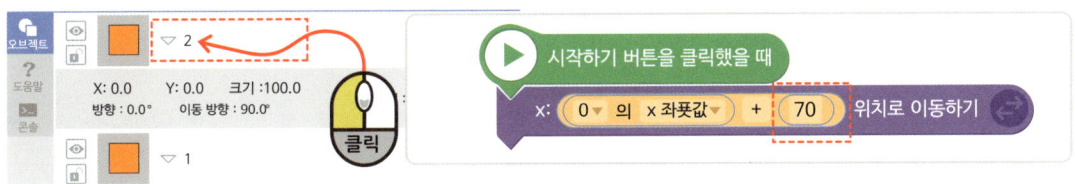

사각형을 하나 더 복제해서 이름을 '3'이라고 바꾸고 코딩을 합니다.

70에서 35를 더한 값인, 105로 수를 바꿔줍니다.

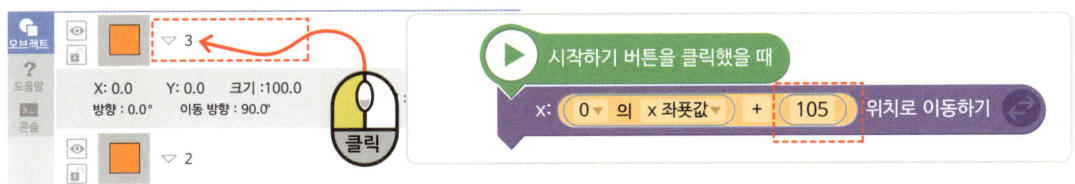

사각형을 하나 더 복제할까요? 이름을 '4'라고 바꾸고 코딩을 합니다.

105에서 35를 더한 값인, 140으로 수를 바꿔줍니다.

〈시작하기〉를 클릭하면 오른쪽 그림처럼 됩니다.

사각형으로 자를 만들었습니다. 눈금에 숫자는 없지만 한 칸이 1㎝이라는 것을 알면 길이를 잴 수 있습니다.

선을 그려 볼까요?
오브젝트를 사용해서 선을 그리는 방법을 배워 보겠습니다.

'연필(1)' 오브젝트를 넣습니다.

'연필(1)' 오브젝트의 중심점을 왼쪽 아래로 옮깁니다.

'연필(1)' 오브젝트를 움직여서 선을 그리는데, 이 중심점에서 선이 그려집니다.

아래와 같이 '연필(1)' 오브젝트에 코딩을 합니다.

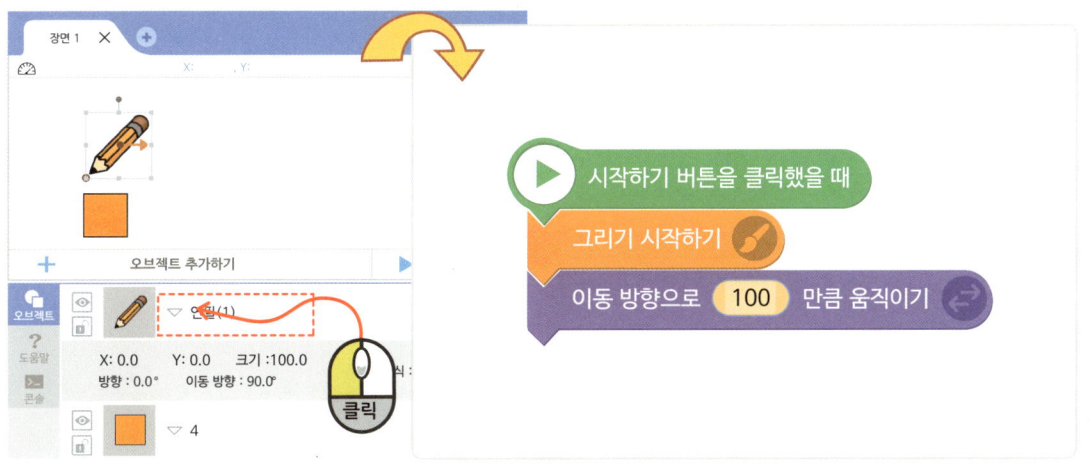

〈그리기 시작하기〉 블록은 🖌 붓 블록 꾸러미에서 찾을 수 있습니다.

선을 하나 직접 그리고 어떻게 그렸는지 실제로 살펴봅시다.

연필을 내려서 종이에 대고 움직이면 그림이 그려지죠? 엔트리도 비슷합니다.

그리기 시작하고 오브젝트를 움직이면 선이 그려집니다.

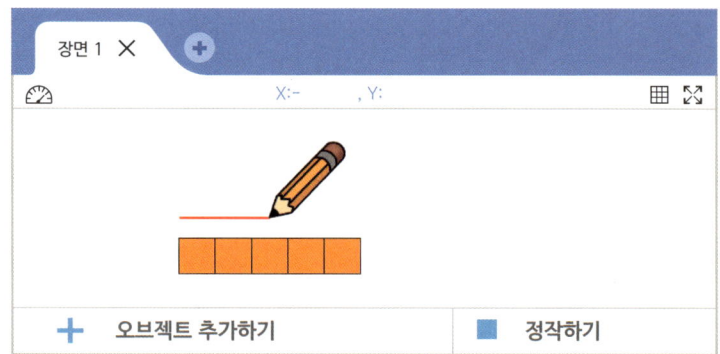

그리기를 시작하고 '0' 오브젝트에서 '4' 오브젝트로 움직이면 선이 그려지겠죠?

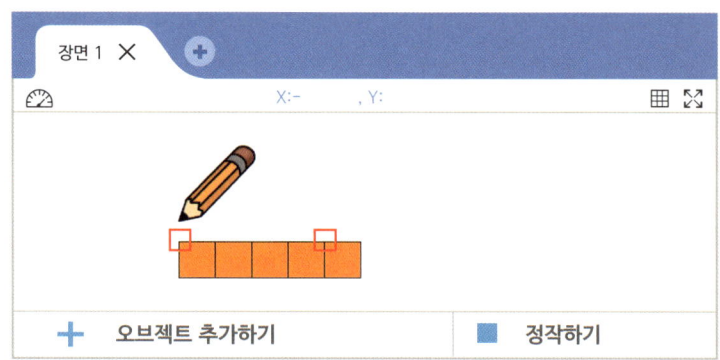

오른쪽 블록은 정해진 시간 동안 원하는 위치로 움직입니다.

'연필(1)' 오브젝트에 코딩을 합니다.

그러면 그림처럼 2초 동안 '0' 오브젝트에서 '4' 오브젝트로 움직이면서 선을 그립니다.

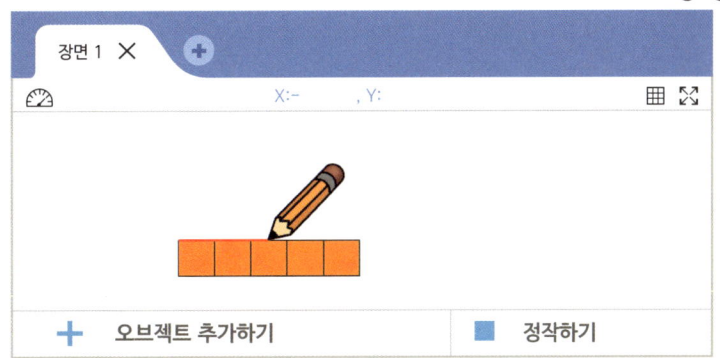

그런데 선이 잘 보이지 않습니다. 이럴 때는  블록을 사용해서 선의 굵기를 바꿉니다. 숫자가 커질수록 선이 굵어집니다.

다음과 같이 코딩을 하면 됩니다.

선이 굵어지죠?

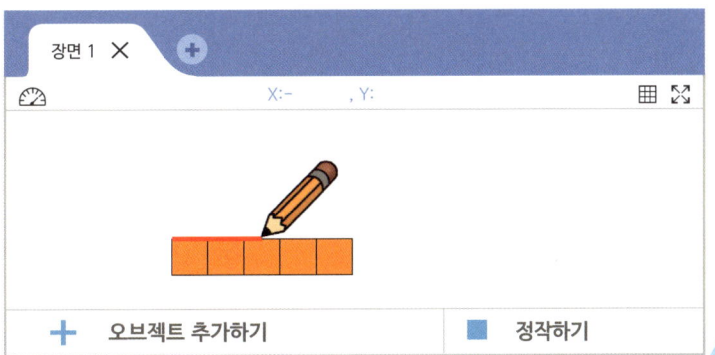

6. 길이를 재봐요 1

선의 색깔도 바꿀 수 있습니다. 〈붓의 색을 ~(으)로 정하기〉 블록을 사용하면 됩니다.

색이 있는 곳을 클릭하면 원하는 색깔을 고를 수 있습니다.

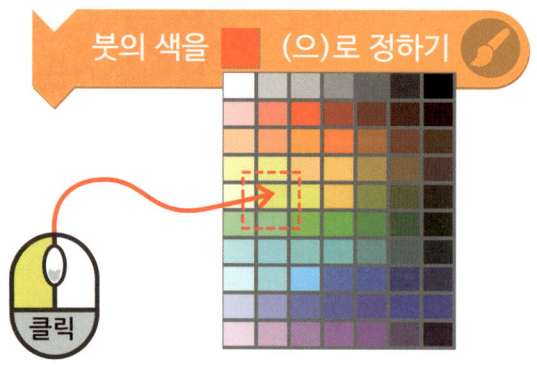

다음과 같이 코딩을 하면 어떻게 될까요?

선의 색깔이 노란색으로 바뀌겠죠?

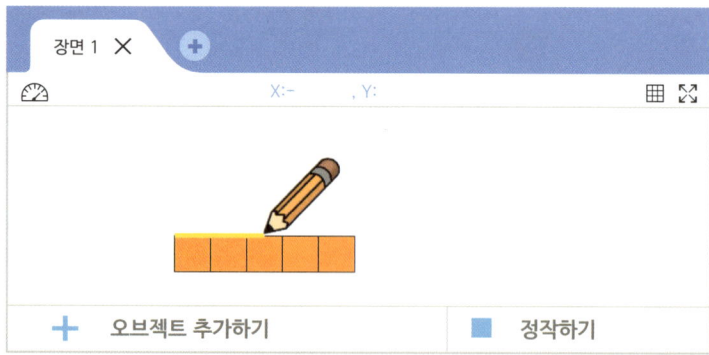

이제 선의 길이를 맞히는 퀴즈를 만들어 봅시다.

'엔트리봇 표정' 오브젝트를 넣고 오브젝트를 클릭하면 퀴즈를 내도록 코딩해볼까요?

'엔트리봇 표정' 오브젝트를 넣고 오른쪽 아래로 옮깁니다.

그리고 신호를 사용해서 게임을 시작했던 것과 같이 신호를 받으면 퀴즈가 시작되게 코딩을 하면 좋습니다. 〈퀴즈 시작〉 신호를 만듭니다.

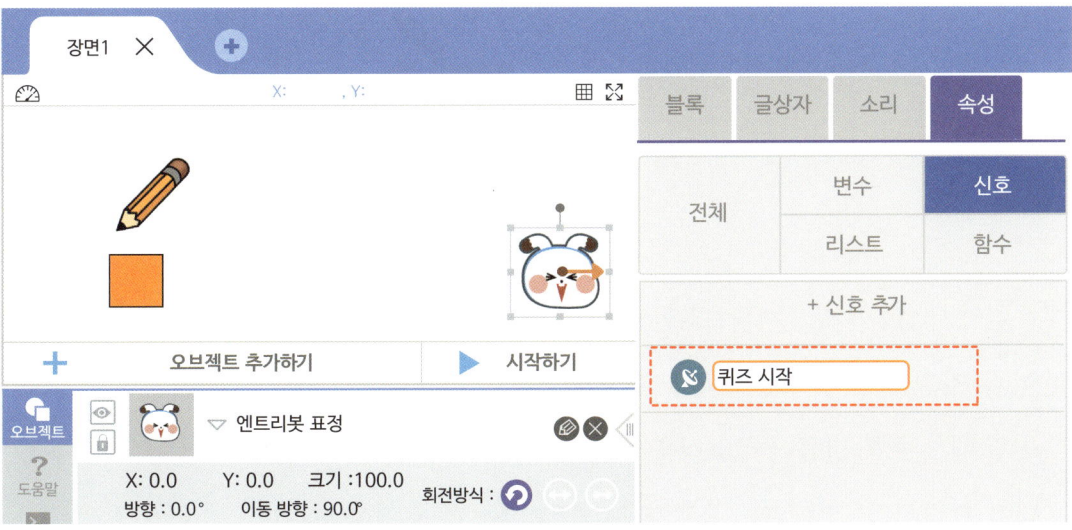

'엔트리봇 표정' 오브젝트에 코딩을 합니다.

이 오브젝트를 클릭하면 〈퀴즈 시작〉 신호를 보냅니다.

〈퀴즈 시작〉 신호를 받으면 '길이는 얼마일까요?'라고 묻습니다. 즉, 자기 자신한테 신호를 보내서 퀴즈를 시작하는 것이죠.

'엔트리봇 표정' 오브젝트를 클릭하면 오른쪽 그림처럼 되게 코딩합니다.

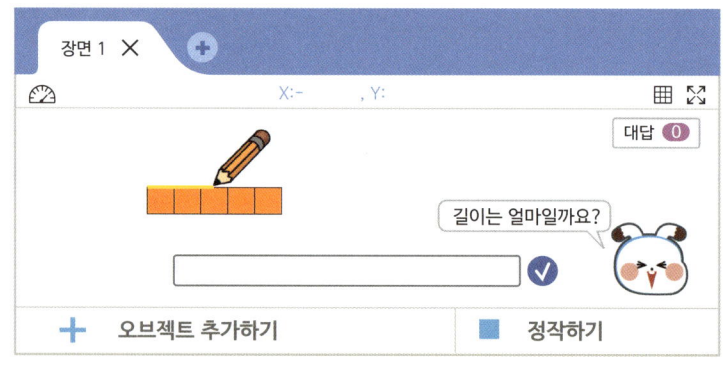

우리가 대답을 하면 정답을 맞힐 수도 있고 틀릴 수도 있습니다.

이 두 가지 경우에 따라서 각각 다른 일을 해야 하겠죠?

이럴 때 신호를 만들어서 코딩을 하면 좋습니다.

다음 그림처럼 〈정답〉과 〈틀렸다〉 신호를 만들고, 코딩을 합니다.

〈정답〉 신호를 받으면 '정답입니다.'라고 말합니다.

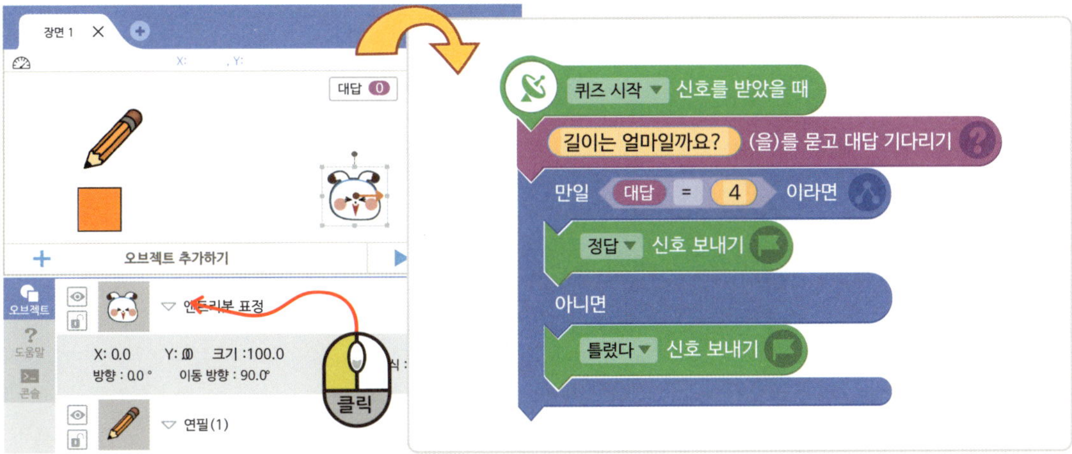

〈틀렸다〉 신호를 받으면 '다시 생각하세요.'라고 말합니다.

그러면 아래 그림처럼 됩니다.

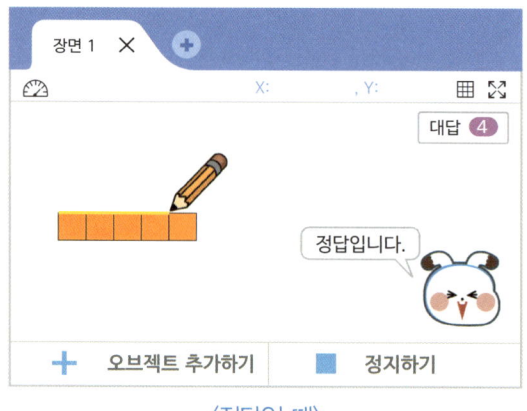

〈정답일 때〉 〈틀렸을 때〉

'연필(1)' 오브젝트가 선을 그려야 하는데 계속 똑같이 그리면 안 되겠죠?

어떻게 코딩을 해야 할까요?

바로 무작위 수를 사용해서 코딩을 하면 됩니다. 지금까지 잘 따라왔다면 무작위 수는 잘 사용할 수 있을 겁니다. 잘 이해하지 못하겠더라도 걱정하지 마세요. 이 작품을 만들다 보면 자연스럽게 이해가 될 것입니다.

선을 그리려면 시작과 끝이 있어야 합니다. 예를 들어 선을 그리는데 '0' 오브젝트에서 시작해서 '3' 오브젝트에서 끝나면 3cm가 됩니다. 또한 '3' 오브젝트에서 시작해서 '4' 오브젝트에서 끝나면 1cm가 됩니다.

그렇다면 시작하는 곳으로 정할 수 있는 오브젝트는 무엇일까요?

'0' 오브젝트부터 '3' 오브젝트까지입니다.

지금부터는 조금 어려울 수 있으니, 집중해서 책을 읽어주세요.

오브젝트를 무작위 수로 정하고, 정한 오브젝트 중심점에서 그리기 시작합니다.

그러면 끝나는 곳은 어떻게 정해야 할까요?

최소한 그리기 시작하기로 정한 오브젝트 보다 한 칸 오른쪽에 있는 오브젝트로 정해야 합니다.

[시작]과 [끝] 변수를 만듭니다.

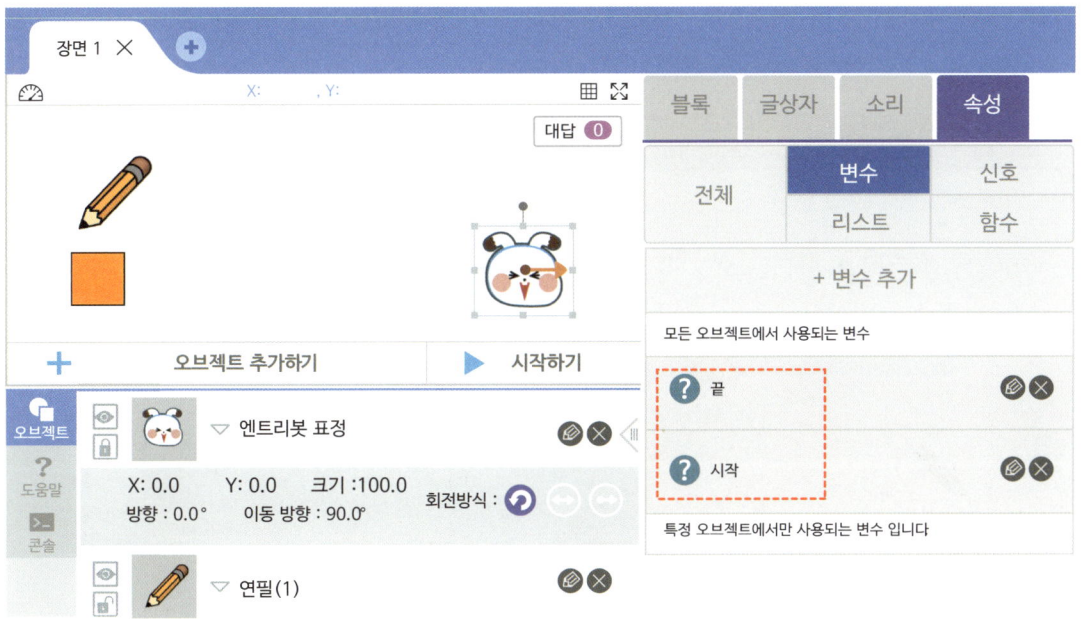

1	'0' 오브젝트 중심점
2	'1' 오브젝트 중심점
3	'2' 오브젝트 중심점
4	'3' 오브젝트 중심점

선을 그릴 때 시작할 수 있는 곳은 왼쪽 표와 같이 네 곳입니다.

이것을 다음과 같이 코딩할 수 있습니다.

`시작▼ 를 0 부터 3 사이의 무작위 수 로 정하기`

6. 길이를 재봐요 1

최소한 그린 선의 길이가 1㎝는 되어야 합니다. 시작하는 곳이 '0' 오브젝트 중심점이면 '1' 오브젝트 중심점까지 움직여야 선이 그려집니다.

시작하는 곳이 '2' 오브젝트 중심점이면 최소한 '3' 오브젝트 중심점까지 움직여야 합니다. 그리고 가장 멀리 '4' 오브젝트 중심점까지 움직일 수 있습니다.

[시작] 변수값에 1을 더해주는 것이죠. 이것을 아래와 같이 코딩할 수 있습니다.

'연필(1)'에 코딩을 합니다.

무작위 수로 정한 [시작] 변숫값이 0이면 '0' 오브젝트로 움직입니다.

[시작] 변숫값이 1이면 '1' 오브젝트로 움직입니다.

표로 정리해 볼까요?

[시작] 변숫값	이동해야 할 오브젝트 이름
0	'0'
1	'1'
2	'2'
3	'3'

아래와 같이 코딩을 합니다.

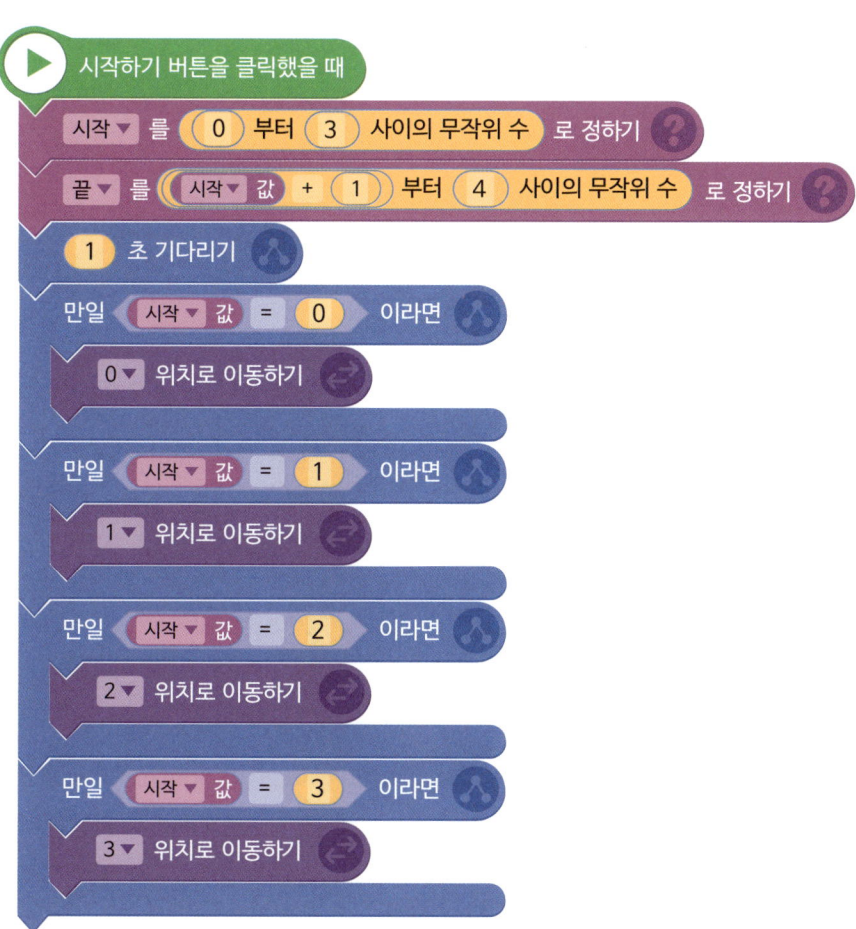

시작하는 곳을 정했습니다. 이제 그리기 시작해야 하겠죠?

선의 굵기와 색깔을 정합니다.

아래 그림처럼 코딩을 합니다.

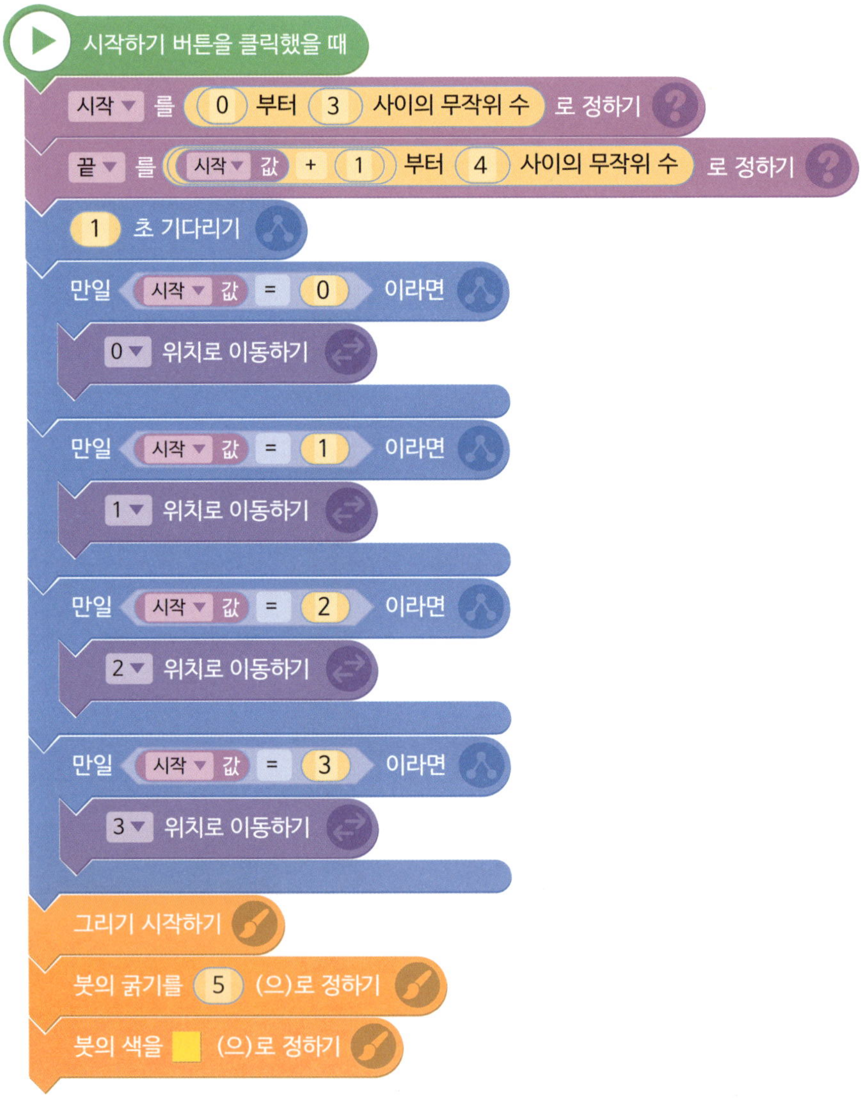

▶ 시작하기 버튼을 클릭했을 때
시작▼ 를 0 부터 3 사이의 무작위 수 로 정하기
끝▼ 를 시작▼ 값 + 1 부터 4 사이의 무작위 수 로 정하기
1 초 기다리기
만일 시작▼ 값 = 0 이라면
　0▼ 위치로 이동하기
만일 시작▼ 값 = 1 이라면
　1▼ 위치로 이동하기
만일 시작▼ 값 = 2 이라면
　2▼ 위치로 이동하기
만일 시작▼ 값 = 3 이라면
　3▼ 위치로 이동하기
그리기 시작하기
붓의 굵기를 5 (으)로 정하기
붓의 색을 ■ (으)로 정하기

시작하는 곳을 정했으니 이제 끝나는 곳을 정해야 합니다.

끝나는 곳은 [끝] 변숫값에 따라서 달라집니다.

표로 정리해 보겠습니다.

[끝] 변숫값	이동해야 할 오브젝트 이름
1	'1'
2	'2'
3	'3'
4	'4'

표의 내용을 코딩하면 다음와 같습니다.

만일 <끝▼ 값> = <1> 이라면
　<2> 초동안 <1▼> 위치로 이동하기

만일 <끝▼ 값> = <2> 이라면
　<2> 초동안 <2▼> 위치로 이동하기

만일 <끝▼ 값> = <3> 이라면
　<2> 초동안 <3▼> 위치로 이동하기

만일 <끝▼ 값> = <4> 이라면
　<2> 초동안 <4▼> 위치로 이동하기

이 코드를 다 연결해서 오른쪽 그림처럼 만듭니다.

문제를 나눠서 하나씩 해결하고 해결한 방법을 서로 연결하면 됩니다.

어때요? 참 쉽죠?

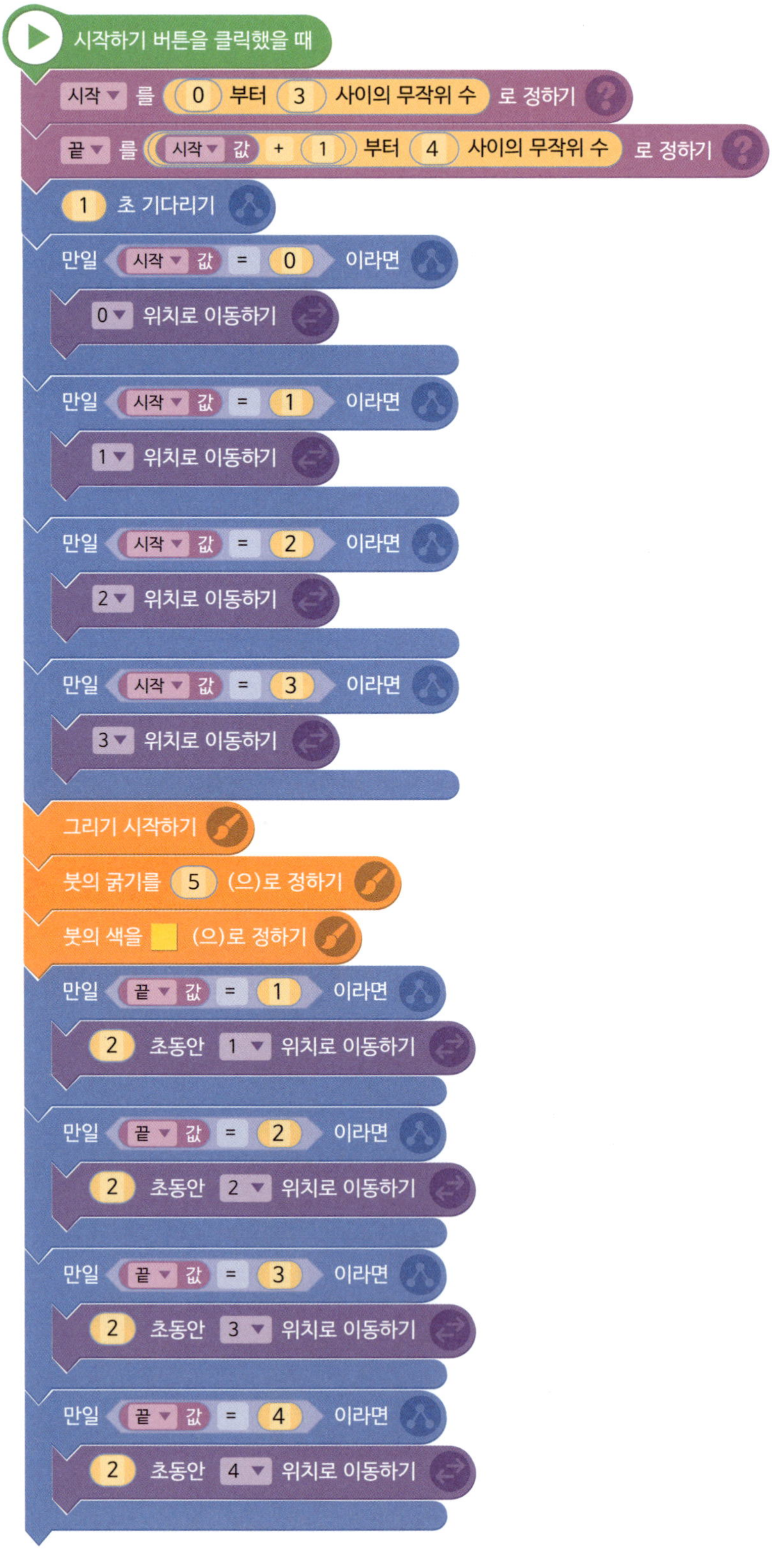

〈시작하기〉를 클릭하면 오른쪽 그림처럼 됩니다.

[시작] 변수와 [끝] 변수를 사용해서 선을 그리면 길이는 얼마가 될까요?

[끝] 변숫값에서 [시작] 변숫값을 빼주면 됩니다.

[정답] 변수를 만듭니다.

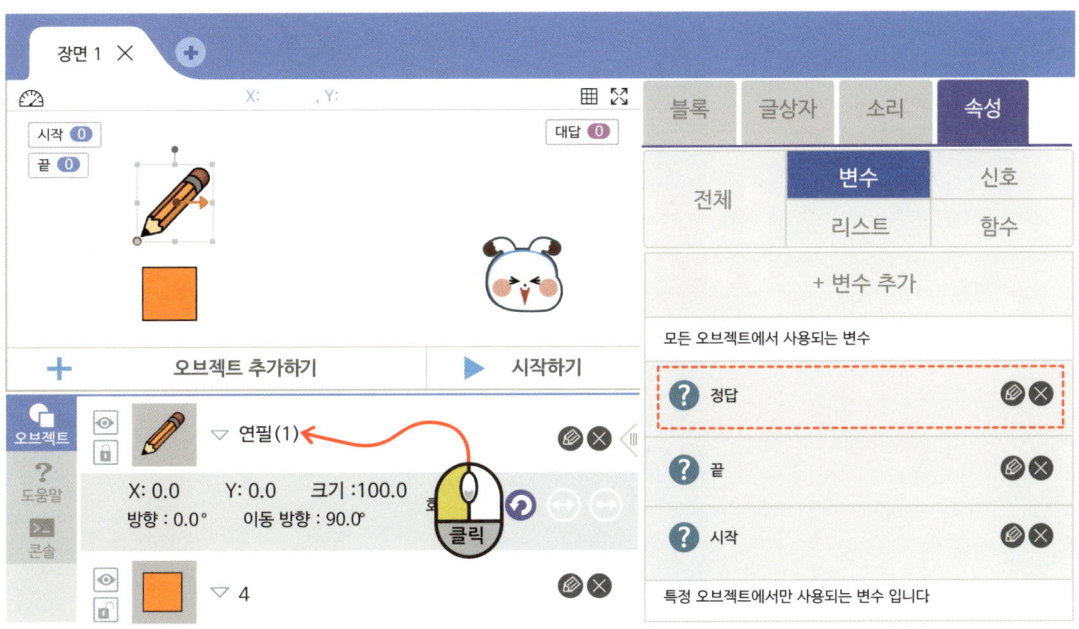

[끝] 변숫값에서 [시작] 변숫값을 뺀 값을 저장해주면 됩니다.

〈퀴즈 시작〉 신호를 받을 때 선을 그리도록 연필을 선택하고 코딩을 합니다.

- 퀴즈 시작 ▼ 신호를 받았을 때
- 시작 ▼ 를 0 부터 3 사이의 무작위 수 로 정하기
- 끝 ▼ 를 시작 ▼ 값 + 1 부터 4 사이의 무작위 수 로 정하기
- 정답 ▼ 를 끝 ▼ 값 - 시작 ▼ 값 로 정하기
- 1 초 기다리기
- 만일 시작 ▼ 값 = 0 이라면
  - 0 ▼ 위치로 이동하기
- 만일 시작 ▼ 값 = 1 이라면
  - 1 ▼ 위치로 이동하기
- 만일 시작 ▼ 값 = 2 이라면
  - 2 ▼ 위치로 이동하기
- 만일 시작 ▼ 값 = 3 이라면
  - 3 ▼ 위치로 이동하기
- 그리기 시작하기
- 붓의 굵기를 5 (으)로 정하기
- 붓의 색을 ■ (으)로 정하기
- 만일 끝 ▼ 값 = 1 이라면
  - 2 초동안 1 ▼ 위치로 이동하기
- 만일 끝 ▼ 값 = 2 이라면
  - 2 초동안 2 ▼ 위치로 이동하기
- 만일 끝 ▼ 값 = 3 이라면
  - 2 초동안 3 ▼ 위치로 이동하기
- 만일 끝 ▼ 값 = 4 이라면
  - 2 초동안 4 ▼ 위치로 이동하기

퀴즈를 시작하면 오른쪽 그림처럼 됩니다.

'엔트리봇 표정' 오브젝트에 [정답] 변수를 사용해서 아래 그림처럼 코딩을 합니다.

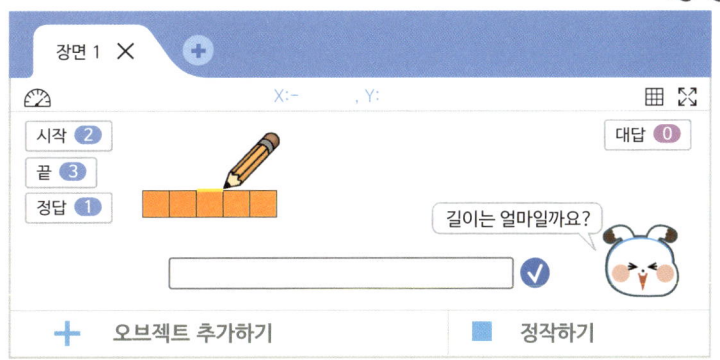

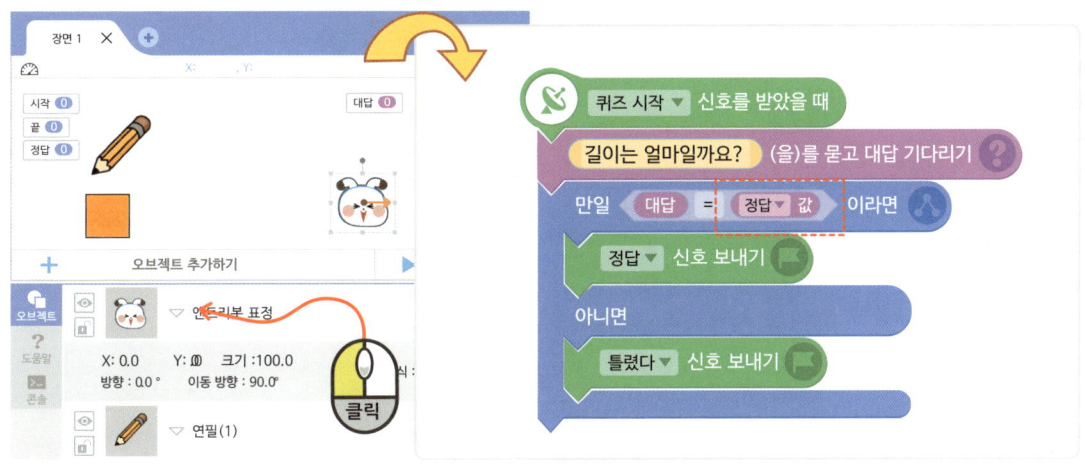

정답을 맞히면 다시 문제를 내도록 코딩을 합니다.

신호를 사용하면 쉽게 코딩을 할 수 있겠죠?

6. 길이를 재봐요 1

틀렸으면 다시 답을 물어봐야 하겠죠? 아래와 같이 코딩을 합니다.

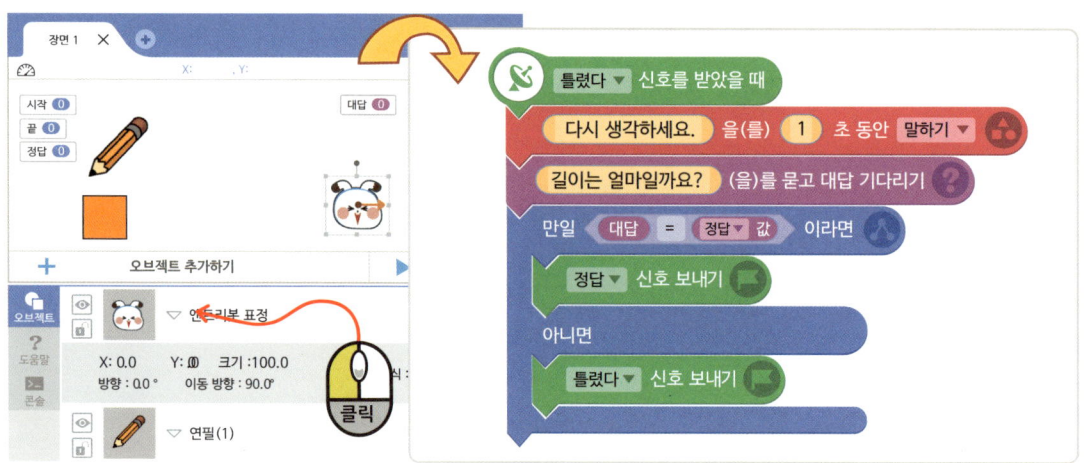

그런데 문제가 생겼습니다. 정답을 맞히면 다시 문제를 내는데, 그렸던 선이 남아 있습니다. 어떻게 하면 될까요?

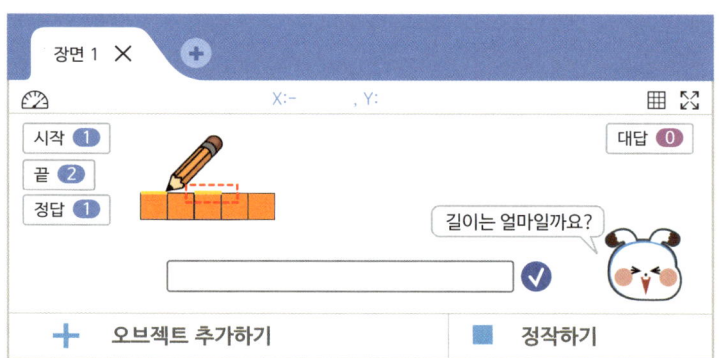

〈모든 붓 지우기〉 블록을 사용하면 됩니다. 이 블록을 사용하면 그렸던 선을 모두 지울 수 있습니다.

'연필(1)' 오브젝트 블록에 〈모든 붓 지우기〉 블록을 끼워 넣습니다.

자를 더 길게 만들려면 오브젝트를 더 복제해야 합니다.

코딩도 더 해야 하겠죠?

35씩 더해서 코딩을 해주면 됩니다.

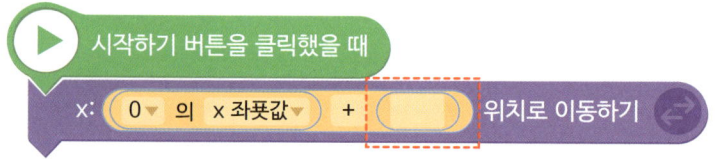

표로 정리해 볼까요?

오브젝트 이름	빨간색으로 표시한 칸에 넣어야 할 값
'5'	175
'6'	210
'7'	245
'8'	280
'9'	315
'10'	350

'연필(1)' 글상자에 〈만일 ~이라면〉 블록을 더 연결해서 코딩을 해야 합니다.

그런데 힘들고 귀찮다는 생각이 듭니다. 더 쉬운 방법은 없을까요?

 **배운 내용을 정리해요.**

'연필(1)' 오브젝트에 오른쪽 그림처럼 코딩을 했습니다.

이 코드를 바르게 설명한 학생을 고르세요.

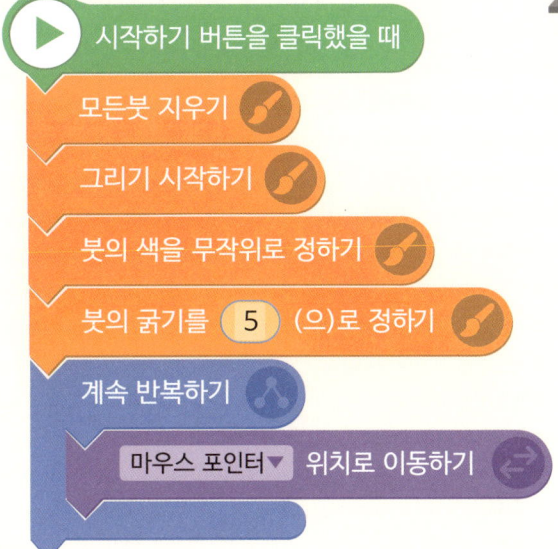

① 민수: '연필(1)' 오브젝트의 색깔이 계속 변합니다.
② 영희: 〈시작하기〉 버튼을 누를 때마다 선의 굵기가 바뀝니다.
③ 수정: 〈시작하기〉 버튼을 누르면 원 모양이 그려집니다.
④ 영철: '연필(1)' 오브젝트를 클릭했을 때 선이 그려집니다.
⑤ 철수: '연필(1)' 오브젝트에 있는 갈색점에서 선이 그려집니다.

	스스로 평가해요.	확인
1	그림을 직접 그릴 수 있어요.	
2	좌푯값을 사용해서 오브젝트의 위치를 바꿀 수 있어요.	
3	굵기와 색깔을 바꿔서 선을 그릴 수 있어요.	
4	〈묻고 대답 기다리기〉 블록을 사용해서 코딩할 수 있어요.	

답은 토마토출판사 카페(http://cafe.naver.com/arduinofun)에서 확인할 수 있습니다.

7

길이를 재봐요 2

조건을 사용하지 않고 더 쉽게 코딩을 할 수 있는 방법을 배워 보겠습니다.

〈x좌표를 ~만큼 바꾸기〉 블록을 사용하면 됩니다.

`x좌표를 10 만큼 바꾸기`

다음과 같이 왼쪽에 있는 코드는 오른쪽에 있는 코드로 바꿀 수 있습니다.

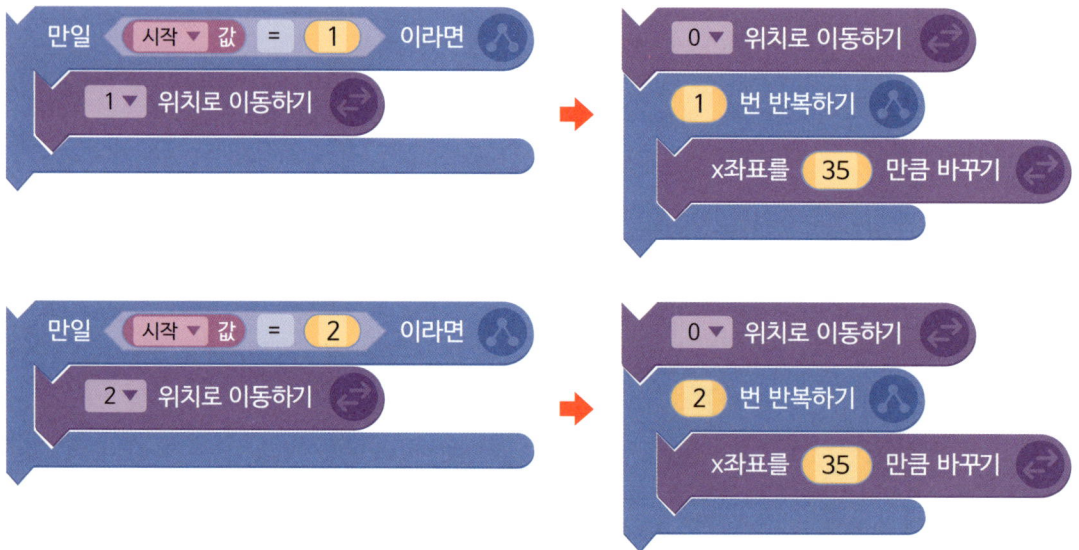

어떤 규칙을 찾을 수 있을 것 같습니다.

[시작] 변숫값과 반복하는 수는 어떤 관계가 있나요?

[시작] 변숫값만큼 반복하면 됩니다.

오른쪽 그림처럼 코딩하면 아주 깔끔하지 않나요?

아래 그림과 같이 코드를 바꿔줍니다.

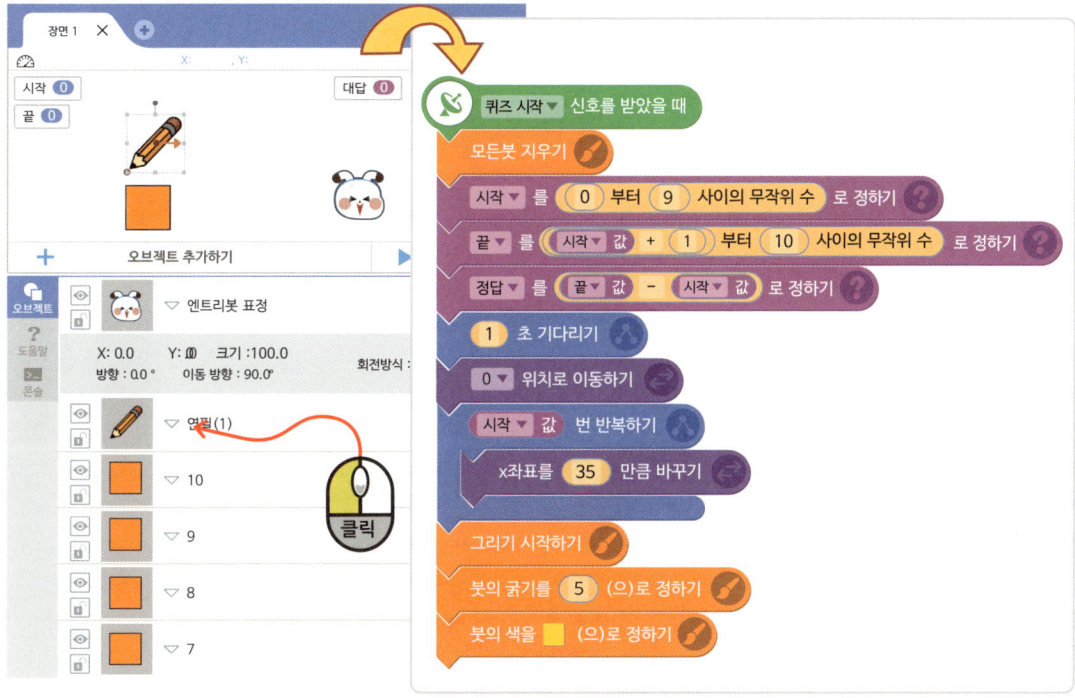

끝나는 곳을 정하는 코드도 바꿔줘야 합니다.

어떻게 하면 될까요? 아래의 블록을 사용하면 됩니다.

이 블록은 정해진 시간 동안 원하는 좌푯값만큼 움직입니다.

위 블록을 사용하면 지금 있는 곳에서 오른쪽으로 10, 위쪽으로 10만큼 떨어진 곳으로 2초 동안 움직입니다.

7. 길이를 재봐요 2

우선 변수를 하나 만들어야 합니다. [좌표]라는 변수를 만듭니다.

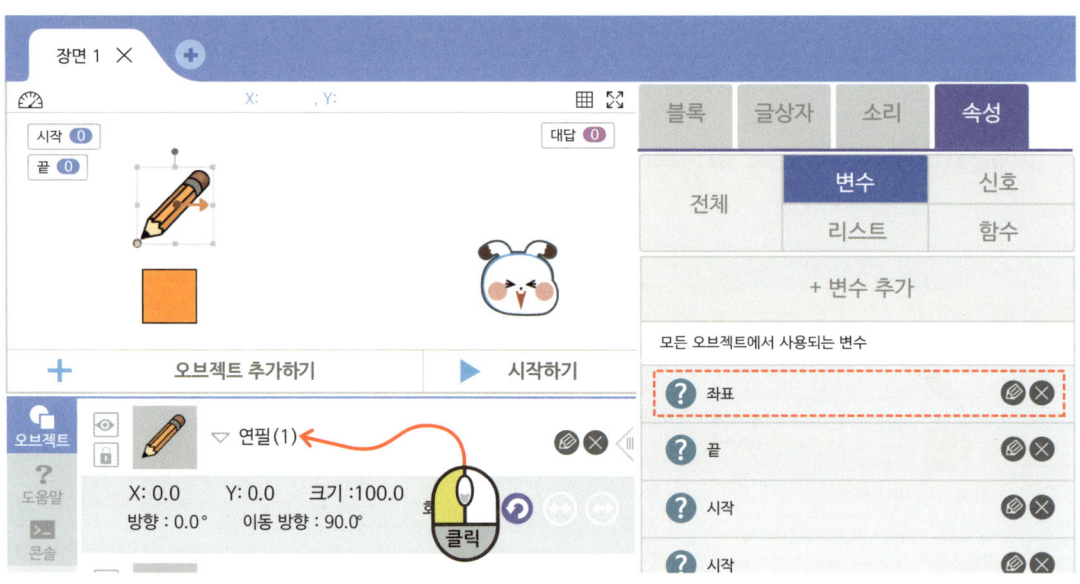

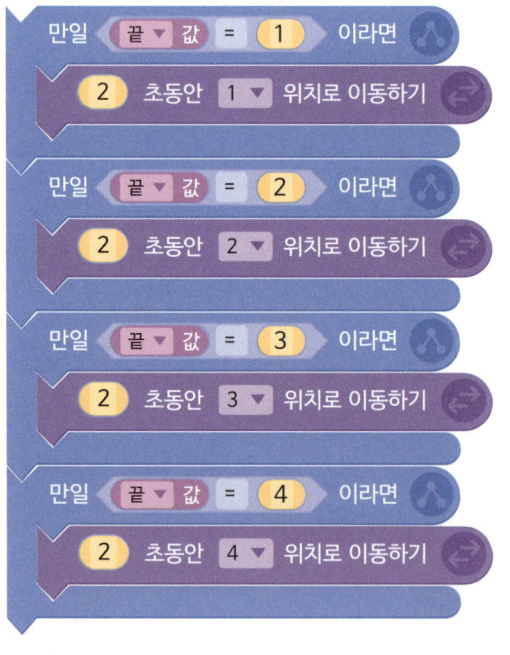

'연필(1)'에 있는 왼쪽 코드도 아래와 같은 코드로 바꿔줘야 합니다.

정답이 '3'이라고 하면 [끝] 변숫값은 [시작] 변숫값보다 3이 더 큽니다. '연필(1)' 오브젝트가 세 칸을 더 오른쪽으로 움직이는 것이죠. 오른쪽으로 35씩, 세 번 움직여야 합니다. 즉, [정답] 변숫값만큼 반복해서 오른쪽으로 35씩 움직여야 합니다. 이해가 잘 안되면 다시 한번 천천히 생각해 보세요.

아래 그림처럼 코딩을 완성합니다.

길고 어려워 보이지만 나눠서 생각하면 그렇게 어렵지 않습니다.

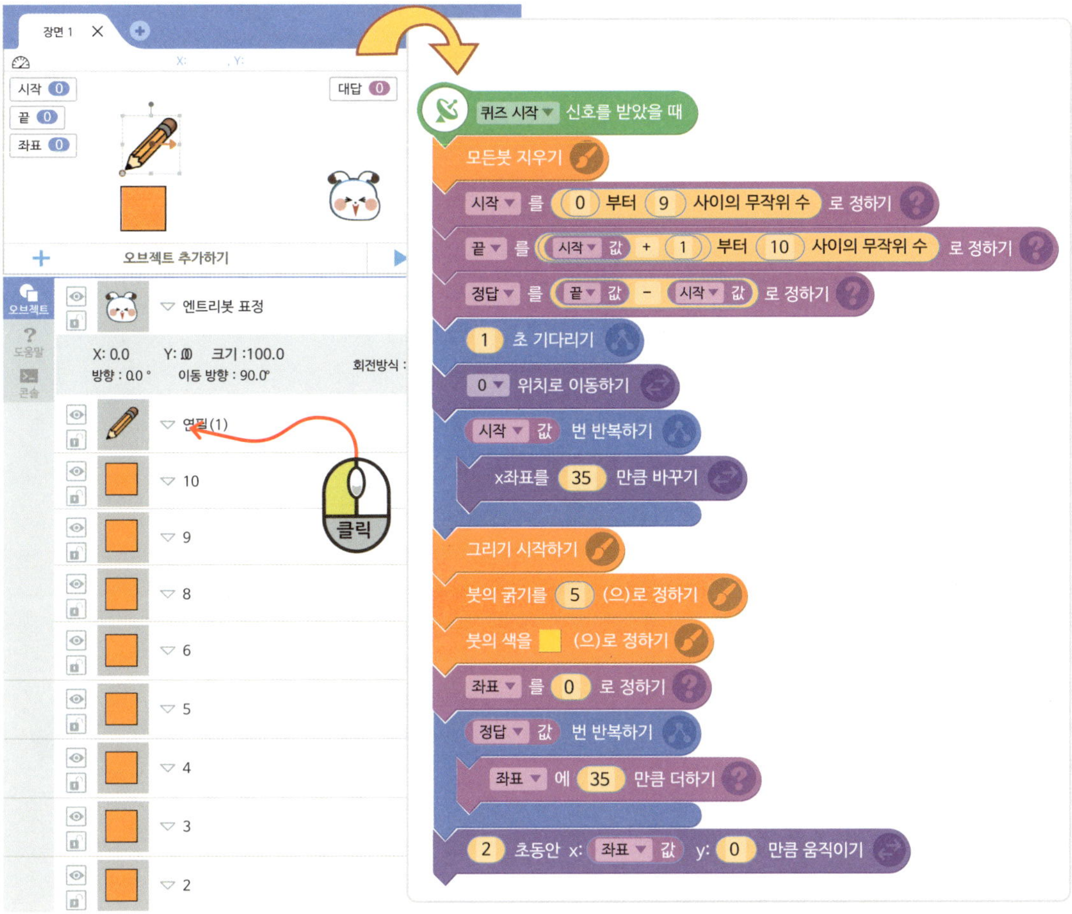

이 코드가 하는 일을 표로 정리해 볼까요?

1	그렸던 선을 모두 지운다.
2	시작하는 곳과 끝나는 곳을 무작위 수를 사용해서 정한다.
3	시작하는 곳으로 움직여서 그리기를 시작한다. 이때 선의 굵기와 색도 정한다.
4	끝나는 곳까지 움직인다. 그러면 선이 그려진다.

7. 길이를 재봐요 2

그러면 오른쪽 그림처럼 됩니다.

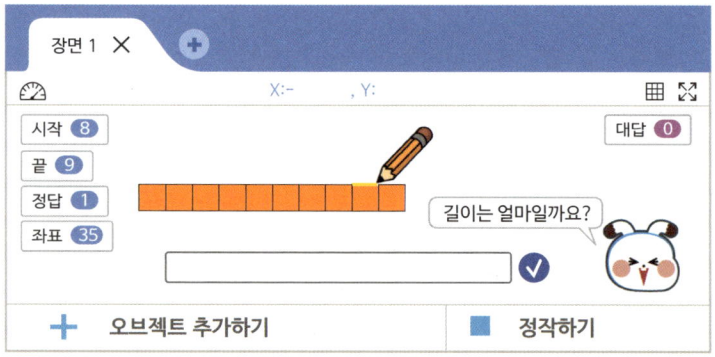

어떻게 하면 퀴즈를 더 재미있게 만들 수 있을까요? 우리가 만든 자가 움직이면 더 재미있지 않을까요?

'0' 글상자에 아래 그림처럼 코딩을 합니다.

그러면 〈퀴즈 시작〉 신호를 받았을 때 y좌푯값이 -100에서 100 사이가 됩니다.

나머지 오브젝트는 '0' 오브젝트를 따라서 움직여야 합니다.

잘 되는지 확인해 볼까요?

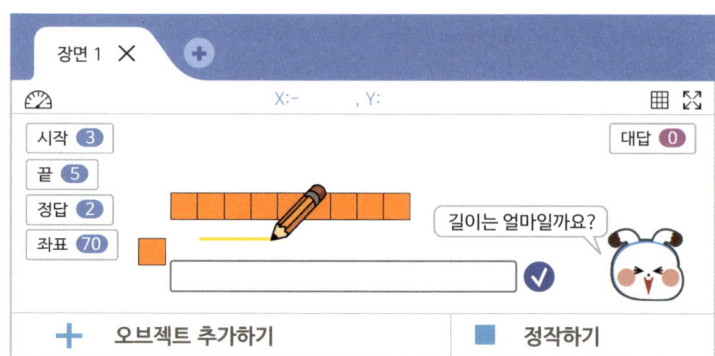

확인을 해보니 문제가 있습니다. 나머지 오브젝트가 '0' 오브젝트를 따라서 움직이지 않습니다.

무엇이 문제일까요? 차근차근 생각해 봅시다.

우선 '1' 오브젝트가 '0' 오브젝트를 따라가도록 코드를 바꿔봅시다.

잘 생각해보니, 〈퀴즈 시작〉 신호를 받았을 때 움직여야 할 것 같습니다.

아래 그림처럼 코딩을 하고 잘 되는지 확인해 보면,

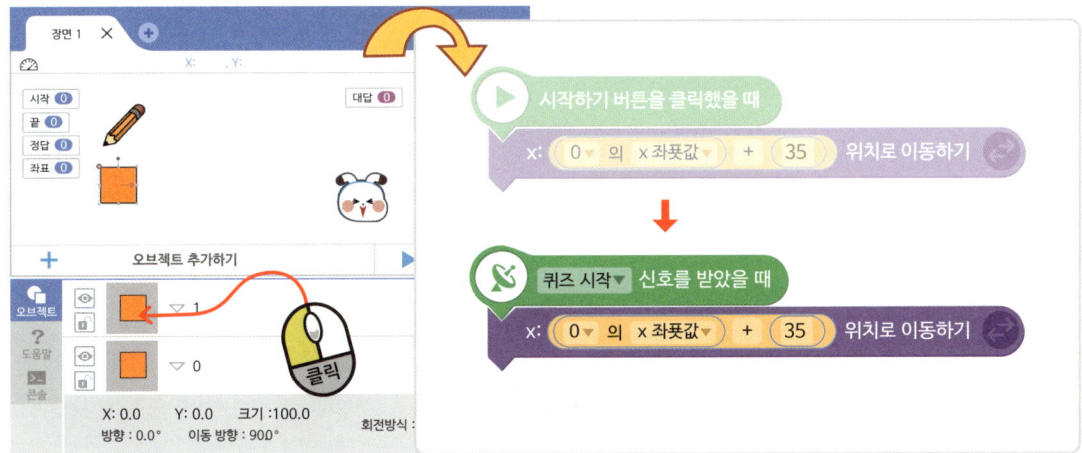

오른쪽 그림처럼 됩니다.

왜일까요?

y좌푯값은 바뀌지 않았기 때문이죠.

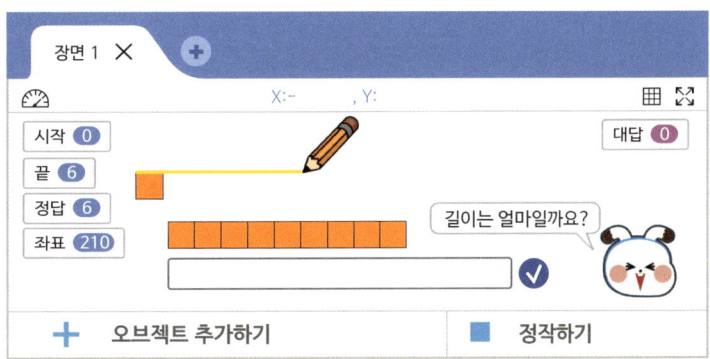

7. 길이를 재봐요 2

아래의 〈좌푯값으로 이동하기〉 블록을 사용해보면 어떨까요?

이 블록을 사용하면 우리가 정한 좌표로 바로 이동합니다.

'0' 오브젝트가 움직이고 1초 있다가 '1' 오브젝트가 움직이면 될 것 같습니다.

'1' 오브젝트에 아래 그림처럼 코딩을 합니다.

그러면 우리가 원하는 대로 움직입니다.

나머지 오브젝트는 아직 '0' 오브젝트를 따라서 움직이지 않습니다.

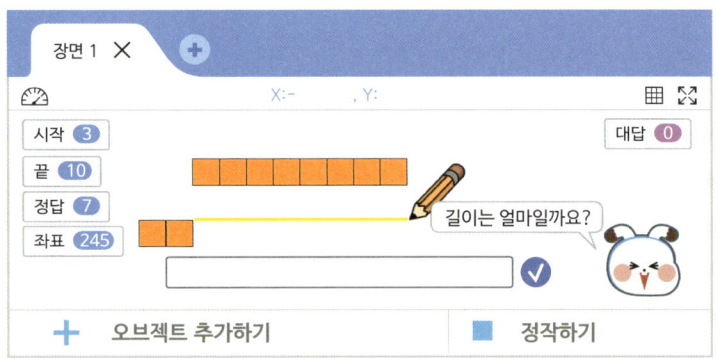

다른 방법은 없을까요?

신호를 사용해서 코딩하는 방법도 있습니다.

'0' 글상자 움직이고 신호를 보냅니다. 나머지 오브젝트는 이 신호를 받으면 움직이는 것이죠.

'0' 오브젝트를 선택하고 〈움직였다〉 신호를 만들고, 신호를 사용해 코딩을 합니다.

'1' 오브젝트를 선택하고 그림처럼 바꿉니다.

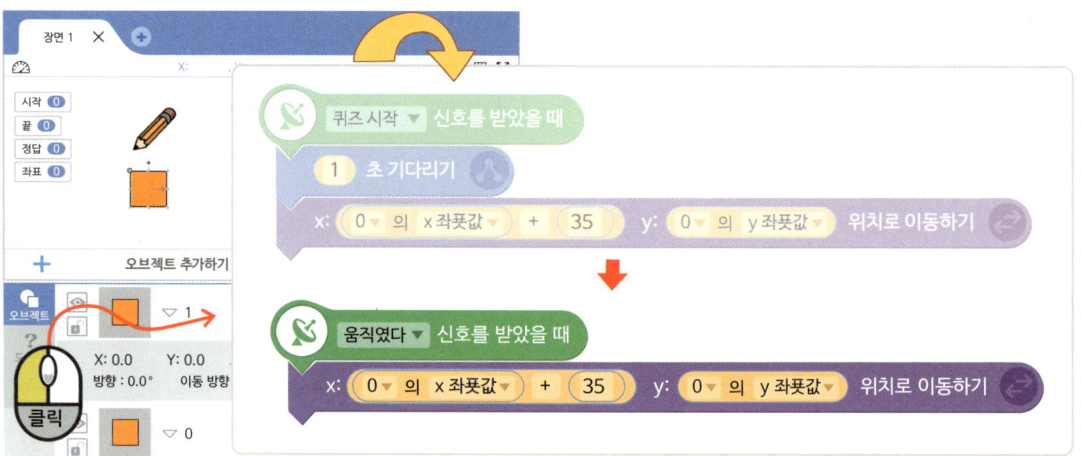

이 코드를 복사하고 나머지 오브젝트에 붙여 넣으면 되겠죠?

x좌푯값에 더해주는 값을 바꿔주면 오른쪽 그림처럼 됩니다.

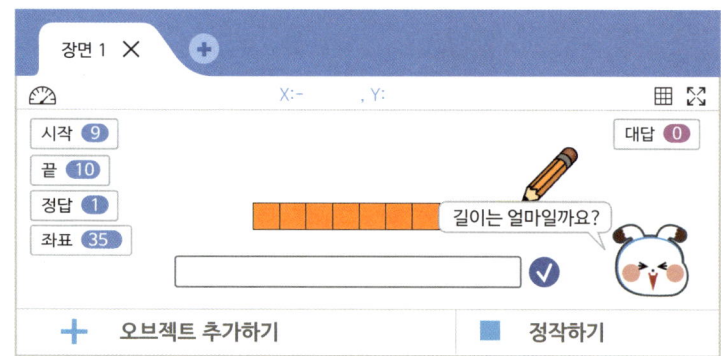

그런데 '엔트리봇 표정' 오브젝트가 말하는 글상자가 선에 가립니다.

그래서 '0' 오브젝트가 아래로는 0, 위로는 100까지만 움직이도록 코딩을 합니다.

문제를 맞혔으니 점수를 올려줘야겠죠?

'엔트리봇 표정' 오브젝트를 선택해서 [점수] 변수를 만들고, 코딩을 하면 됩니다.

7. 길이를 재봐요 2   235

배경을 넣습니다.

배경음악은 유튜브 등에서 어울리는 음악을 찾아 저장하고 이름을 '게임배경음악'으로 바꿉니다.

〈소리 추가〉→〈파일 업로드〉→〈파일 추가〉를 클릭하고 저장했던 파일을 가져와 코딩을 합니다.

'제한 시간'도 코딩을 합니다.

[시간] 변수를 만들고 기본값을 여러분이 원하는 수로 정합니다.

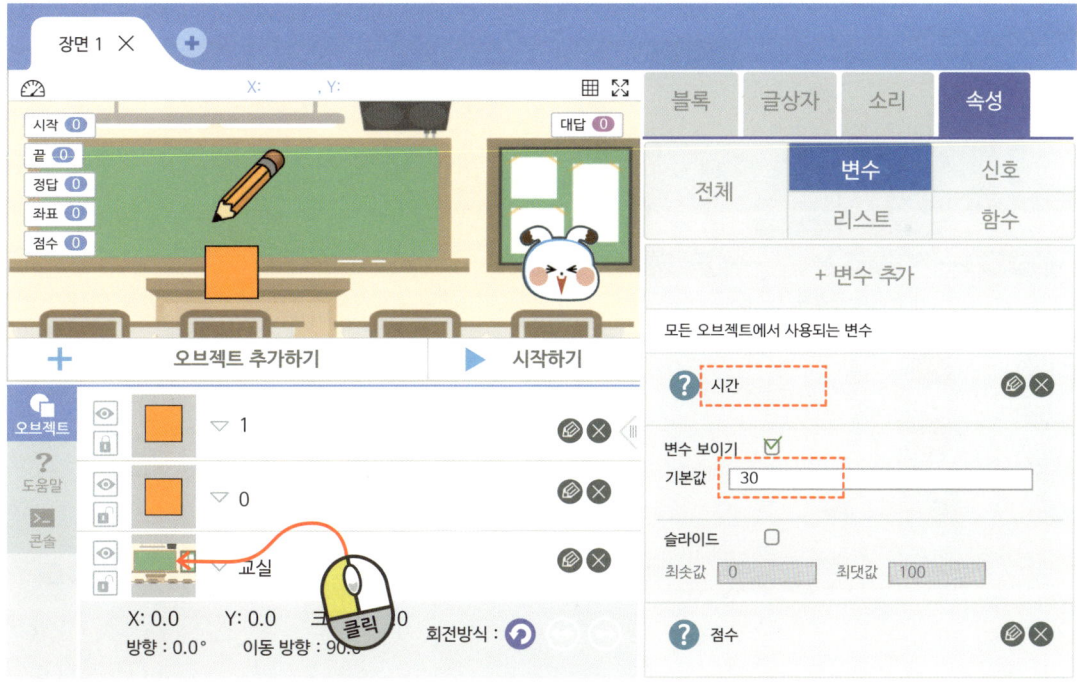

게임이 끝나면 〈게임 끝〉 신호를 보낸 것처럼 퀴즈가 끝나면 〈퀴즈 끝〉 신호를 보내도록 코딩합니다.

장면 창에서 [시작], [끝], [정답], [좌표] 변수를 숨겨 보이지 않게 합니다.

마지막으로 퀴즈를 설명하는 글상자를 만들겠습니다.

오른쪽 그림처럼 글을 쓴 '퀴즈 설명' 글상자를 만듭니다.

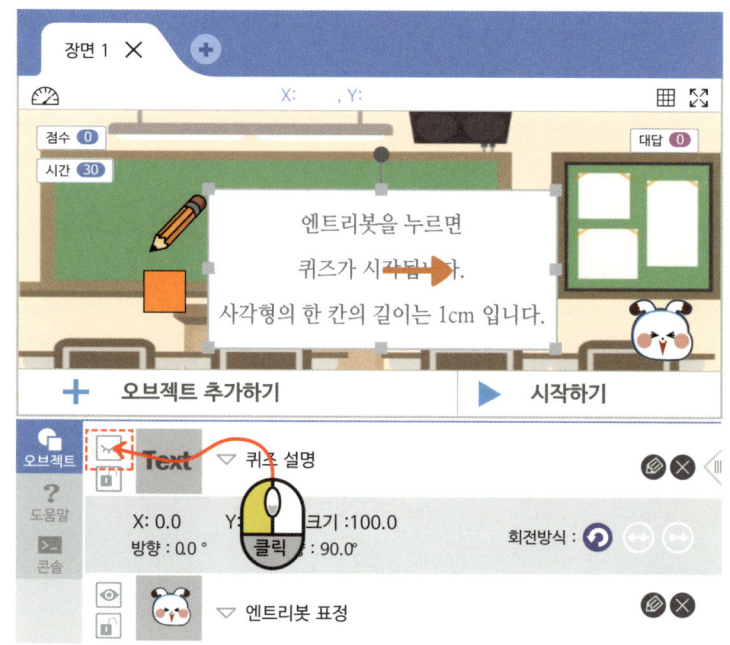

장면 창에서 '퀴즈 설명' 글상자가 보이지 않게 눈 모양을 클릭하고, 코딩을 합니다.

그런데 '퀴즈 설명' 글상자가 사라지고 시간이 줄어들어야 하는데 〈시작하기〉를 누르자마자 시간이 줄어듭니다. 어떻게 하면 될까요?

신호를 하나 더 만들면 됩니다. 〈시간 시작〉 신호를 만듭니다.

7. 길이를 재봐요 2

〈시간 시작〉 신호를 보내도록 코드를 바꿔줍니다.

〈시간 시작〉 신호를 받았을 때 시간이 줄어들면 되겠죠?

'교실' 배경을 선택하고 코드를 바꿔줍니다.

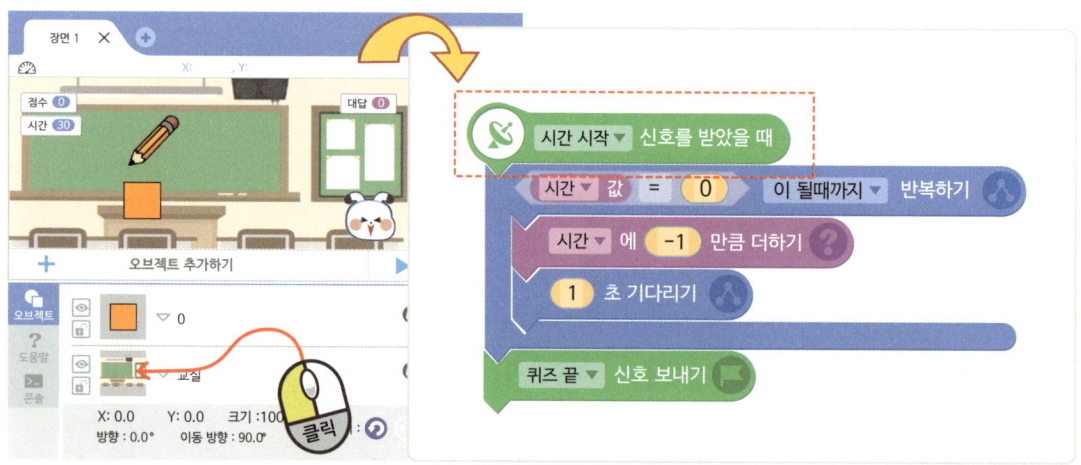

퀴즈가 끝나면 얼마나 문제를 잘 풀었는지 점수를 보여줘야겠죠?

'퀴즈 결과'라는 글상자를 만들고 코딩을 합니다. 장면 창에서 보이지 않게 눈 모양을 클릭하는 것도 잊지 마세요.

[시간] 변수의 기본값을 작게 정하고 게임 결과를 확인합니다.

그러면 오른쪽 그림처럼 점수를 알려줍니다.

잘 되죠? 그러면 [시간] 변수의 기본값을 원하는 수로 정합니다.

엔트리로 길이를 맞히는 퀴즈를 만들어 봤습니다.

좌표를 사용하니 멋진 작품을 쉽게 만들 수 있죠? 열심히 반복해서 읽고, 직접 작품을 만들면서 여러분의 코딩 실력을 쑥쑥 키워보세요.

 **배운 내용을 정리해요.**

〈퀴즈 시작〉 신호를 받으면 [시작], [끝], [정답], [좌표] 변수를 사용해서 선을 그립니다.

'0' 오브젝트의 중심점에서부터 시작합니다.

무작위 수를 사용해서 오른쪽으로 움직이면서 선을 그립니다.

아래의 코드와 연결해야 할 코드의 기호를 순서대로 쓰세요.

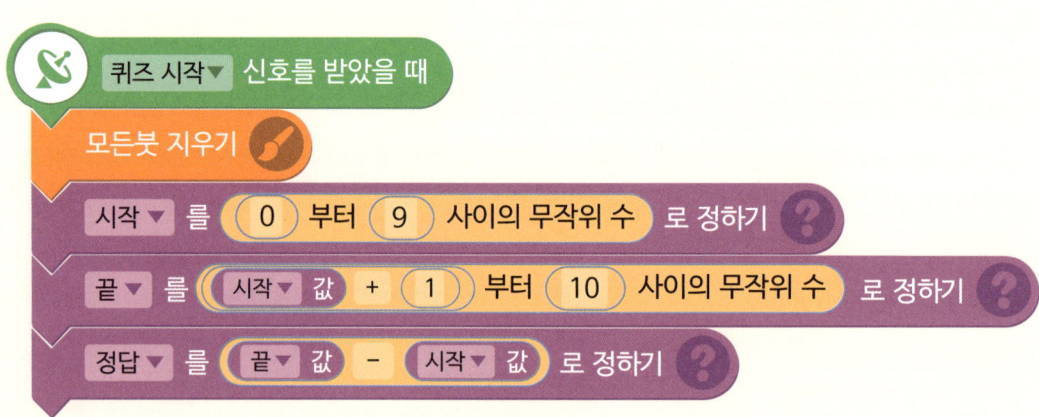

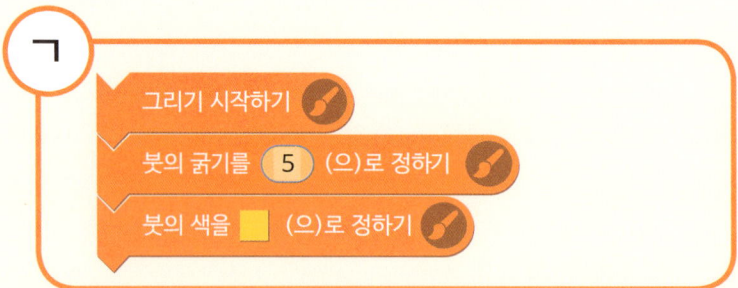

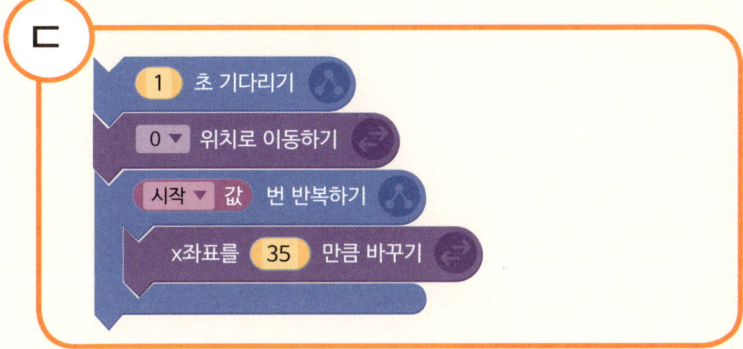

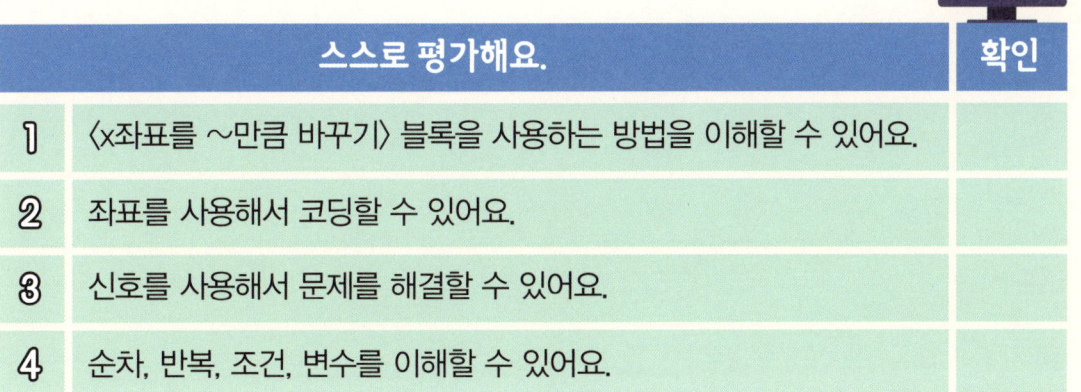

	스스로 평가해요.	확인
1	〈x좌표를 ~만큼 바꾸기〉 블록을 사용하는 방법을 이해할 수 있어요.	
2	좌표를 사용해서 코딩할 수 있어요.	
3	신호를 사용해서 문제를 해결할 수 있어요.	
4	순차, 반복, 조건, 변수를 이해할 수 있어요.	

답은 토마토출판사 카페(http://cafe.naver.com/arduinofun)에서 확인할 수 있습니다.

Chapter

3

통합교과

1. 표정을 바꿔요 1
2. 표정을 바꿔요 2

소프트웨어로 배우는

1 표정을 바꿔요 1

우리는 얼굴 표정으로 생각과 감정을 표현할 수 있습니다.

여러 가지 표정을 지어보고 자세히 살펴봅시다.

눈, 코, 입 모양이 어떻게 바뀌나요? 우리는 어떤 표정을 지을 수 있을까요?

 즐거워요.  슬퍼요.

이번 시간에는 엔트리로 다양한 표정을 만드는 방법을 배워 보겠습니다.

〈우리가 만들 게임〉

얼굴, 머리, 눈, 코, 입 모양을 바꿔서 다양한 표정을 만들 것입니다.

얼굴, 머리, 눈, 코, 입 오브젝트를 찾아서 넣어야겠죠?

화살표 키를 누르면 글상자가 바뀝니다. 무엇을 바꿀지 정하는 것이죠.

버튼을 클릭하면 모양을 바꿀 수 있도록 버튼을 두 개 만듭니다 .

오브젝트 색깔도 바꿔야겠죠? 마찬가지로 버튼을 두 개 만들고 이 버튼을 눌러서 오브젝트 색깔을 바꿀 수 있도록 코딩을 하겠습니다.

또한 무작위 수를 사용해서 표정을 자동으로 만들 수 있도록 하겠습니다.

마지막으로 원래 색깔로 돌아오게 하는 버튼도 만들겠습니다.

먼저 ×표시를 클릭해서 엔트리봇을 지웁니다.

먼저 얼굴을 만들어야겠죠? 아래 그림처럼 '얼굴모양' 오브젝트를 찾아서 넣습니다.

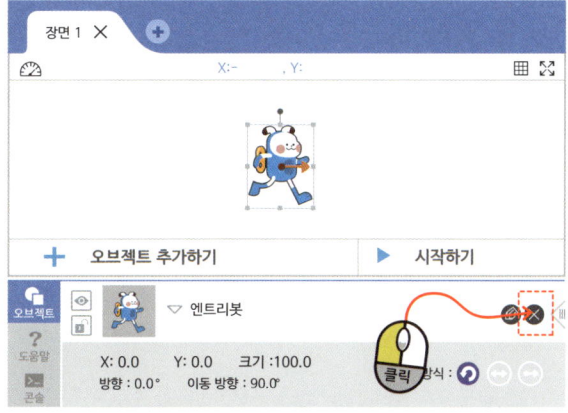

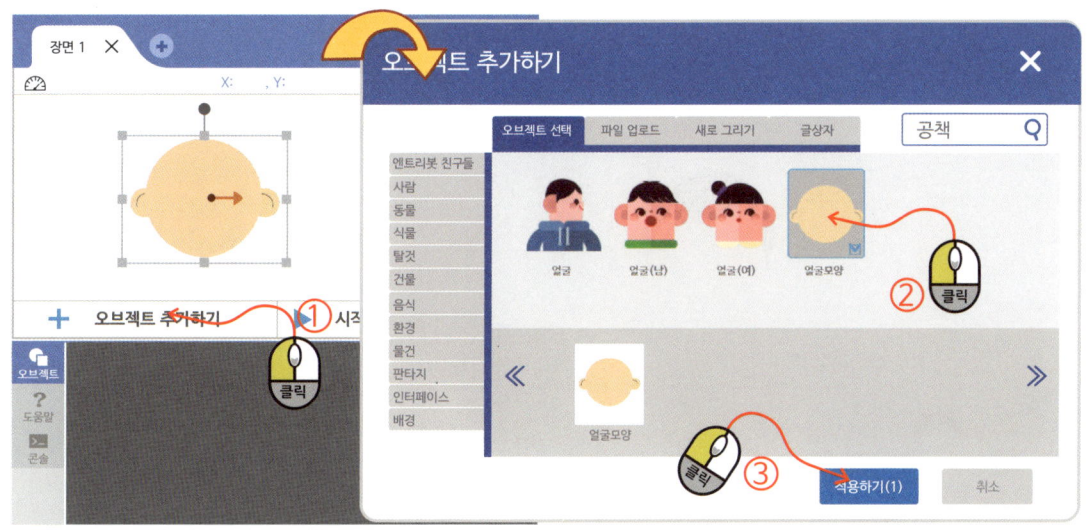

'얼굴모양' 오브젝트를 크게 해줍니다. 너무 작으면 어떤 표정인지 구분하기 힘들기 때문이죠.

머리모양도 넣어야 하겠죠? '머리'라고 검색하면 남자와 여자 머리모양이 나옵니다. 이 책에서는 '머리(남)' 오브젝트를 사용하겠습니다.

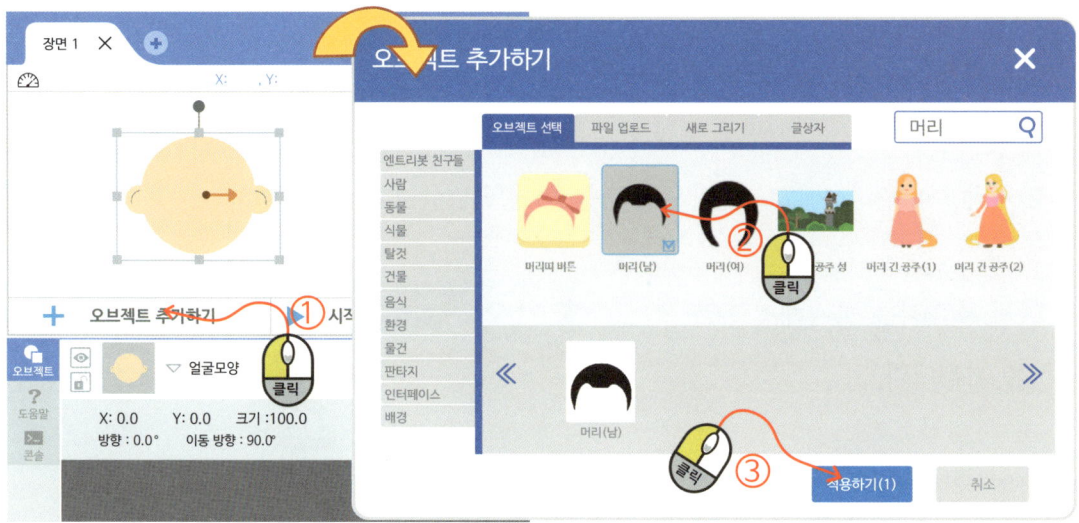

얼굴에 맞도록 '머리(남)' 오브젝트의 크기를 바꿉니다.

'얼굴모양' 오브젝트를 선택하고 〈모양〉을 클릭하면 다양한 얼굴모양이 나옵니다.

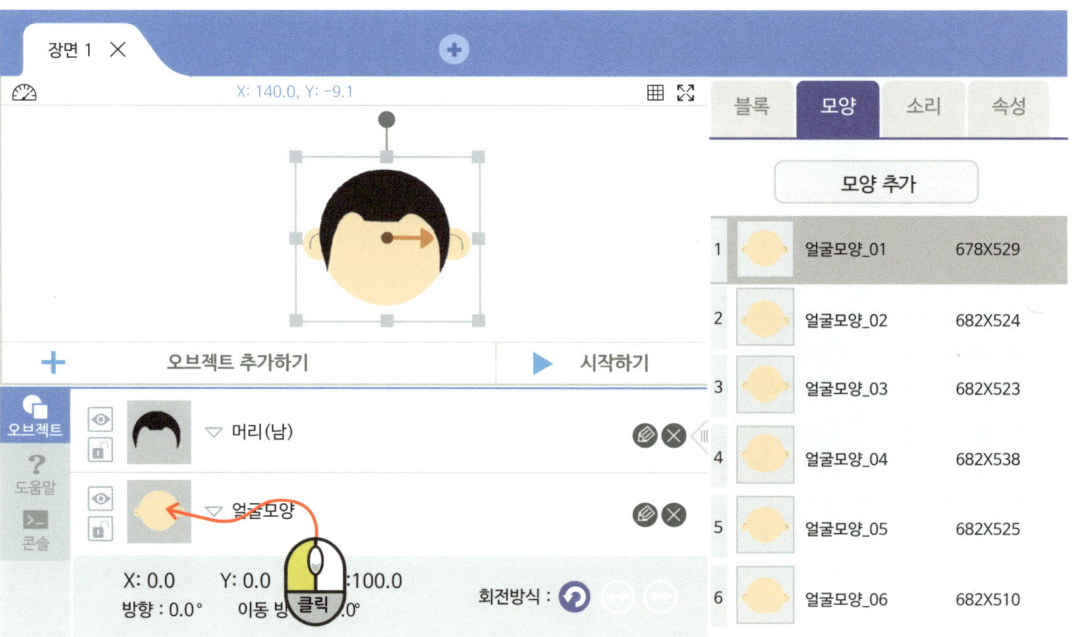

어떻게 얼굴모양을 바꾸면 될까요?

여러 가지 방법이 있지만 먼저 키보드로 얼굴모양을 바꾸는 방법을 배워 보겠습니다.

〈~키를 눌렀을 때〉 블록을 사용하겠습니다.

오른쪽 그림의 빨간색으로 표시한 〈q〉를 마우스로 클릭하면 키보드 모양이 나옵니다.

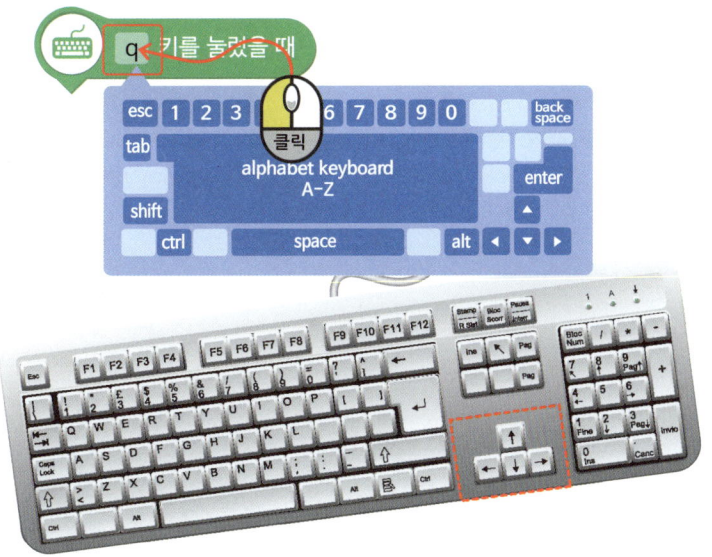

키보드 모양이 나올 때 원하는 키를 눌러서 블록을 바꿀 수 있습니다.

오른쪽 화살표(→) 키를 누르면 블록이 바뀝니다.

'얼굴모양' 오브젝트에 코딩을 합니다.

1. 표정을 바꿔요 1

앞에서 '얼굴모양' 오브젝트의 다양한 모양을 봤죠?

오른쪽 화살표 키를 누르면 다음 모양으로 모양이 바뀌는 것이죠.

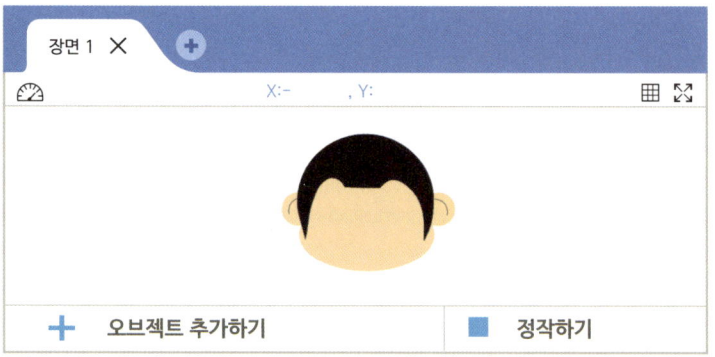

바로 전 모양으로도 바꿀 수 있습니다.

〈이전 모양으로 바꾸기〉 블록을 사용하면 됩니다. 〈다음 모양으로 바꾸기〉 블록에서 세모 표시(▼)를 눌러서 블록을 바꿉니다.

왼쪽 화살표(←) 키를 누르면 바로 전 모양으로 바뀌도록 코딩을 합니다.

머리 모양도 바꿔 볼까요?

'머리(남)' 오브젝트를 선택하고 〈모양〉을 클릭해 볼까요?

다음 그림처럼 머리 모양이 여러 개 있습니다.

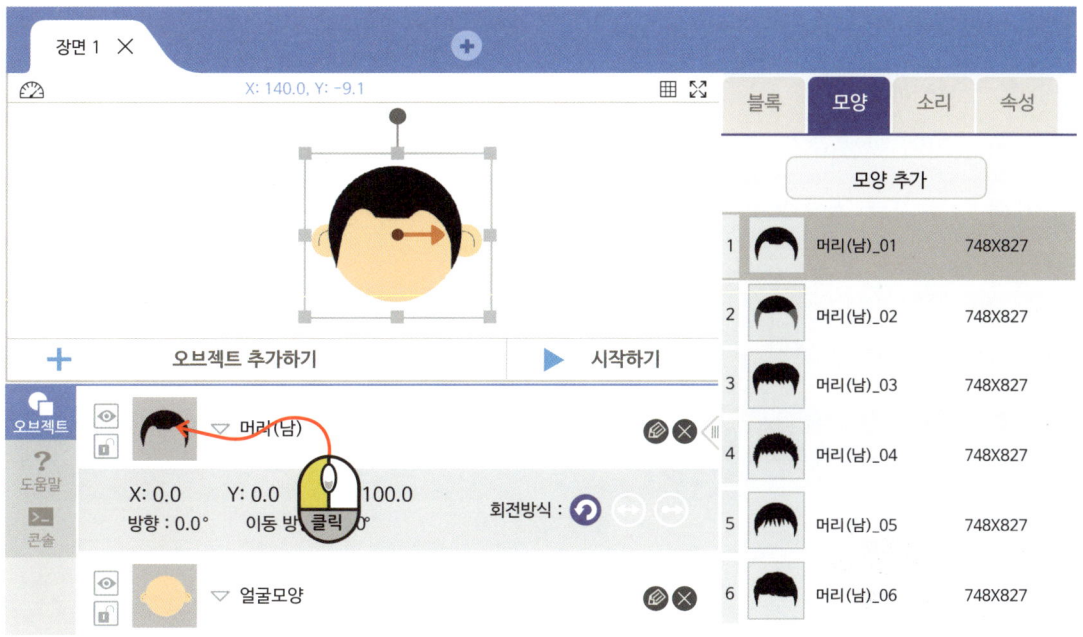

머리 모양도 키보드를 사용해서 바꿔 보겠습니다.

이번에는 위쪽 화살표(↑) 키와 아래쪽 화살표(↓) 키를 사용해서 모양을 바꿔 볼까요? '머리(남)' 오브젝트에 아래 그림처럼 코딩을 합니다.

위쪽 화살표(↑) 키를 누르면 다음 모양으로 바꾸고, 아래쪽 화살표(↓) 키를 누르면 이전 모양으로 바꿉니다.

그러면 오른쪽 그림처럼 머리 모양이 바뀝니다.

눈도 넣어야 하겠죠?

아래 그림처럼 '눈' 오브젝트를 넣고, 다른 오브젝트와 어울리도록 크기를 바꿔줍니다.

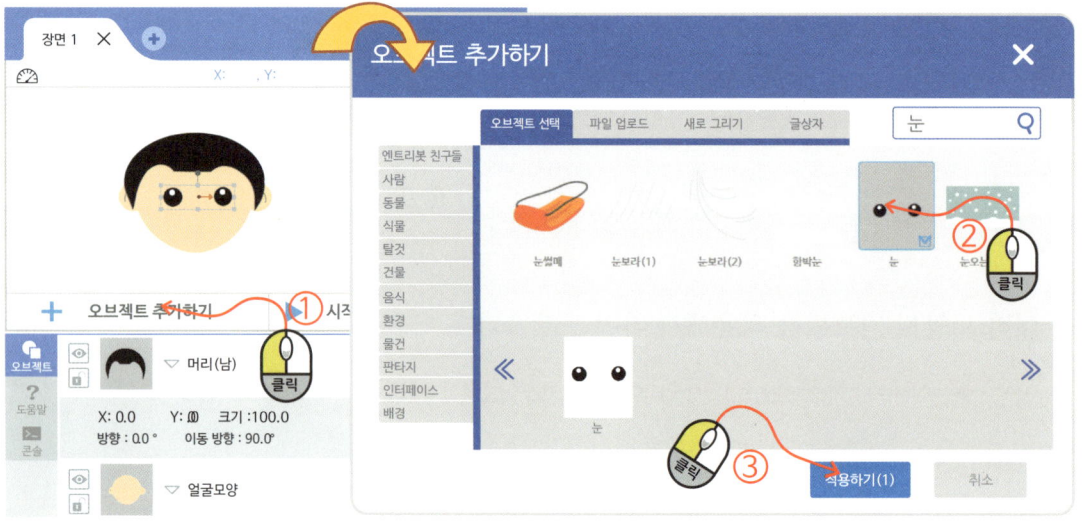

코도 넣습니다.

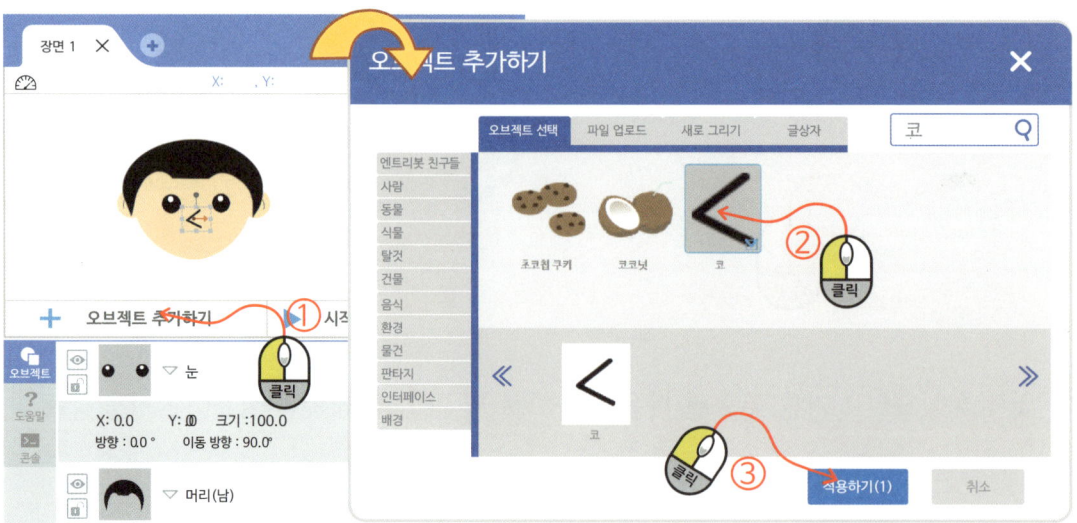

252 Chapter 3 통합교과

입도 넣어야 하겠죠?

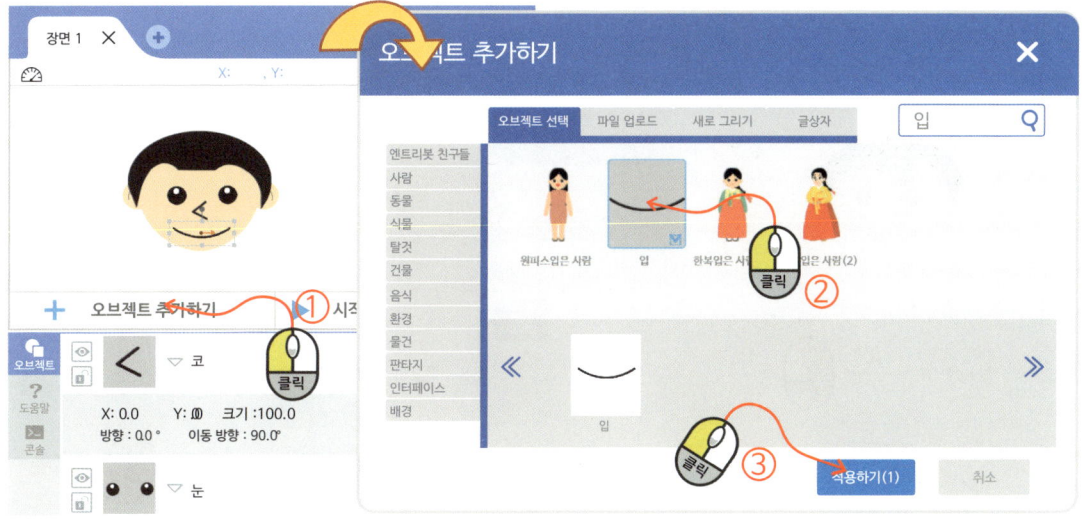

얼굴, 머리, 눈, 코, 입을 다 넣고 잘 어울리도록 크기를 맞춥니다.

화살표 키를 사용해서 얼굴, 머리, 눈, 코, 입의 모양을 바꿔야 합니다.

그런데 화살표 키로는 얼굴 모양과 머리 모양만 바꿀 수 있습니다.

어떻게 하면 될까요? 바로 변수를 사용하면 됩니다.

어떤 모양을 바꿀 수 있는지 알 수 있도록 표시를 해줘야 합니다.

예를 들면, 지금 얼굴 모양을 바꿀 수 있으면 '얼굴'이라고 알려주는 것이죠.

이럴 때는 글상자를 사용하면 정말 편리합니다.

글상자를 만들고 '얼굴'이라고 씁니다.

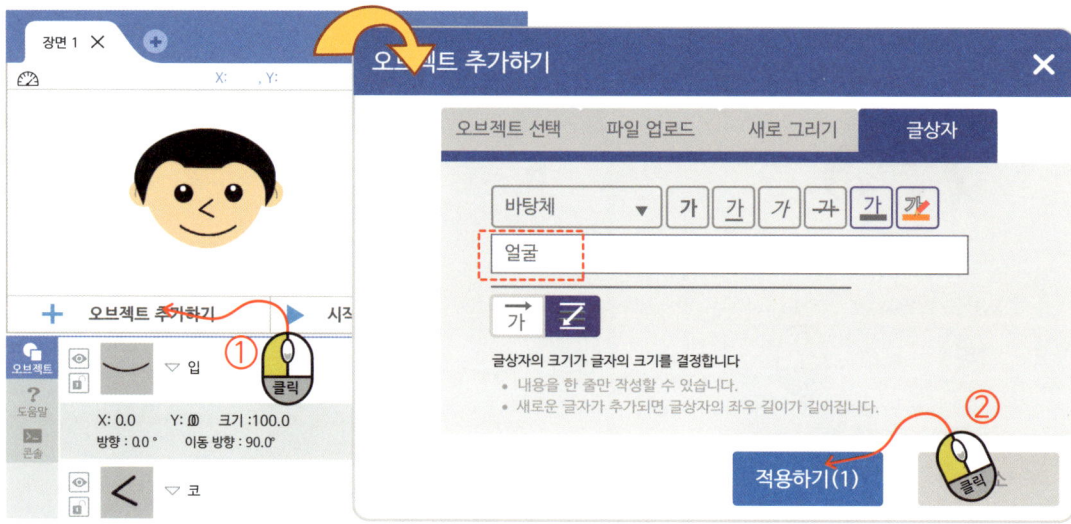

글상자의 이름을 '몸 글상자'로 바꿉니다.

[몸] 변수를 만들고 기본값을 1로 정하면 [몸] 변수의 처음 값은 1이 됩니다.

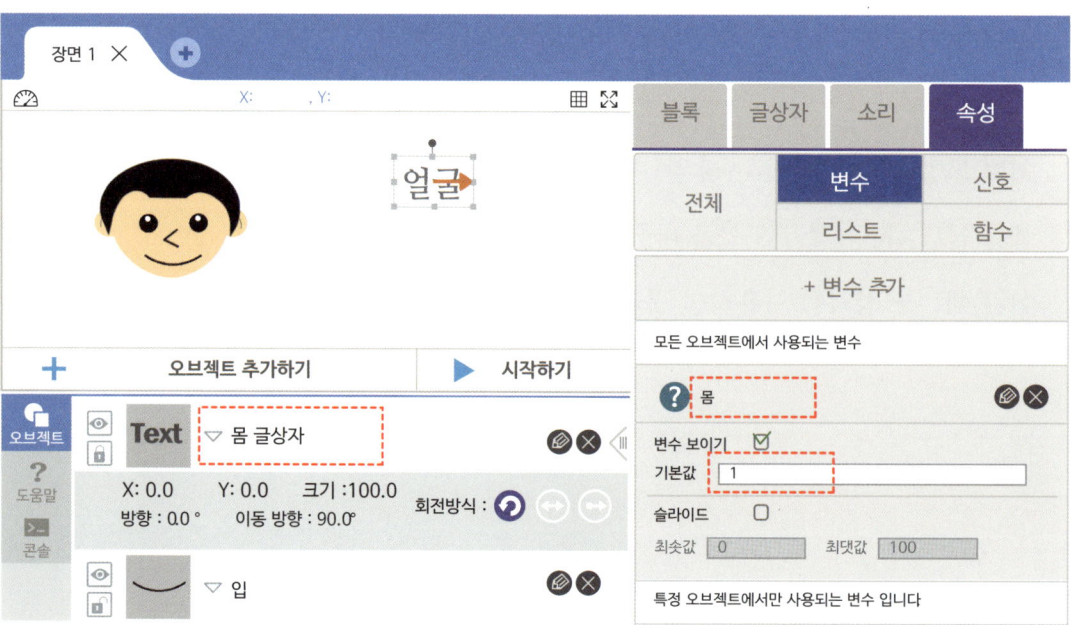

이 [몸] 변숫값이 바뀌면 글상자의 글도 바뀌게 하면 됩니다.

자~ 이제부터 천천히 읽으면서 어떻게 하면 되는지 알아봅시다.

위쪽 화살표(↑) 키와 아래쪽 화살표(↓) 키를 누르면 [몸] 변숫값이 바뀌도록 '몸 글상자'에 코딩을 합니다.

〈작품 시작〉 신호를 만듭니다. 이 신호를 받으면 다른 오브젝트가 어떤 일을 하도록 합니다. 〈게임 시작〉 신호를 받으면 게임을 시작하는 것과 같습니다.

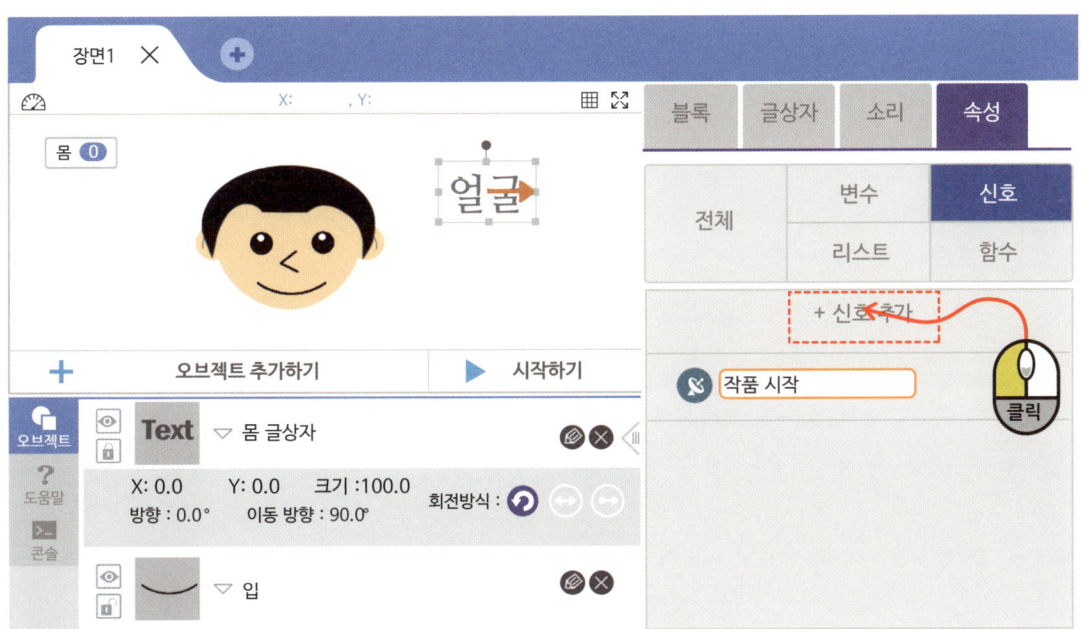

1. 표정을 바꿔요 1

'몸 글상자'에 코딩을 합니다.

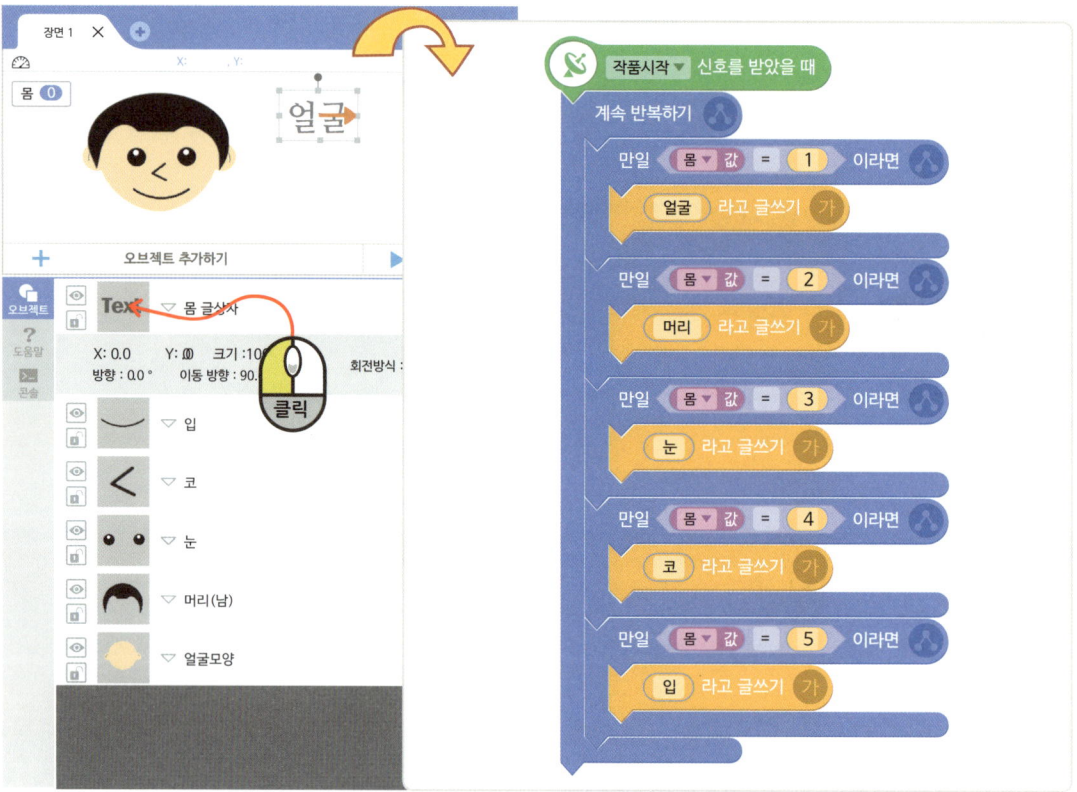

[몸] 변숫값에 따라 글상자에 쓰인 낱말이 달라지는 것이죠.

표로 정리해 볼까요?

[몸] 변숫값	글상자의 쓰인 낱말
1	얼굴
2	머리
3	눈
4	코
5	입

코딩을 하고 위쪽 화살표(↑) 키를 눌러볼까요?

아래 그림처럼 [몸] 변숫값이 커지고, 글상자에 쓰인 낱말도 바뀝니다.

그런데 문제가 있습니다.

[몸] 변숫값이 5보다 커지면 계속 '몸 글상자'에 쓰인 낱말이 계속 '입'이 됩니다.

반대로 아래쪽 화살표(↓) 키를 누르면 [몸] 변숫값이 작아집니다. 그런데 1보다 작으면 '몸 글상자'에 쓰인 낱말이 계속 '얼굴'이 됩니다.

어떻게 하면 될까요?

[몸] 변숫값이 5보다 크면 [몸] 변숫값을 다시 1로 정하면 됩니다. 이것을 부등호로 나타내면 아래 그림이 됩니다.

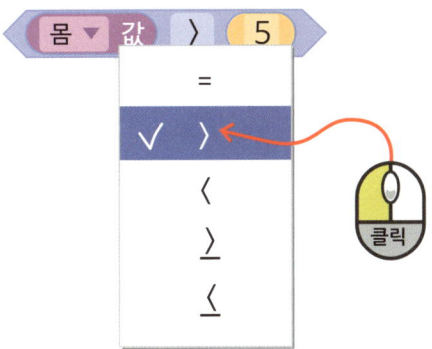

[몸] 변숫값이 5보다 크다는 뜻입니다.

부등호를 사용해서 '몸 글상자'에 코딩을 합니다.

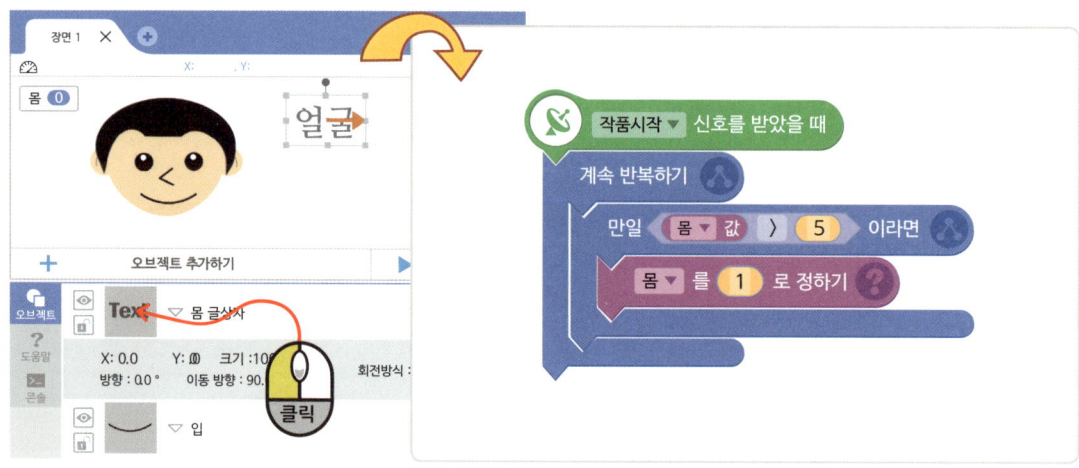

[몸] 변숫값이 1보다 작을 때는 반대로 [몸] 변숫값을 5로 정하면 되겠죠?

아래와 같이 코딩을 합니다.

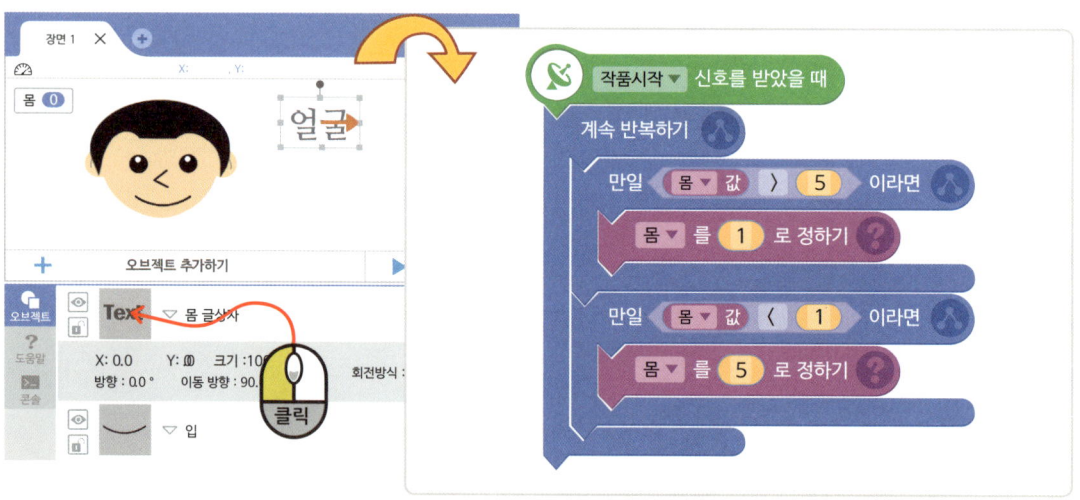

모양이 바뀌도록 코딩을 해볼까요? ◀ 모양과 ▶ 모양을 사용할 것입니다.

◀ 모양을 클릭하면 이전 모양으로 바뀌고, ▶ 모양을 클릭하면 다음 모양으로 바뀌는 겁니다.

삼각형을 그려서 사용할 수도 있지만, 더 쉬운 방법이 있습니다.

글상자를 만들고 'ㅁ'이라고 쓰고 〈한자〉 키를 누릅니다. 〈한자〉 키는 키보드 아래쪽에 있습니다.

그러면 여러 가지 모양이 나옵니다. 위쪽 화살표(↑) 키와 아래 화살표(↓) 키를 눌러서 ▶모양을 찾습니다. 찾았으면 엔터(Enter) 키를 누릅니다.

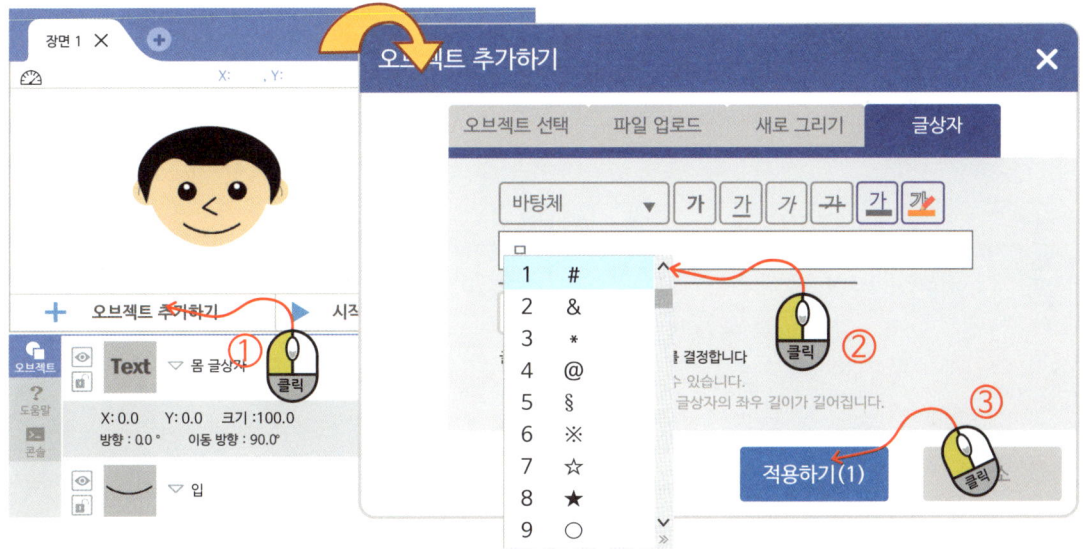

색깔을 바꿉니다. 이 책에서는 주황색으로 바꿨습니다.

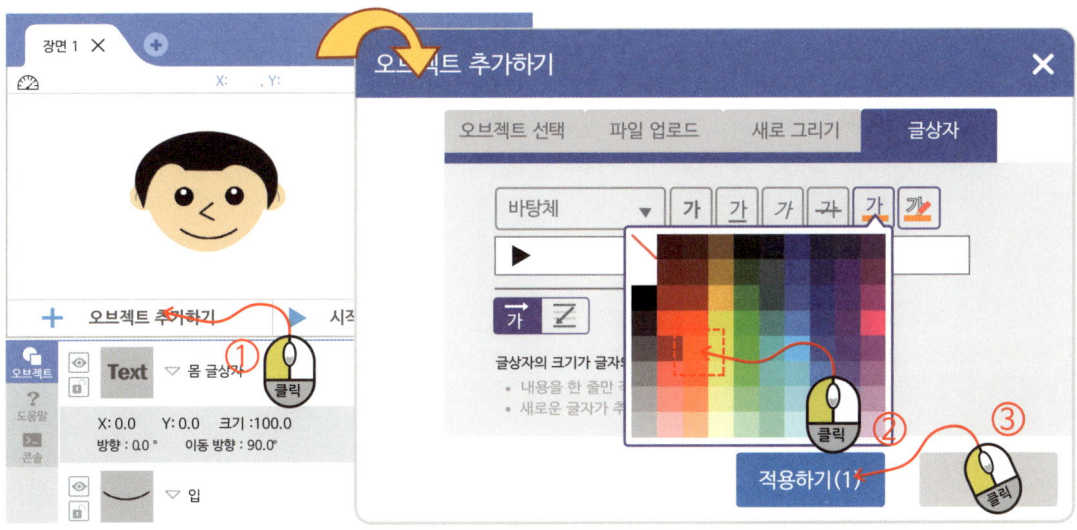

1. 표정을 바꿔요 1

이름을 '모양 다음'으로 짓습니다.

'모양 다음' 오브젝트를 선택하고 〈다음 모양〉 신호를 만들고, 코딩을 합니다.

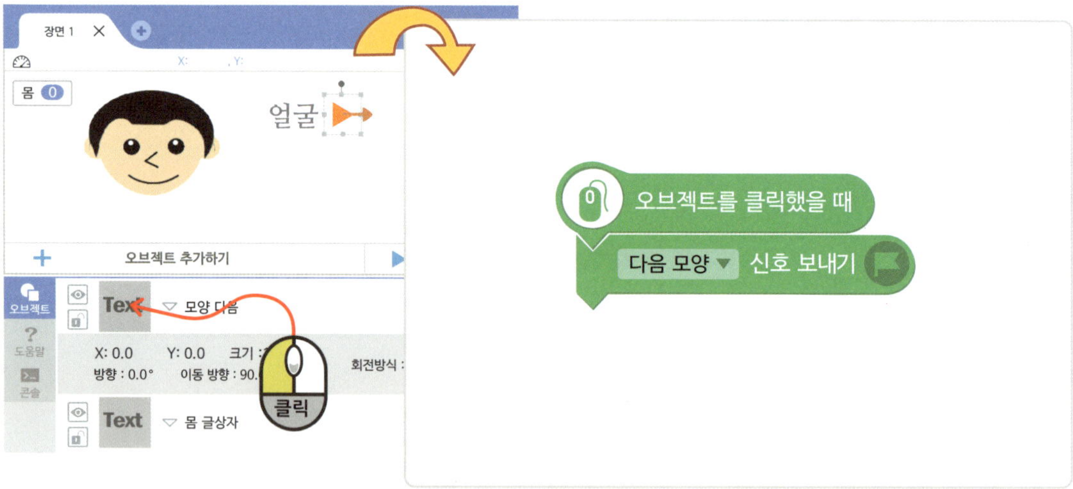

그러면 '모양 다음' 오브젝트를 클릭했을 때 〈다음 모양〉 신호를 보냅니다.

이 신호를 받으면 모양을 바꾸면 되겠죠?

앞에서 만들었던 표를 다시 볼까요?

[몸] 변숫값	글상자의 쓰인 낱말
1	얼굴
2	머리
3	눈
4	코
5	입

[몸] 변숫값이 1일 때 〈다음 모양〉 신호를 받으면 얼굴 모양이 바뀌도록 코딩을 해야 하겠죠?

'얼굴모양' 오브젝트에 코딩을 합니다.

코딩을 하고 잘 되는지 중간중간 확인을 해야 합니다.

[몸] 변숫값이 1이고 '모양 다음' 오브젝트를 클릭했을 때 얼굴 모양이 바뀌는지 확인해 볼까요?

얼굴 모양이 잘 바뀝니다.

머리 모양도 바뀌도록 코딩을 합니다.

'얼굴모양' 오브젝트에 코딩했던 것을 복사해서 사용하면 쉽게 코딩할 수 있습니다.

머리 모양은 [몸] 변숫값이 2일 때 바뀌어야 합니다. 숫자만 2로 바꾸면 됩니다.

잘 되는지 확인해야겠죠?

[몸] 변숫값을 아래 화살표(↓) 키와 위쪽 화살표(↑) 키를 사용해서 2로 바꾸고 '모양 다음' 오브젝트를 클릭합니다. 그러면 머리 모양이 바뀝니다.

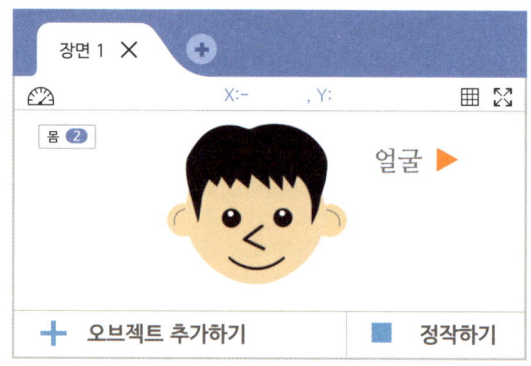

'눈' 오브젝트에 코딩을 합니다.

'코' 오브젝트에 코딩을 합니다.

'입' 오브젝트에는 다음과 같이 코딩을 하면 되겠죠?

[몸] 변숫값을 아래 화살표(↓) 키와 위쪽 화살표(↑) 키를 사용해서 바꾸고 '모양 다음' 오브젝트를 클릭해서 표정을 바꿔 보세요.

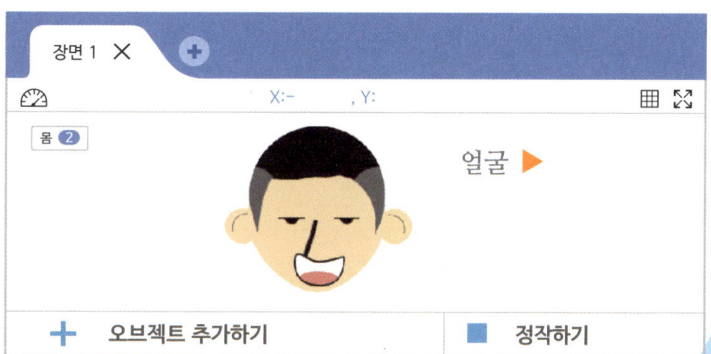

이제는 바로 전 모양으로 바뀌도록 코딩해 봅시다.

마찬가지로 'ㅁ'이라고 쓰고 〈한자〉 키를 누르고 ◀ 모양을 찾아 엔터(Enter) 키를 누릅니다. 색깔도 바꿔줘야겠죠?

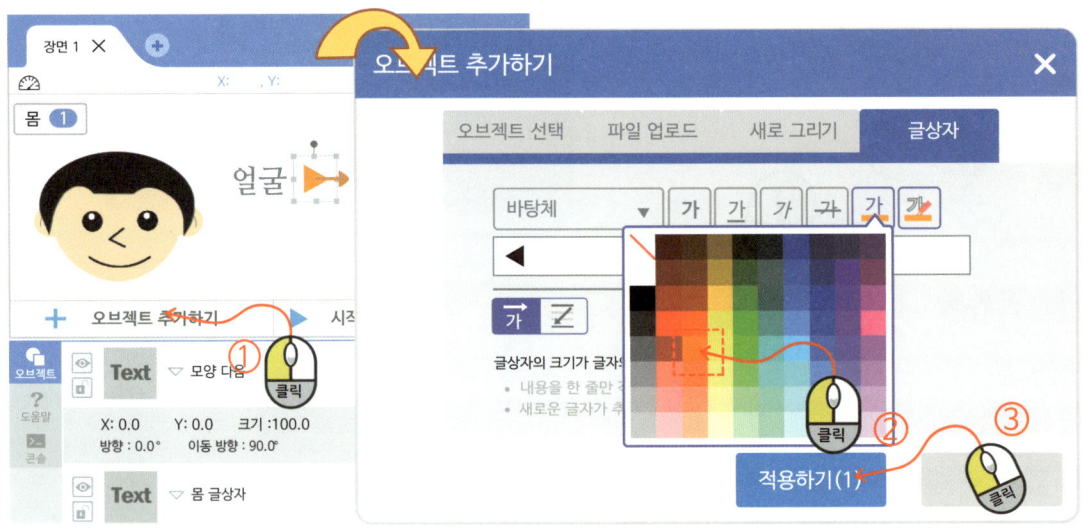

이름을 '모양 이전'이라고 바꿉니다.

'모양 이전' 오브젝트를 선택하고 〈이전 모양〉 신호를 만들고, 코딩을 합니다.

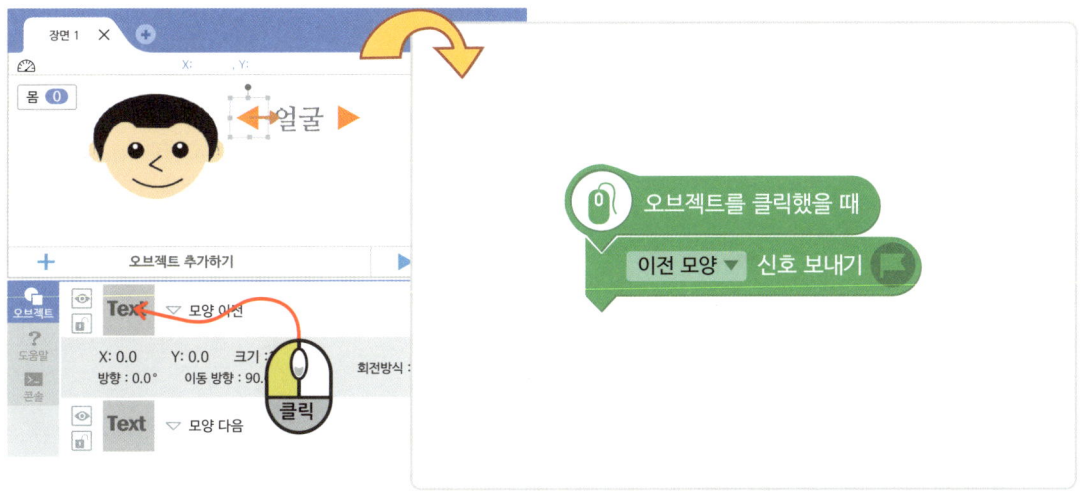

다른 오브젝트가 〈이전 모양〉 신호를 받으면 바로 전 모양으로 바뀌어야겠죠?

'얼굴모양' 오브젝트를 선택해서 원래 코딩한 것을 복사하고 붙여넣기 합니다.

붙여넣기 한 코드를 조금만 바꿔서 코드를 만듭니다.

〈다음 모양〉 신호를 〈이전 모양〉 신호로 바꿉니다.

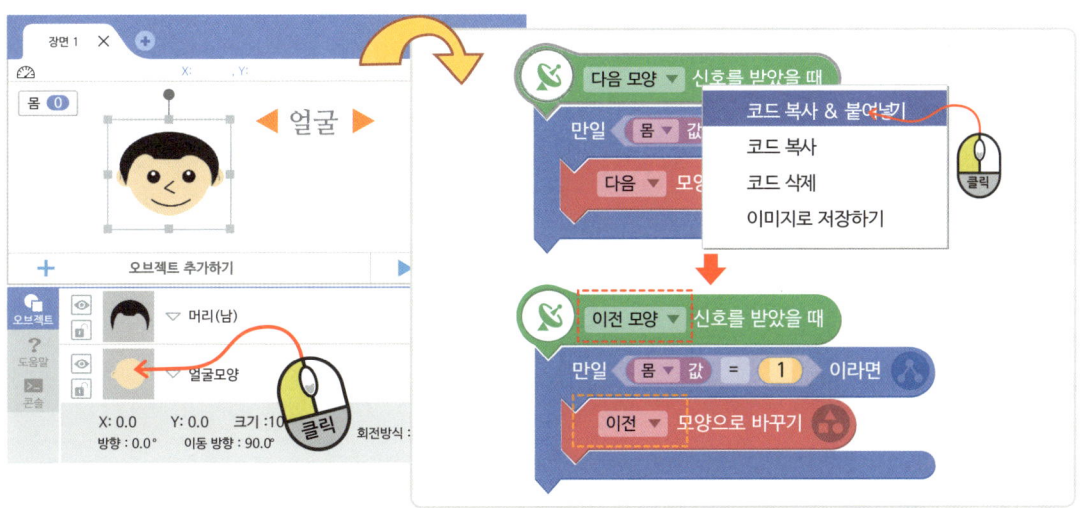

나머지 머리(남), 눈, 코, 입 오브젝트도 코드를 복사해서 코딩을 하면 됩니다.

1. 표정을 바꿔요 1

 **배운 내용을 정리해요.**

'개구쟁이' 오브젝트는 여섯 가지 모양이 있습니다.

첫 번째 모양을 고르고 아래와 같이 코딩했습니다.
〈시작하기〉를 클릭하면 몇 번째 모양으로 바뀔까요?

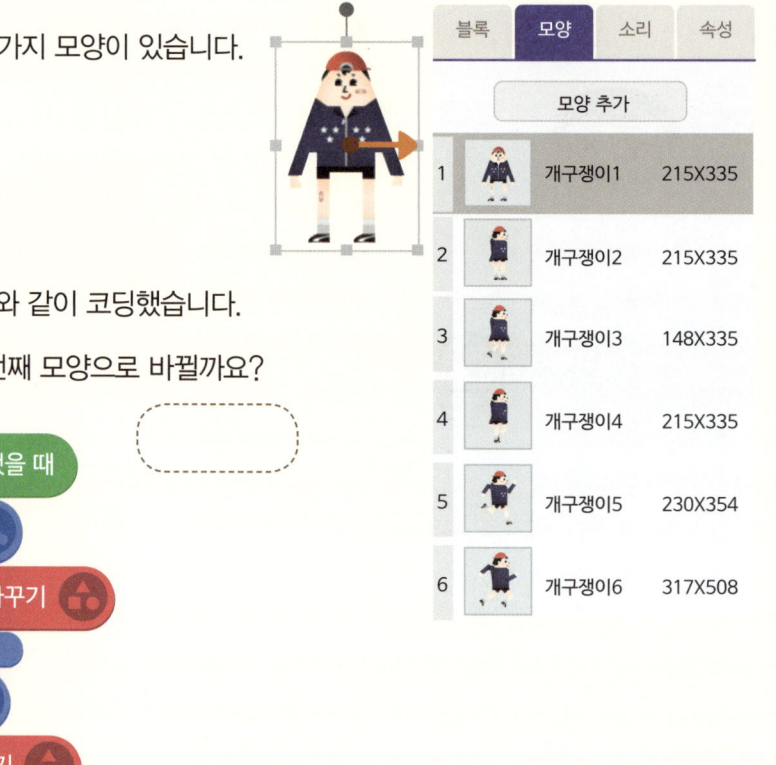

	스스로 평가해요.	확인
1	얼굴, 머리, 눈, 코, 입 오브젝트가 서로 어울리도록 크기와 위치를 바꿀 수 있어요.	
2	변수를 사용해서 여러 가지 오브젝트의 모양과 색깔을 바꿀 수 있어요.	
3	신호를 사용해서 문제를 해결할 수 있어요.	
4	순차, 반복, 조건, 변수를 이해할 수 있어요.	

답은 토마토출판사 카페(http://cafe.naver.com/arduinofun)에서 확인할 수 있습니다.

2 표정을 바꿔요 2

이번 시간에는 색깔을 바꾸는 방법을 배워 보겠습니다.

'색'이라고 써진 글상자를 만들고 이름을 '색깔 글상자'로 짓습니다.

▶ 모양의 '모양 다음' 오브젝트를 복제하고 이름을 '색깔 다음'으로 바꿉니다.

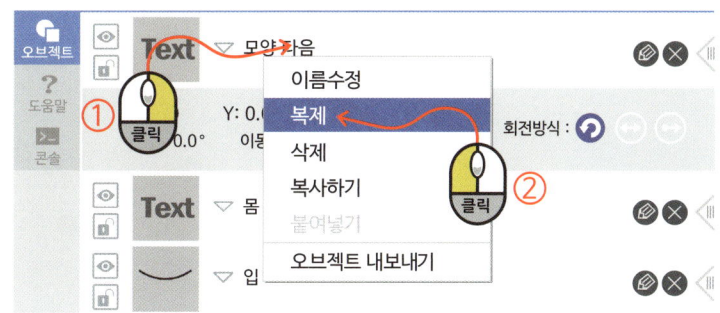

아래쪽 화살표 키를 눌러서 아래로 옮겨 놓습니다.

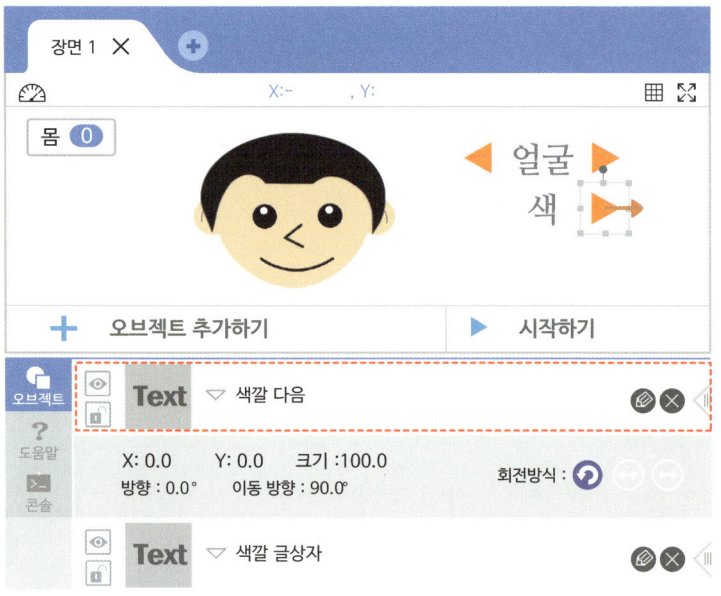

'색깔 다음' 오브젝트를 클릭하면 색깔이 바뀌도록 코딩을 하면 됩니다.

'색깔 다음'을 선택해서 〈다음 색깔〉 신호를 만들고, 코딩을 합니다.

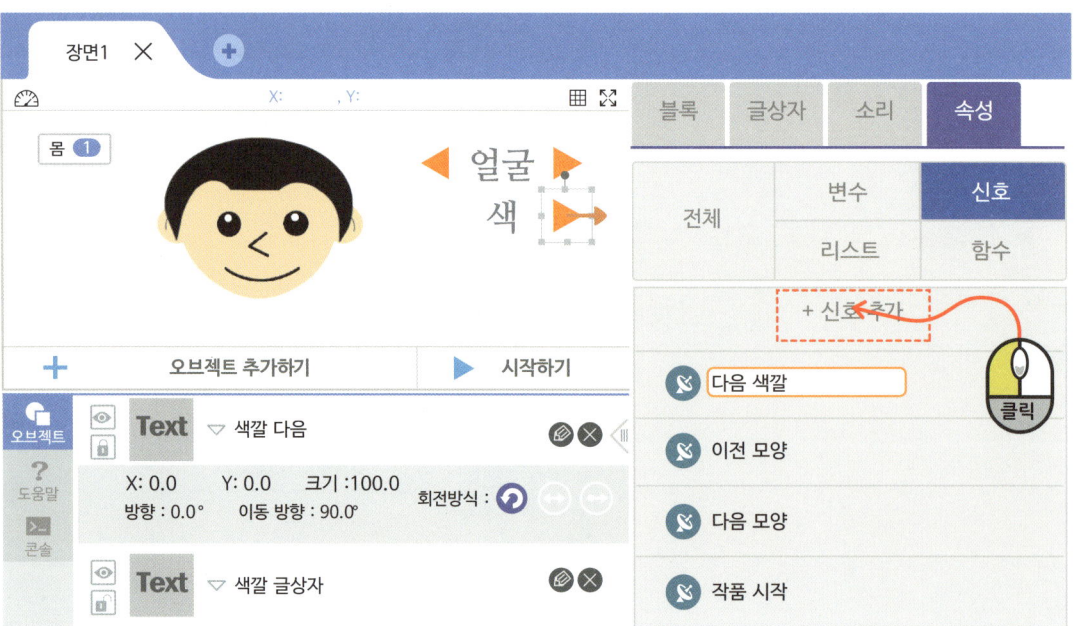

'얼굴모양' 오브젝트에 코딩을 합니다.

〈색깔 효과를 ~만큼 주기〉 블록을 사용하면 오브젝트의 색깔을 바꿀 수 있습니다.

'색깔 다음' 오브젝트를 클릭해 볼까요?

오른쪽 그림처럼 색깔이 바뀝니다.

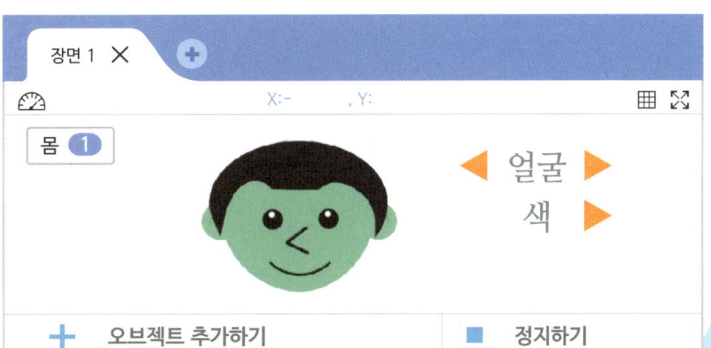

2. 표정을 바꿔요 2

◀ 모양의 '모양 이전' 오브젝트를 복제합니다.

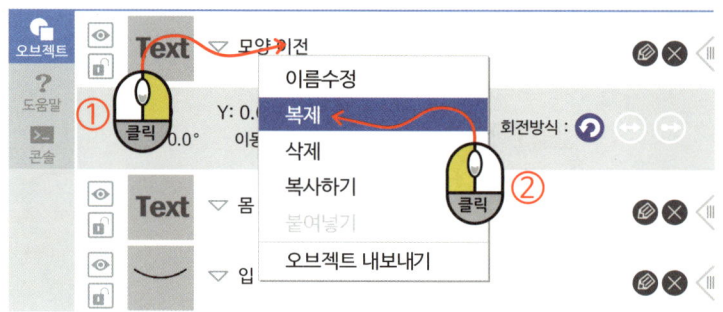

이름을 '색깔 이전'으로 바꿉니다. 마찬가지로 아래쪽 화살표 키를 눌러서 아래로 옮기고 〈이전 색깔〉 신호를 만듭니다.

아래와 같이 코딩을 합니다.

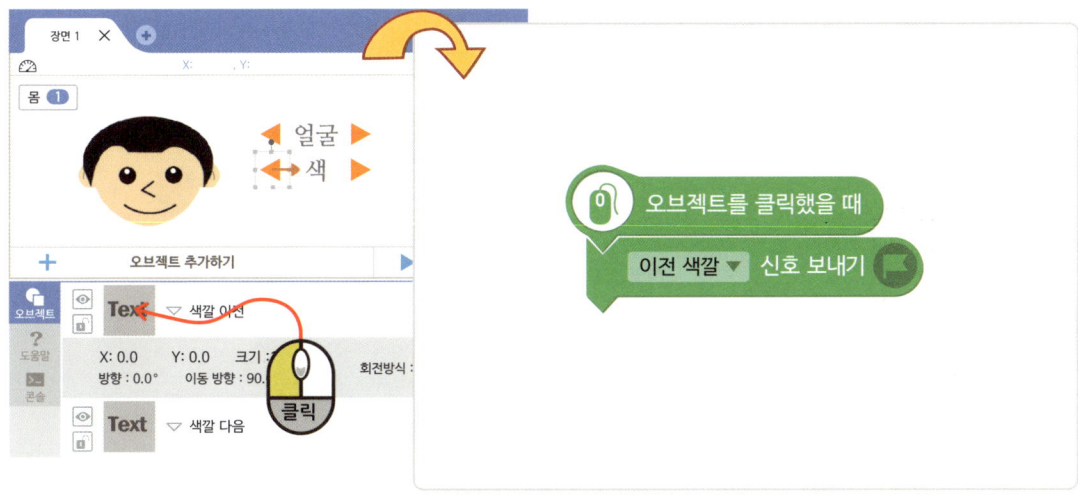

이 신호를 받으면 바로 전 색깔로 바뀌도록 코딩을 해야 합니다.

'얼굴모양' 오브젝트에 다음과 같이 코딩을 합니다.

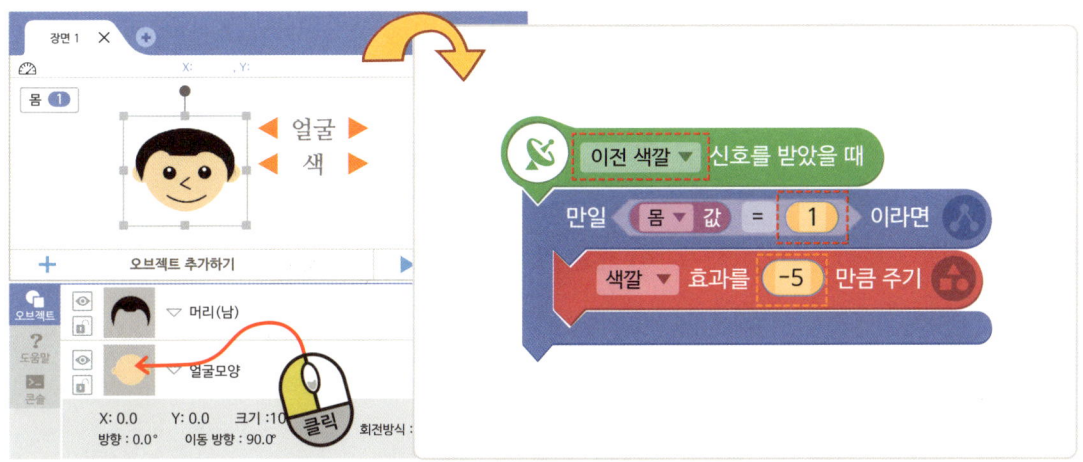

색깔 효과에서 5를 빼서 이전 색깔로 바뀌도록 하는 것이죠.

2. 표정을 바꿔요 2

'머리' 오브젝트에 코딩을 합니다.

[몸] 변숫값이 2일 때 색깔이 변해야 하겠죠?

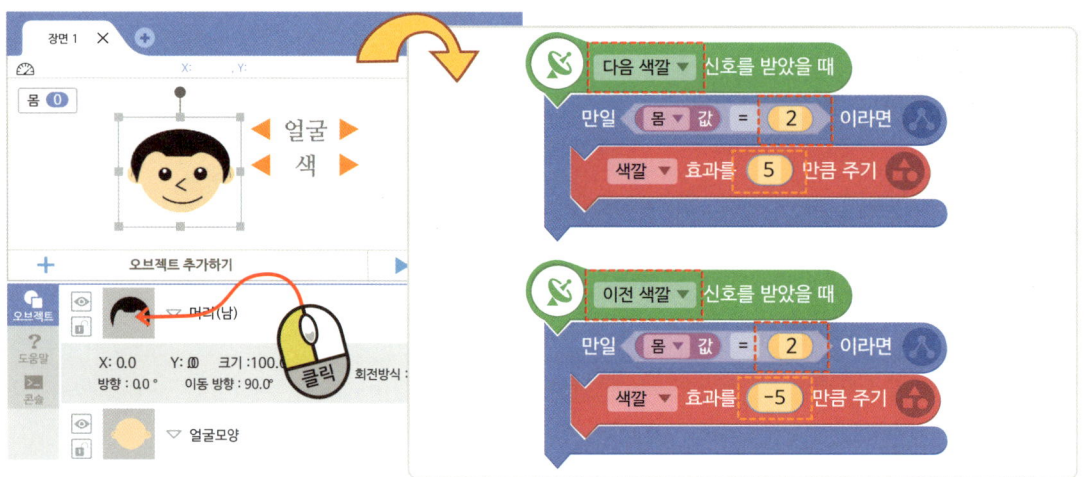

눈, 코, 입 오브젝트에 코드를 복제해서 코딩을 하는데 [몸] 변숫값을 눈은 3, 코는 4, 입은 5로 바꾸고 '머리' 오브젝트처럼 코딩합니다.

코드를 복제해서 조금만 바꾸면 쉽게 코딩을 할 수 있습니다.

잘 되는지 확인해 볼까요?

그림처럼 모양도 바꿀 수 있고, 색깔도 바꿀 수 있습니다.

정말 웃긴 표정입니다.

그런데 머리 색깔은 별로 바뀌지 않습니다. 왜일까요?

오브젝트 색깔이 검은색이면 색깔 효과를 많이 줘도 색깔이 크게 바뀌지 않습니다.

어떻게 하면 될까요? 머리 색깔을 다른 색으로 바꾸면 됩니다.

'머리(남)' 오브젝트를 선택하고 〈모양〉을 클릭합니다.

아래 그림처럼 마우스를 갖다 대면 '채우기'라는 글자가 나오는 물통 모양이 있습니다. 이 모양을 클릭하면 내가 원하는 색을 고를 수 있습니다.

노란색을 한번 골라 볼까요?

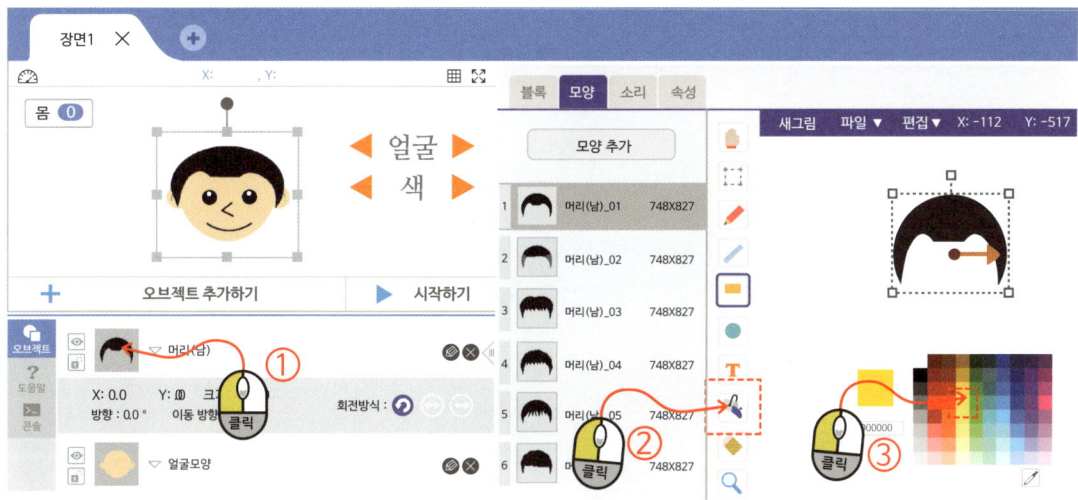

머리 모양을 클릭하면 색깔을 바꿀 수 있습니다.

〈파일〉→〈저장하기〉를 순서대로 클릭해서 저장합니다.

2. 표정을 바꿔요 2

색깔을 바꾸면 오브젝트의 크기가 바뀌는 경우가 생깁니다.

얼굴과 어울리게 크기를 바꿉니다.

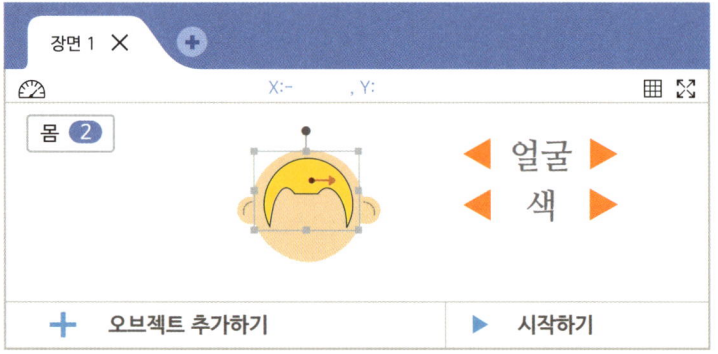

아래 그림을 보면 이 모양의 크기는 가로 297, 세로 238인 것을 알 수 있습니다.

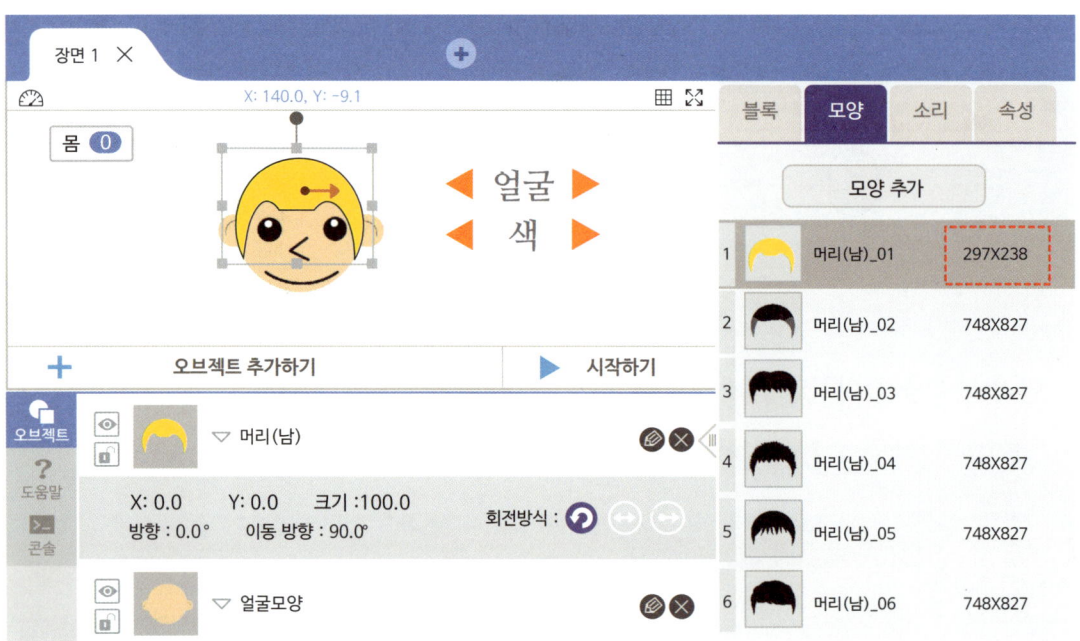

두 번째 머리 모양의 색깔도 같은 방법으로 바꿉니다.

〈파일〉→〈저장하기〉를 순서대로 클릭하면 저장이 되고 크기가 바뀝니다.

세 번째 머리 모양의 색깔도 바꿔볼까요?

그런데 다음 그림을 보니 크기가 다른 것을 알 수 있습니다. 이 모양을 클릭하면 크기

를 바꿀 수 있는 화면이 나옵니다. 빨간색으로 표시된 곳을 클릭하고 숫자를 바꾸면 모양의 크기를 바꿀 수 있습니다.

297×238로 크기를 바꿉니다. 모양의 크기를 어떻게 바꾸는지 알겠죠?

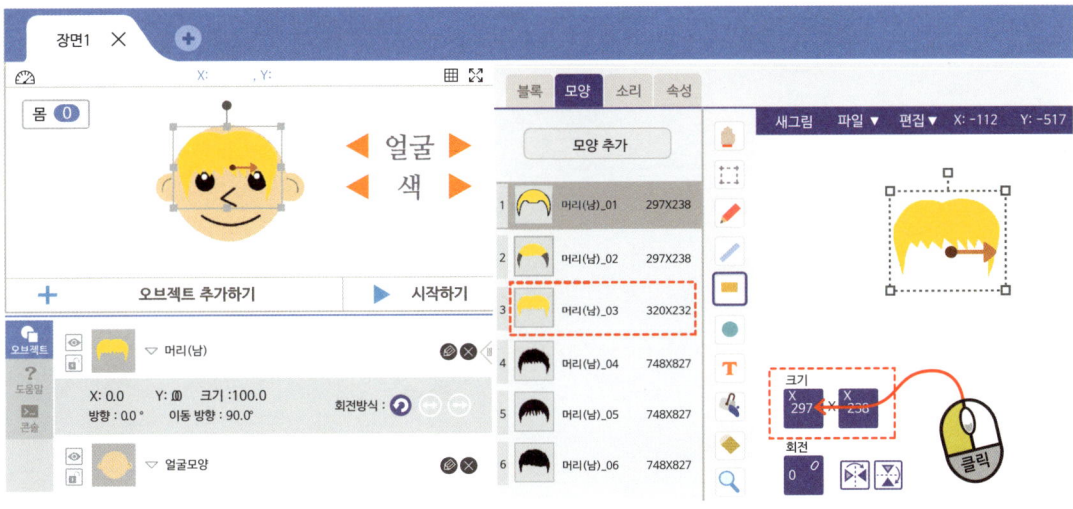

크기나 색깔을 바꾸고 저장을 하면 크기를 바꿀 수 있는 부분이 없어지는 경우가 있습니다.

이럴 때는 다른 모양을 클릭하고 크기를 바꾸고 싶은 모양을 다시 클릭해주면 됩니다. 그러면 크기를 바꿀 수 있는 부분이 다시 보입니다.

이런 방법으로 나머지 모양의 색깔을 바꾸고 크기도 297×238이 되게 만듭니다.

그리고 모양을 하나씩 클릭해 보면서 얼굴과 잘 어울리는지 확인합니다.

8번째 모양이 얼굴과 어울리지 않습니다. 앞머리가 너무 길어서 눈을 가리네요. 모양이 너무 길어서 눈을 가리는 것이죠.

어떻게 하면 될까요?

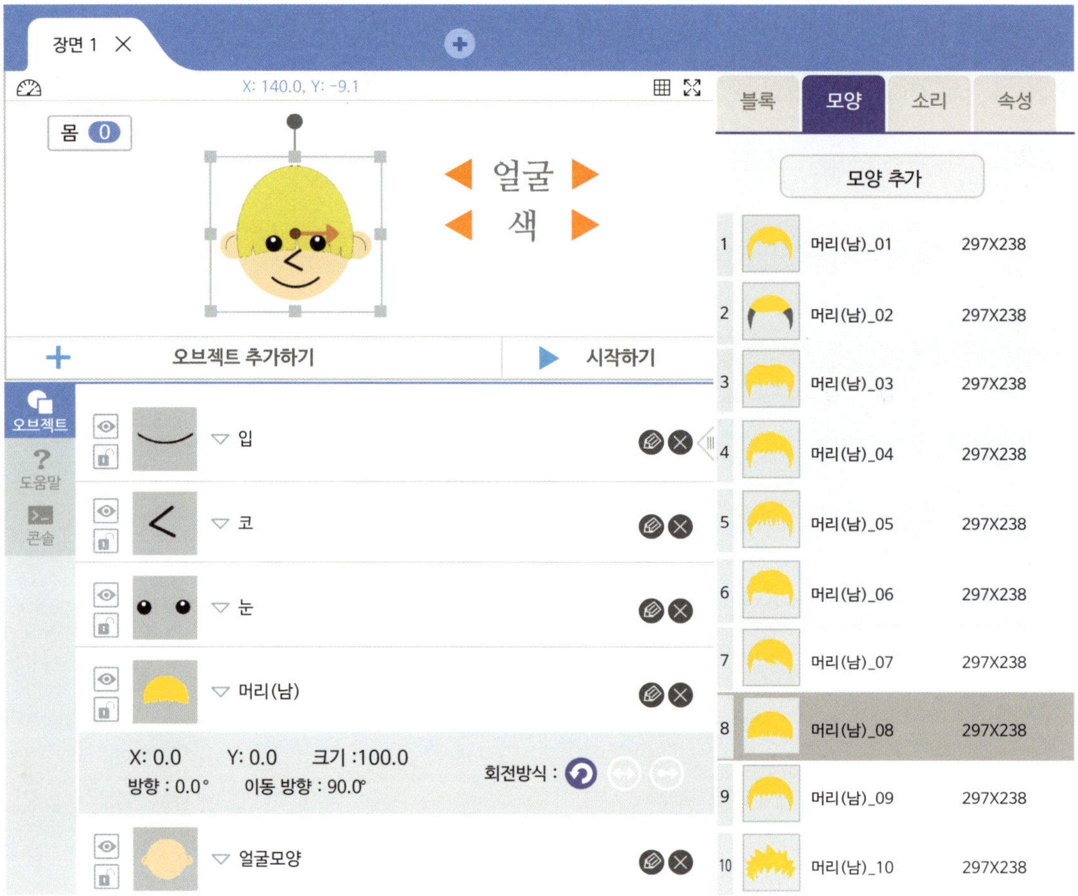

세로 길이를 130으로 조금 짧게 바꿔봅니다.

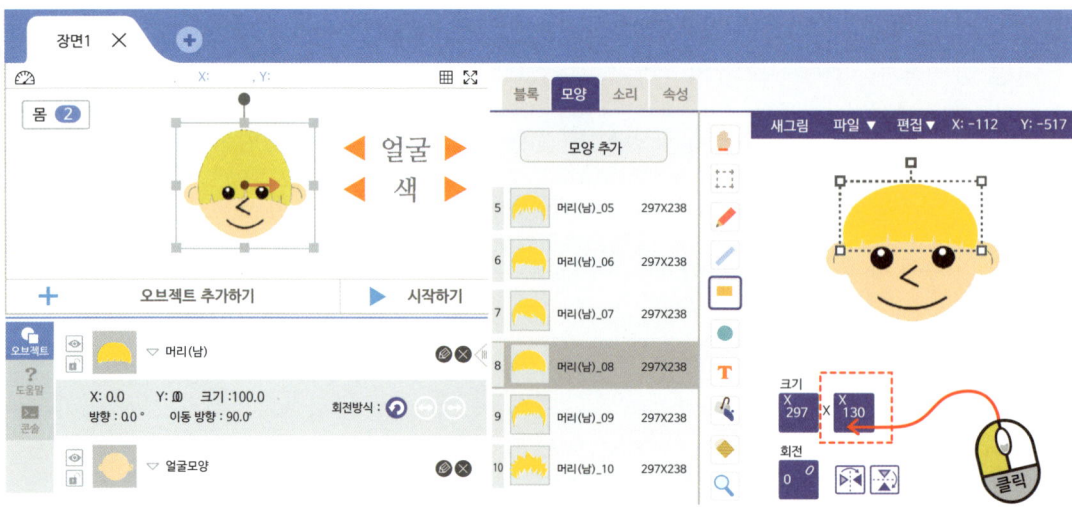

그런데 우리가 생각했던 것보다 세로 길이가 더 짧아졌네요. 이런 식으로 세로 길이를 조금씩 바꿔봅니다. 생각한 것보다 짧으면 세로 길이를 조금 더 길게, 반대로 길면 세로 길이를 조금 더 짧게 바꿔봅니다. 이 책에서는 세로 길이를 162로 정했습니다.

그러면 오른쪽 그림처럼 얼굴과 잘 어울립니다.

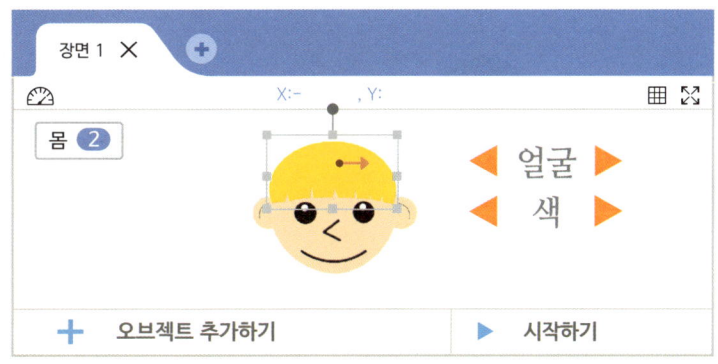

세로 길이를 162로 했지만 얼굴과 어울리지 않을 수도 있습니다. 직접 숫자를 바꿔가며 적당한 길이를 찾아보세요.

오른쪽 10번째 머리 모양도 얼굴과 잘 어울리지 않네요. 가로 길이를 좀 더 길게 바꿔야 할 것 같네요. 가로 길이를 바꿔서 얼굴과 어울리게 만듭니다.

머리 색깔이 잘 바뀌는지 확인해 볼까요? [몸] 변숫값을 2로 만들고 '색깔 다음' 오브젝트나 '색깔 이전' 오브젝트를 클릭합니다. 그러면 아래 그림처럼 색깔이 바뀝니다.

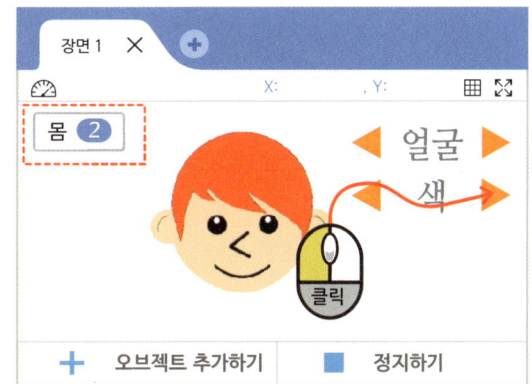

2. 표정을 바꿔요 2

색깔 효과를 얼마만큼 주느냐에 따라서 색깔이 다르게 변하겠죠?

1씩 바꾸고 싶으면 아래와 같이 코딩을 하면 됩니다.

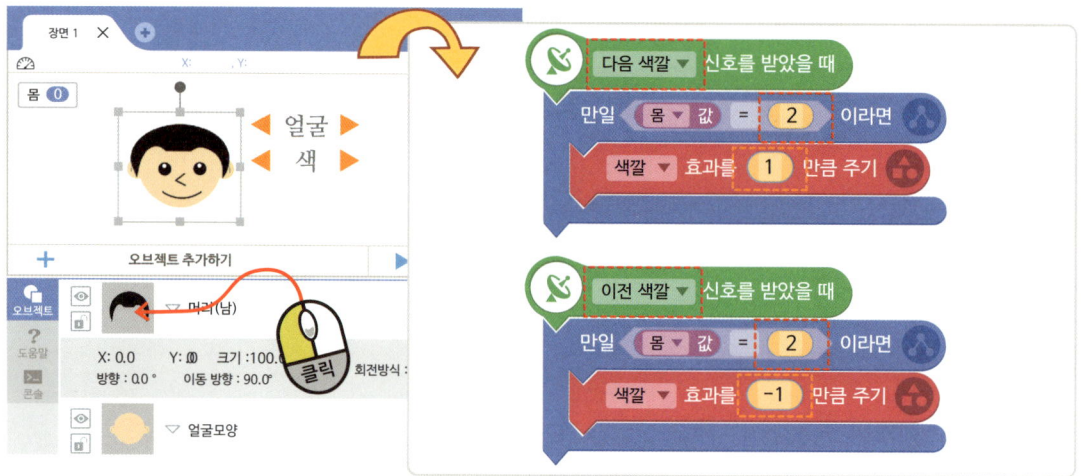

직접 값을 바꿔가면서 색깔이 어떻게 변하는지 살펴보고 적당한 수를 정합니다.

이제 모양과 색깔을 엔트리가 알아서 바꿔주도록 코딩을 해봅시다.

어떻게 하면 될까요? 정답은 바로 무작위 수와 변수입니다.

먼저 모양을 바꾸는 방법을 알아볼까요?

글상자로 버튼을 만들었다고 생각해 봅시다. 이 버튼을 누르면 엔트리가 모양을 알아서 바꾸는 것이죠. 바꿔야 할 모양은 5개입니다. 얼굴, 머리, 눈, 코, 입이죠.

[몸] 변숫값에 따라 모양이 변하는 오브젝트가 정해집니다.

무작위 수를 정해서 [몸] 변숫값을 정하면 되지 않을까요?

그리고 〈다음 모양〉과 〈이전 모양〉 신호를 몇 번 보냈느냐에 따라서 모양이 달라집니다. 먼저 〈다음 모양〉 신호를 보낼지, 〈이전 모양〉 신호를 보낼지 정해야 합니다. 무작위 수를 사용합니다.

마찬가지로 무작위 수를 사용해서 몇 번 신호를 보낼지도 정해야 합니다.

엔트리가 모양을 바꾸는 과정을 표로 정리해 볼까요?

1	무작위 수를 사용해서 [몸] 변숫값을 정한다. (1에서 5 사이)
2	무작위 수를 사용해서 〈다음 모양〉과 〈이전 모양〉 신호 중에서 어떤 신호를 보낼지를 정한다.
3	무작위 수를 사용해서 신호를 몇 번 보낼지 정한다.

무작위 수와 변수를 사용해서 어떻게 코딩하는지 자세히 알아봅시다.

글상자를 만들고 배경색을 노란색으로 선택한 다음, '표정 바꾸기'라고 씁니다.

글상자 이름을 '표정 바꾸기'로 바꿉니다.

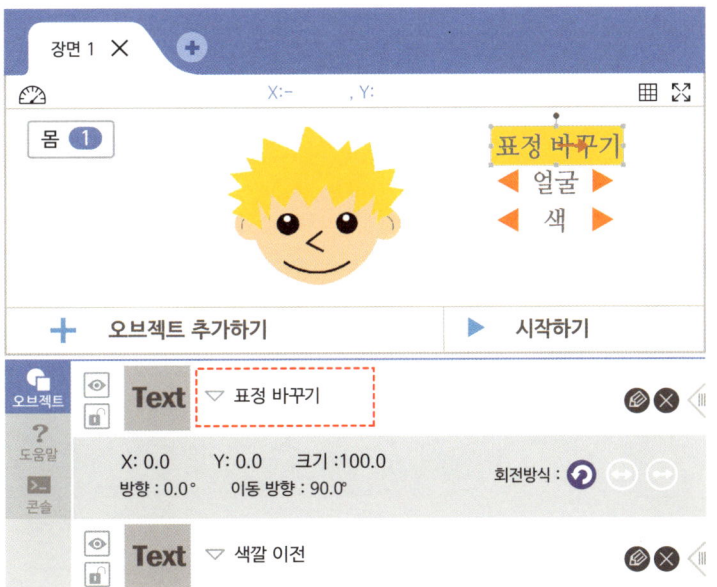

2. 표정을 바꿔요 2

'표정 바꾸기' 글상자에 다음과 같이 코딩하면 어떻게 될까요?

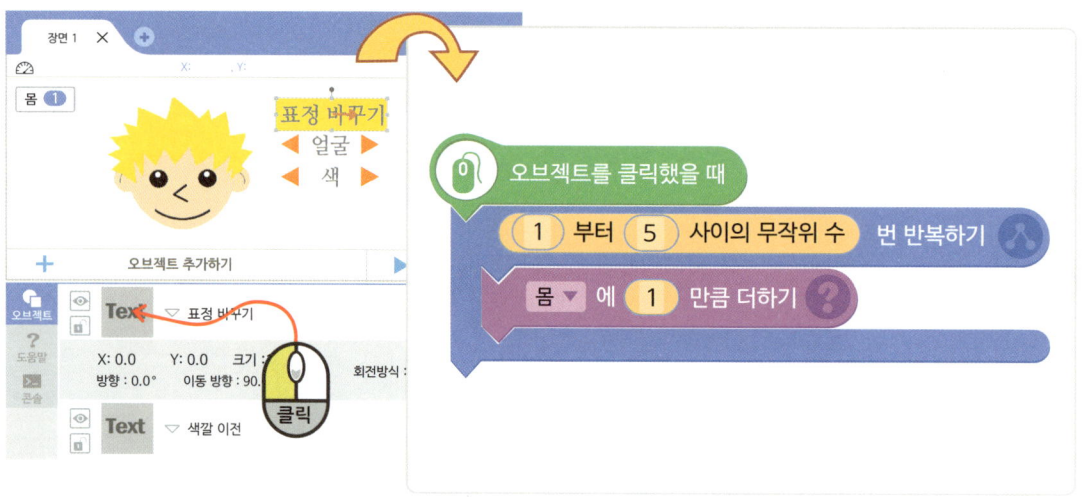

이 글상자를 클릭하면 1부터 5사이에서 수를 하나 고릅니다. 예를 들어 5를 골랐다고 해볼까요? [몸] 변숫값에 1씩, 모두 5번을 더합니다. 그러면 [몸] 변숫값이 2, 3, 4, 5, 6으로 바뀌겠죠? [몸] 변숫값이 5보다 크면 [몸] 변숫값은 1이 됩니다.

[표정] 변수를 만듭니다.

오른쪽에 있는 코드는 어떤 일을 할까요?

[표정] 변숫값을 0부터 1 사이에서 정합니다.

[표정] 변숫값이 1이라면 〈다음 모양〉 신호를 보냅니다. 신호를 몇 번을 보낼까요?

0번에서 100번까지 보내도록 하겠습니다.

[표정] 변숫값이 1이 아니면 〈이전 모양〉 신호를 보냅니다.

이 신호도 0번에서 100번까지 보내도록 하겠습니다.

이 두 코드를 합쳐 아래와 같이 만듭니다.

2. 표정을 바꿔요 2

'표정 바꾸기' 글상자를 클릭하면 오른쪽 그림처럼 모양이 바뀝니다.

피에로 같은 표정이 되었네요?

색깔을 바꾸는 방법도 배워 봅시다. 모양을 바꾸는 것과 비슷합니다.

글상자로 버튼을 만들고 이 버튼을 누르면 색깔을 알아서 바꾸도록 해볼까요?

색깔을 바꿀 수 있는 오브젝트는 모양을 바꿀 때와 마찬가지로 다섯 개(얼굴, 머리, 눈, 코, 입)입니다.

먼저 어떤 오브젝트의 색깔을 바꿀지 정해야 합니다. 어떻게 하면 될까요?

무작위 수를 사용해서 [몸] 변숫값을 정하면 됩니다.

그리고 〈다음 색깔〉과 〈이전 색깔〉 신호 중에서 어떤 것을 보낼지 정해야 합니다.

무작위 수를 사용하면 되겠죠?

엔트리가 색깔을 바꾸는 과정도 표로 정리해 볼까요?

1	무작위 수를 사용해서 [몸] 변숫값을 정한다. (1에서 5 사이)
2	무작위 수를 사용해서 〈다음 색깔〉과 〈이전 색깔〉 신호 중에서 어떤 신호를 보낼지 정한다 (0에서 1 사이)
3	무작위 수를 사용해서 신호를 몇 번 보낼지 정한다. (0에서 100 사이)

'표정 바꾸기' 글상자를 복제합니다.

'표정 바꾸기' 글상자를 복제해서 사용하면 쉽게 코딩을 할 수 있습니다.

복제한 글상자의 글을 '색깔 바꾸기'로 바꿔주고 이름도 '색깔 바꾸기'로 바꿉니다.

2. 표정을 바꿔요 2

표정을 바꿀 때 변수를 만든 것처럼 새로운 변수를 만들어야 합니다.

[색깔] 변수를 만들고, 코딩하면 됩니다.

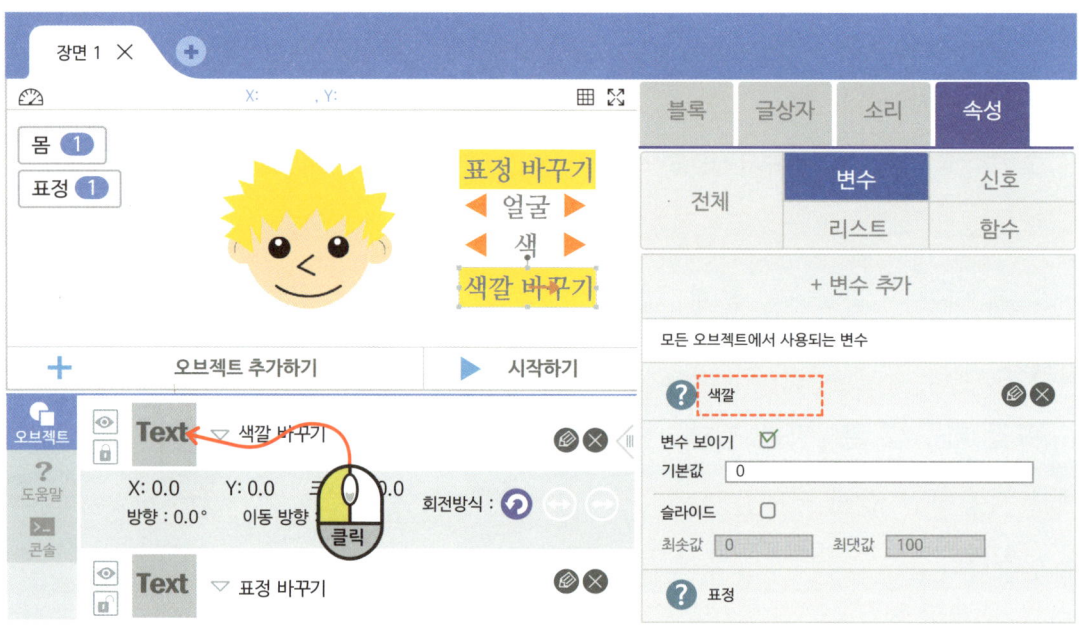

284 Chapter 3 통합교과

'색깔 바꾸기' 글상자를 클릭하면 1부터 5 사이에서 수를 하나 고릅니다.

여기서 고른 수만큼 [몸] 변숫값에 1을 더합니다. [색깔] 변숫값을 0부터 1 사이에서 정합니다.

[색깔] 변숫값이 1이라면 〈다음 색깔〉 신호를 보냅니다. 신호는 0번에서 100번까지 보낼 수 있습니다.

[색깔] 변숫값이 1이 아니면 〈이전 색깔〉 신호를 보냅니다. 이 신호도 0번에서 100번까지 보낼 수 있습니다.

코딩을 잘했다면 '색깔 바꾸기' 글상자를 클릭했을 때 오른쪽 그림처럼 색깔이 바뀝니다.

원래 색깔로 바꿔줄 수 있는 버튼도 필요합니다.

〈오브젝트 추가하기〉→〈글상자〉를 선택하고 배경을 주황색으로 정하고 '원래 색깔'이라고 씁니다. 글상자 이름을 '원래 색깔'로 바꿉니다.

'원래 색깔' 글상자를 클릭해서 〈원래 색깔〉 신호를 만들고, 코딩을 합니다.

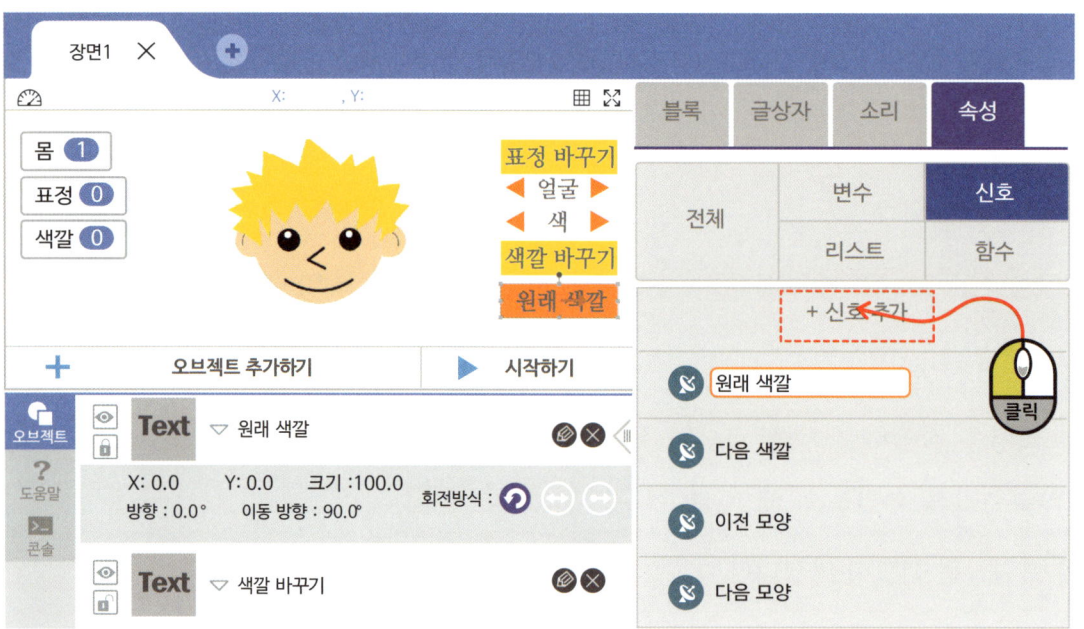

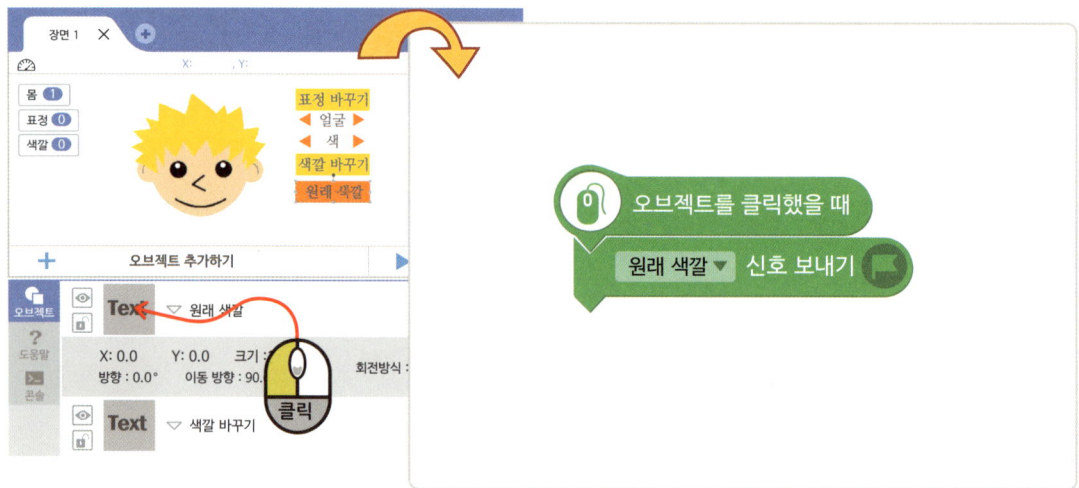

다른 오브젝트가 이 신호를 받으면 원래 색깔로 바뀌어야겠죠?

먼저 얼굴 색깔을 원래대로 바꿔 보겠습니다.

어떻게 하면 원래 색깔로 바뀔까요?

〈색깔 효과를 0으로 정하기〉 블록을 사용하면 색깔 효과가 0이 되어 원래대로 색깔이 바뀝니다.

'얼굴모양' 오브젝트에 코딩을 합니다.

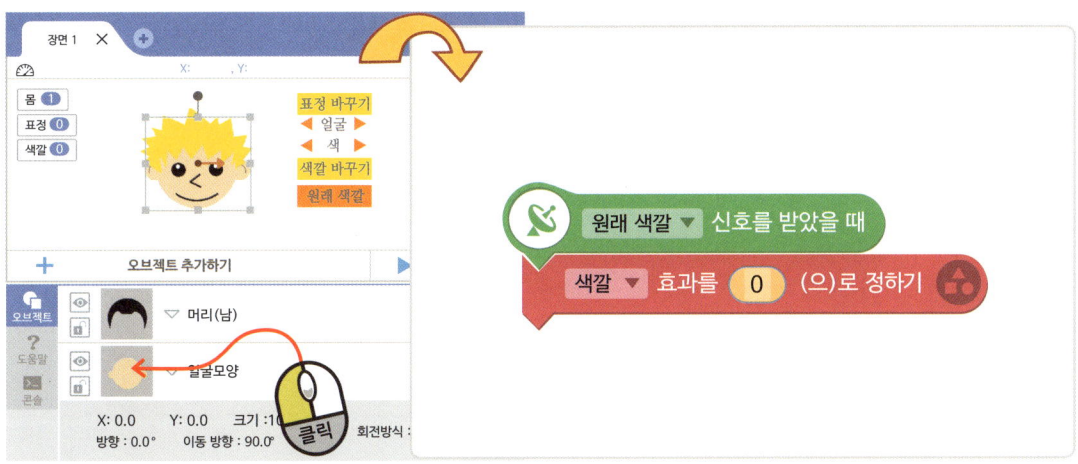

얼굴 색깔을 바꾸고 '원래 색깔' 글상자를 클릭하면 얼굴 색깔이 원래대로 돌아옵니다.

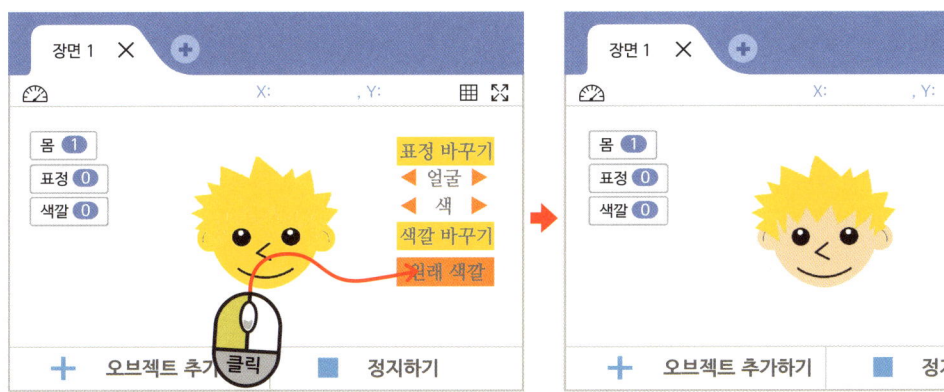

2. 표정을 바꿔요 2

287

오른쪽 코드를 복제해서 머리(남), 눈, 코, 입 오브젝트에 〈붙여넣기〉 합니다.

그러면 '원래 색깔' 글상자를 클릭했을 때 오브젝트가 모두 원래 색깔로 돌아옵니다.

배경음악이 나오도록 코딩을 하면 좋겠죠?

재미있는 배경과 배경음악을 넣고 코딩을 합니다.

마지막으로 어떻게 하면 표정이나 색깔을 바꿀 수 있는지 설명하는 글상자를 만듭니다.

〈오브젝트 추가하기〉→〈글상자〉를 선택하고 배경색을 파란색으로 정하고 '삼각형을 눌러서 표정이나 색깔을 바꾸세요. 위쪽, 아래쪽 화살표 키를 눌러보세요.'라고 씁니다.

아래 그림의 빨간색으로 표시한 곳(②)을 클릭하면 여러 줄로 글을 쓸 수 있습니다.

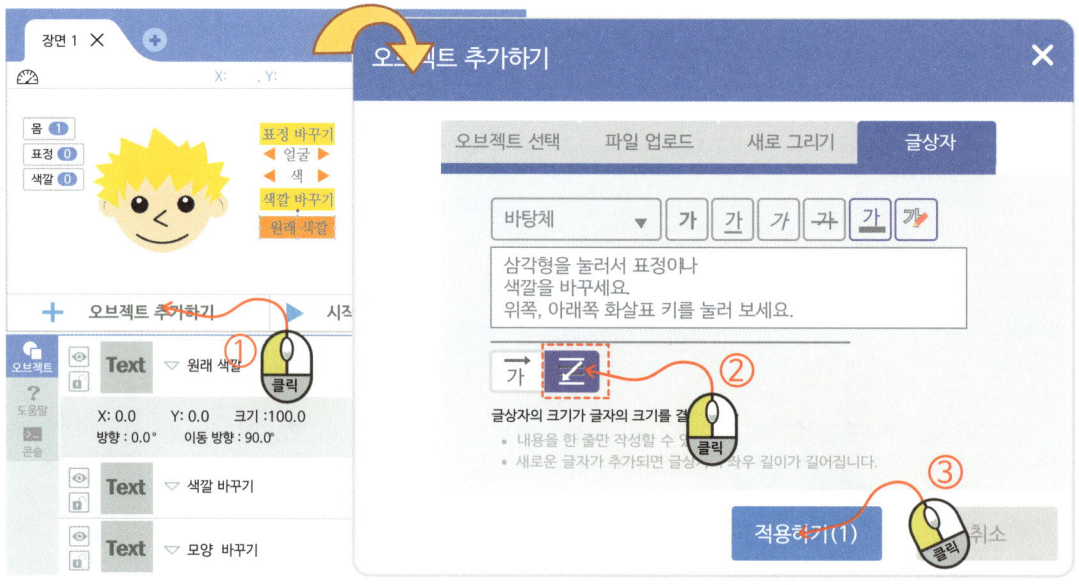

글상자 이름을 '작품 설명'으로 바꾸고 글상자의 크기를 알맞게 바꿉니다.

장면 창에서 '작품 설명' 글상자가 보이지 않도록 눈 모양을 클릭합니다.

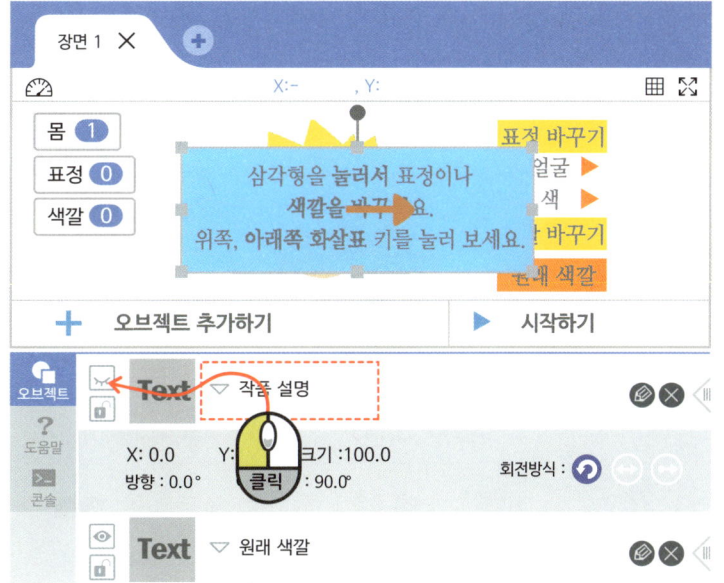

아래 그림처럼 코딩합니다.

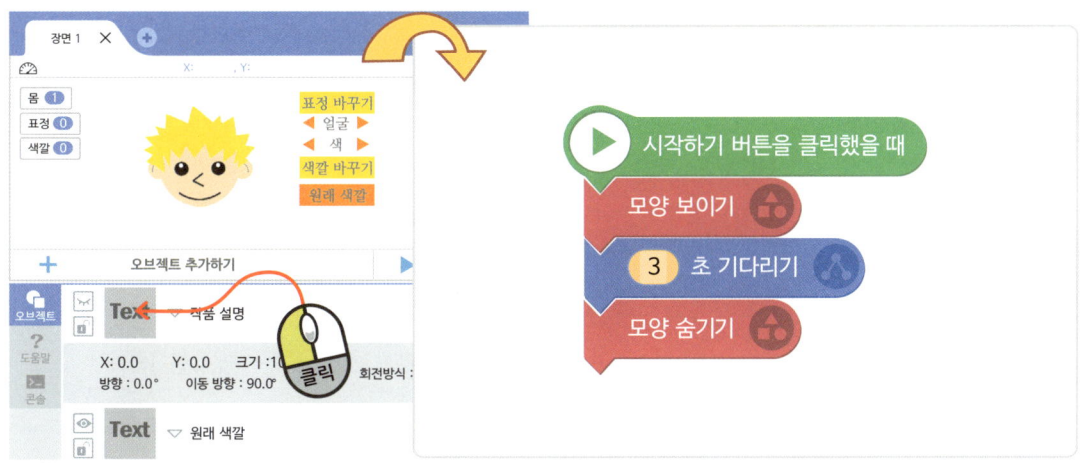

〈시작하기〉를 클릭하면, 글 상자가 보였다가 3초 뒤에 보이지 않게 됩니다.

2. 표정을 바꿔요 2

장면 창에서 변숫값이 보이지 않도록 〈변수 보이기〉를 선택하지 않습니다.

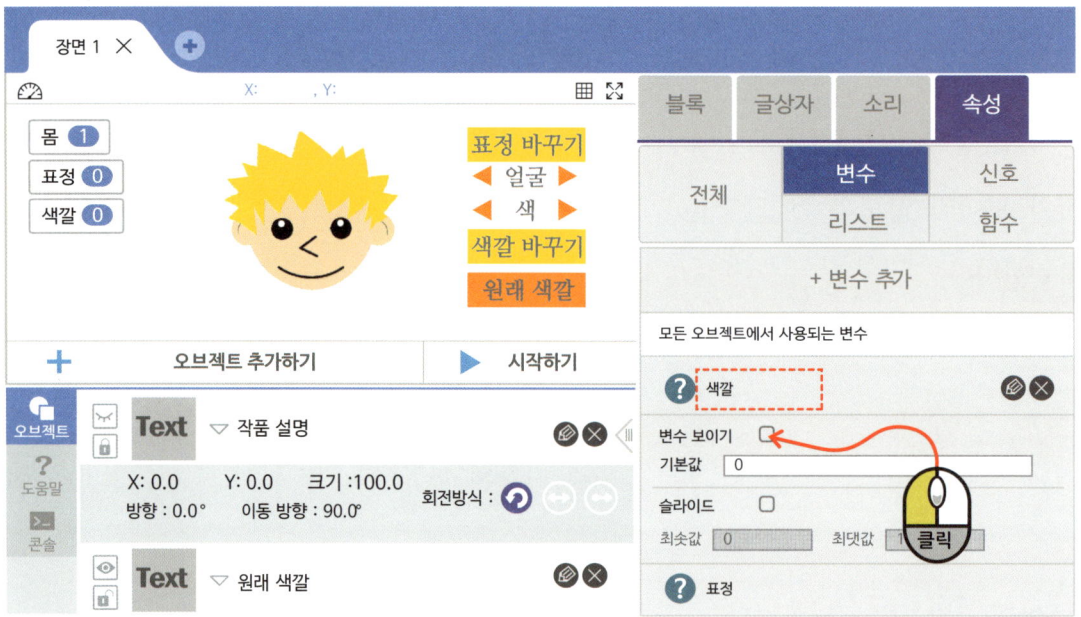

그러면 오른쪽 그림처럼 됩니다.

엔트리로 표정을 바꾸는 작품을 만들어 봤습니다. 재미있지 않았나요?

여러분의 멋진 아이디어로 더 재미있는 작품을 만들어 보세요.

이 책으로 코딩을 공부하면서 여러분의 생각하는 힘이 많이 커졌을 거라고 믿습니다.

앞으로 더 열심히 공부해서 우리를 불편하게 하는 많은 문제를 해결하고 세상을 더 멋지게 만드는 슈퍼 히어로가 되길 바랍니다.

그리고 순서, 반복, 조건, 함수 그리고 변수를 꼭 기억하세요.

 **배운 내용을 정리해요.**

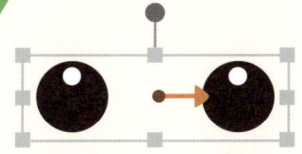

'눈' 오브젝트의 모양은 열 가지입니다.

'눈' 오브젝트에 아래와 같이 코딩을 했습니다.

〈시작하기〉를 클릭했을 때 '눈' 오브젝트가 바뀔 수 있는 모양에 동그라미 하세요.

1	👀	머리(남)_01	297X238
2	👀	머리(남)_02	297X238
3	👀	머리(남)_03	297X238
4	👀	머리(남)_04	297X238
5	👀	머리(남)_05	297X238
6	👀	머리(남)_06	297X238
7	〰️〰️	머리(남)_07	297X238
8	××	머리(남)_08	297X238
9	●●	머리(남)_09	297X238
10	><	머리(남)_10	297X238

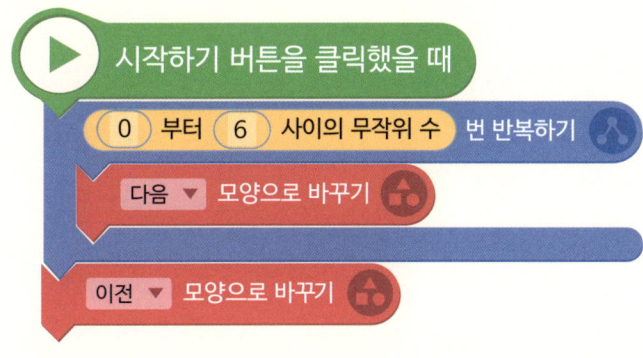

	스스로 평가해요.	확인
1	〈채우기〉 메뉴를 사용해서 색깔을 바꿀 수 있어요.	
2	〈모양〉 메뉴에서 오브젝트의 크기를 바꿀 수 있어요.	
3	무작위 수를 사용해서 색깔과 모양을 바꿀 수 있어요.	
4	엔트리로 재미있는 표정을 만들 수 있어요.	

답은 토마토출판사 카페(http://cafe.naver.com/arduinofun)에서 확인할 수 있습니다.

2. 표정을 바꿔요 2